Judy Wilkins-Smith

Vererbte Gefühle

Judy Wilkins-Smith

Vererbte Gefühle

Wie alte Familienmuster unser Leben beeinflussen
und wir uns davon befreien

Aus dem Amerikanischen von Ursula Bischoff

KÖSEL

Sollte diese Publikation Links auf Webseiten Dritter enthalten, so übernehmen wir für deren Inhalte keine Haftung, da wir uns diese nicht zu eigen machen, sondern lediglich auf deren Stand zum Zeitpunkt der Erstveröffentlichung verweisen.

Die Empfehlungen in diesem Buch sind von der Autorin und dem Verlag sorgfältig geprüft. Sie bieten keinen Ersatz für medizinische, psychiatrische oder psychotherapeutische Behandlung und Diagnose. Alle Angaben in diesem Buch erfolgen ohne jegliche Gewährleistung oder Garantie seitens der Autorin und des Verlags. Eine Haftung der Autorin beziehungsweise des Verlags und seiner Beauftragten für Personen-, Sach- und Vermögensschäden ist ausgeschlossen.

MIX
Papier | Fördert gute Waldnutzung
FSC® C014496
www.fsc.org

Klimaneutral*
Druckprodukt
ClimatePartner.com/14044-1912-1001

Penguin Random House Verlagsgruppe FSC® N001967

Die Originalausgabe erschien unter dem Titel *Decoding Your Emotional Blueprint. A Powerful Guide to Transformation Through Disentangling Multigenerational Patterns* bei Sounds True, Boulder, Colorado.

Umschlag: zero-media.net, München
Umschlagmotiv: © FinePic®, München
Redaktion: Silke Foos, München
Druck und Bindung: GGP Media GmbH, Pößneck
Printed in Germany
ISBN 978-3-466-34797-1
www.koesel.de

Inhaltsverzeichnis

Dieses Buch ist meinen Ahnen und dem Vermächtnis gewidmet, das sie mir hinterlassen haben. Ich danke euch. Ich schlage das nächste Kapitel auf meine eigene Weise auf, in Dankbarkeit.

Meinen unglaublichen Eltern, die mich gelehrt haben, was Liebe, Sicherheit, ein offenes Herz und ein wacher Verstand zu bewirken vermögen. Gott segne euch. Ich werde euch immer lieben. Meinem wundervollen Bruder, der mich gelehrt hat, nach den Sternen zu greifen, und meiner Tochter: Sie verkörpert die Flexibilität eines adoptierten Kindes und die Macht der Liebe und des Erfolgs, die damit verbunden sein können. Danke.

Teresa, Kara, Keerin, Landon: Danke für eure Liebe, Weisheit und Unterstützung. Ich weiß sie zu schätzen und ich liebe euch. Ayedin, Orlenna und Sennan, die Zukunft liegt in euren Händen.

Ich widme dieses Buch auch denjenigen meiner Familienangehörigen, von denen ich in ihrer Abwesenheit viel über Familiendynamiken gelernt habe.

Ich danke Afrika für meine Wurzeln und den Vereinigten Staaten für meine Flügel.

Schließlich ist dieses Buch jeder einzelnen Person gewidmet, die feststellt, dass ein großes Abenteuer auf sie wartet, und die den Mut hat, auf der Suche nach diesem reicheren Leben eine Frage zu beantworten, die ich jedem meiner Klienten stelle:
»Wie groß bist du bereit zu werden?«
Dieses Buch ist für Sie!

Einführung

Eine einzige Idee, ein einziges Wort kann uns umwerfen. Eine andere Idee, ein neues Wort, richtet uns auf. So machtvoll ist der menschliche Verstand, so kraftvoll die menschliche Sprache, so unendlich flexibel das menschliche Gehirn.

Häufig bekomme ich Aussagen zu hören wie: »Mir sind schreckliche Dinge passiert!« Und ich erwidere: »Okay. Und jetzt? Was können wir daraus machen?«

Oder jemand sagt: »Ich habe das Gefühl, ich werde von einem unsichtbaren Gewicht zurückgehalten, das mich lähmt.« Und ich antworte: »Lassen Sie uns herausfinden, worin seine Ursache liegt. Versuchen wir, daraus ein Geschenk zu machen!«

Sie sind niemals nur ein Opfer der Welt, in der Sie leben. Es gibt *immer* irgendetwas, das Sie tun können. Selbst wenn Sie das Gefühl haben, immer wieder gegen eine Mauer anzurennen, versichere ich Ihnen, dass jeder Mensch imstande ist, sich zu verändern. Jeder von uns kann sich weiterentwickeln, sein Potenzial ausschöpfen und über seine vermeintlichen Grenzen hinauswachsen. Dazu müssen Sie lediglich die unsichtbaren Muster aufspüren, die Sie von Ihren Vorfahren geerbt haben – ein System, von dessen Existenz Sie bisher vielleicht keine Ahnung hatten, das aber unbewusst Ihr ganzes bisheriges Leben beeinflusst hat. Ein System, das Sie *verändern können.*

Jeder weiß, dass wir unsere physische DNA erben, doch nur wenigen ist bewusst, dass auch so etwas wie »emotionale DNA« an uns weitergegeben wird – in Form von generationsübergreifenden Entscheidungs-, Gedanken-, Gefühls-, Handlungs-, Reaktions- und Einstellungsmustern, die unbemerkt unser Leben prägen. Sie spüren ihre Anwesenheit in Ihrem Körper, als intuitives »Bauchgefühl«. Sie sehen ihre Auswirkungen im Verlauf Ihres Lebensweges, als Teil Ihrer Lebenserfahrung. Doch Sie sind ihnen nicht ausgeliefert: Mit einem einzigen neuen Gedanken, einem neuen Gefühl, einer neuen Überzeugung oder Verhaltensweise können Sie die Muster Ihrer emotionalen DNA durchbrechen und den Verlauf Ihres Lebens von Grund auf neu bestimmen. Und diese Veränderung wirkt sich auch auf Ihr gesamtes Familiensystem und seine seit Generationen festgefügte Funktionsweise aus.

Ihre emotionale DNA wurde von Ihren Vorfahren über mehrere Generationen hinweg weitergegeben und wird nun auch von Ihnen ins Leben gebracht. Sie entsteht nach einer Vorlage, die ich »emotionale Blaupause« nenne. Diese ist weder gut noch schlecht. Sie gleicht vielmehr einer alten Schatzkarte, auf der wichtige Informationen über einschneidende Ereignisse und Entscheidungen, Handlungen und Versäumnisse in den verschiedenen Bereichen des Lebens verzeichnet sind. Sie gibt beispielsweise Auskunft über Beziehungen, berufliche Entwicklungen, Führungskompetenzen, Geld – und deren Auswirkungen auf Ihre Abstammungslinie und die Denkmuster und Glaubenssätze, die damit verknüpft sind. Diese Deutungsmuster werden an nachfolgende Generationen weitergegeben und haben damit auch prägenden Einfluss auf Ihr Leben. Sie erwecken den Anschein, als wären sie *die* Wahrheit. Doch die emotionale DNA ist *Ihre* Wahrheit, Ihr persönliches Erbe, und es steht Ihnen frei, jederzeit darüber zu verfügen.

Sie werden ganz bestimmt mit großem Erstaunen und grenzenloser Freude die Möglichkeiten entdecken, die auf Sie warten – wenn Sie erst diese Muster in Ihrem Familiensystem erkennen und verstehen. Dann können Überzeugungen, Verhaltensweisen und Blockaden ans Licht kommen, die tief in der DNA Ihrer Vorfahren verborgen waren und nun wie riesige Wale unmittelbar vor Ihnen auftauchen. Wenn Sie auf Ihr Herz hören und offen für die Weisheit Ihrer Ahnen sind, werden Sie sich von den transgenerationalen Mustern befreien, in die Sie verstrickt sind.

Es ist kein Scherz, wenn ich behaupte, dass die Informationen in diesem Buch in der Lage sind, Ihr Leben grundlegend zu verwandeln. Ich zeige meinen Klienten, wie sie den einzigartigen Wissensschatz ihrer emotionalen DNA erforschen können – zum Beispiel die beharrliche Überzeugung, nie gut genug, »unsichtbar«, »ungeliebt« oder »wertlos« zu sein. Ich beobachte, wie sich Menschen der systemischen Arbeit anvertrauen und ein emotionales Muster aufschlüsseln, das ihr persönliches Wachstum schon seit Jahrzehnten behindert. Ich sehe, wie ihnen innerhalb kürzester Zeit »ein Licht aufgeht« und sich ihr Gehirn neu zu verdrahten beginnt. Diese verkörperte Erfahrung leitet einen grundlegenden Wandel ein, einen tiefgreifenden Transformationsprozess.

Ich darf mitverfolgen, wie ihnen bewusst wird, dass sie keineswegs unbedeutend und unfähig sind, wie sie bisher glaubten – sondern mit ihrer Stimme und ihrer Präsenz tatsächlich etwas bewirken können. Dass sie wichtig sind und ein Ziel vor Augen haben. Von diesem Augenblick an ist in ihrem Leben nichts mehr so, wie es einmal war.

Systemische Arbeit und Systemaufstellungen

Auf den nachfolgenden Seiten erkunden wir die Macht, die Systemen innewohnt – insbesondere Familien- und Organisationssystemen. Sie werden Schritt für Schritt erfahren, wie Sie die Sprache entschlüsseln, mit der Sie *Ihre eigene* Macht entdecken können, und wie Sie die Systeme nutzen, die Ihnen immer zu Diensten sind. Sie werden entdecken, dass alle Systeme, deren Teil Sie sind – Familie, Unternehmen, Vereine, Organisationen und soziale Gemeinschaften –, Ihnen helfen zu erkennen, was Sie *beenden* und womit Sie *beginnen* wollen, um sich neu auszurichten. Machen Sie sich auf den Weg in das Leben, das Sie sich immer erträumt und erhofft haben!

Die emotionale Blaupause – eine Landkarte.
Wie bestimmte Ereignisse über Generationen wirken

Krieg Traumatisches Ereignis
Hunger Beruflicher Werdegang
Beziehungen Verlassenwerden
Finanzielles Ereignis

↕

Neue emotionale DNA	**Großvater verliert sein Familienunternehmen**	»Ich bin ein Versager.«
	↕	
Ererbte emotionale DNA	**Vater hat finanzielle Probleme**	»Ich kann einfach nicht mit Geld umgehen.«
	↕	
Ererbte emotionale DNA	**Dritte Generation**	»Ich habe es satt, finanziell auf keinen grünen Zweig zu kommen. Es muss sich etwas ändern.«
	↕	
Veränderung der emotionalen DNA	**Systemische Arbeit und Systemaufstellungen**	»Ich bin auf dem besten Weg, den Umgang mit Geld zu lernen.«
	↕	
Neue emotionale DNA	**Geld und ich als starkes Team**	»Ich habe meine Finanzen voll im Griff.«

Entstehung und Veränderung emotionaler DNA: Auf Ereignisse folgen Reaktionen, aus denen Gedanken, Gefühle und Handlungen entstehen. Oft genug wiederholt werden diese zur einzigen Wahrheit – so lange, *bis Sie entscheiden, es anders zu machen*. Ein neuer Gedanke, ein neues Gefühl, eine neue Handlung, Schritt für Schritt!

Wenn Sie die Systeme in Ihrem Leben verstehen, all die darin verborgenen Hinweise und Muster, werden Sie so manches Ereignis und die Bedeutung, die Sie ihm zugeschrieben haben, richtig einordnen können – und auch den unglaublichen Einfluss, den solche Deutungsmuster auf Ihre Persönlichkeit haben. Sie werden erkennen, dass Sie diese Strukturen nicht nur aktiv mitgestalten, sondern auch verändern können.

Systemische Arbeit und Aufstellungen machen das Unsichtbare sichtbar und rücken das Unbewusste ins Bewusstsein, indem Sie 1. in die Sprache eines Themas, Problems oder Klärungsanliegens eintauchen und es aus systemischer Sicht umformulieren und umdeuten, um es dann 2. in einer Aufstellung szenisch greifbar zu machen. Es ist ein dynamischer Prozess, der es Ihnen ermöglicht, Verflechtungen aus einer dreidimensionalen Perspektive zu untersuchen. Dadurch können Sie alte Muster durchbrechen, die Sie für unantastbar oder unheilbar hielten, und Herz, Kopf und Intuition für Möglichkeiten öffnen, von denen Sie bisher gar nichts wussten.

Ich habe einmal mit einem Manager gearbeitet, dem erklärt worden war, er habe eine Menge Potenzial, das er in seiner beruflichen Tätigkeit nicht voll ausschöpfe. Er unterstützte die Fähigkeiten und Weiterentwicklung seiner Mitarbeitenden, ohne selbst zu glänzen. Als er Rat suchend zu mir kam, war seine Führungsposition in Gefahr. Bei einem Blick auf sein Familiensystem stellte sich heraus, dass er der Erstgeborene war, dem man immer eingeschärft hatte, sich um seine jüngeren Geschwister zu kümmern und ihnen den Vorrang zu geben. Diese Regel aus seinem Familiensystem hatte sich auf seine berufliche Laufbahn übertragen. Sobald er das unsichtbare Muster erkannte, das sein Berufsleben dominierte, wurde ihm klar, dass er sich um seine eigene Karriere kümmern und aufhören musste, alle anderen an erste Stelle zu setzen. Er erkannte, dass es völlig in Ordnung war, von nun an einen anderen Weg zu gehen und sich auch um das eigene Wohlbefinden zu sorgen. Wenn er echte Führungsstärke entwickelte, konnte er andere umso besser unterstützen.

Der Transformationsprozess ist der revolutionäre Teil der systemischen Arbeit. Klienten, mit denen ich zusammengearbeitet habe, waren fassungslos angesichts des Reichtums ihrer Innenwelt, deren Höhen und Tiefen sie mit systemischen Ansätzen und durch Aufstellungen auf nie gekannte Weise erforschen konnten.

Ich hoffe, dass auch Sie am Ende des Buches in der Lage sind, sich in neue Höhen aufzuschwingen.

Eine Einladung

In diesem Buch lernen Sie praxiserprobte Methoden kennen, die Sie befähigen, Ihre eigene Familie und andere Systeme zu erforschen und einen wirkmächtigen Transformationsprozess in Ihrem Leben anzustoßen. Ich erkläre Ihnen so verständlich wie möglich grundlegende Schritte der systemischen und Aufstellungsarbeit. Dabei betrachten wir Lebensereignisse, Glaubenssätze, Einstellungen und Sprachgewohnheiten, Verstrickungen, Freiheiten, unbewusste Loyalitäten, und natürlich auch ungenutzte Möglichkeiten und Potenziale.

Im Verlauf dieser Reise werden Sie entdecken, dass Gefühle und Körperempfindungen die Kraft besitzen, Ihr Leben zu zerstören oder aber ein Schlüssel zur Heilung zu werden. Sie werden entdecken, wie Emotionen einer höheren Ordnung Ihnen helfen, Erkenntnis und Weisheit zu erlangen. Wenn Sie Ihr Herz zum Schlüssel machen, mit dem Sie Ihren Verstand öffnen und sich Zugang zu Ihrem intuitiven Wissen verschaffen, dann werden Sie erleben, dass Sie ein machtvolles Wesen mit magischen Kräften sind. Dann zeigt sich Ihr wahrer, unverletzbarer Wesenskern. Sobald die Verbindung zwischen Herz und Kopf steht, werden Sie merken, wie Ihr Nervensystem vom Überlebensmodus in den von Weisheit geprägten Lebensmodus umschaltet. Und in diesem Zustand der Kohärenz findet der biochemische und magische Prozess der Verwandlung statt – bei Einzelpersonen, bei Führungskräften und auch in Teams.

Ihnen wird mit aller Deutlichkeit klar werden, dass auch Sie ein fühlendes Wesen *sind* und dass Sie Ihre Sinne für den Kontakt mit der Welt nutzen können, ungeachtet dessen, wie verschlossen und innerlich abgeschottet Sie zu sein *glauben*. Sie werden außerdem feststellen, dass Ihnen Ihr Körper fortwährend wichtige Botschaften übermittelt, Sie darüber informiert, was in Ihnen, in Ihrer gesamten Familie oder in Ihrem Organisationssystem vor sich geht. Uns entgehen viele aufschlussreiche Hinweise, weil wir nicht verstehen, was uns der Körper sagen will!

Einige meiner Klienten waren es gewohnt, unbewusst auf einem Bein zu stehen, wenn sie untätig auf ihrem Platz standen und warteten. Als ich sie darauf hinwies und wissen wollte: »Welcher Elternteil fehlt in Ihrem Leben? Wessen Unterstützung entbehren Sie?«, waren alle fassungslos. Sie erkannten, dass ihr Körper sie mit Nachdruck auf die heikle, unausgewogene Position aufmerksam machte, die sie ihr Leben lang eingenommen hatten.

Der Körper ist ein Archiv, in dem jahrtausendealte Erfahrungen abgespeichert sind, und er ist unglaublich intelligent. Wir müssen nur lernen, aus dieser nie versiegenden Informationsquelle zu schöpfen und zu erkennen, was uns der Körper mitteilen will. Eine meiner Klientinnen klagte über anhaltende, stechende Bauchschmerzen. Alle ärztlichen Untersuchungen blieben »ohne Befund«. Doch in unseren Sitzungen tauchte in ihrer Familiengeschichte eine Ur-Ur-Großmutter auf, die im Alter von 35 Jahren an einer Stichverletzung im Bauchraum gestorben war. Häufiger jedoch, wenn Klienten mit Bauchschmerzen vorstellig werden, kommen sie mit der Frage »Was schlägt Ihnen auf den Magen, was können Sie im übertragenen Sinn nicht verdauen?« der wahren Ursache des Problems sehr schnell auf die Spur – und meist löst es sich dann nach kürzester Zeit von allein. Es ist wie mit jeder Information: Sobald wir darauf aufmerksam geworden sind, liegt es an uns, ob wir sie nutzen. Wollen wir eine solche Botschaft weiterhin in unserem Körper herumtragen oder sind wir bereit, darüber hinauszuwachsen?

In diesem Buch werden wir das »Bewusstsein von Systemen« erforschen und sehen, dass die Akzeptanz dessen, was ist, einen Wendepunkt markiert. An diesem Punkt zeigt sich, was für Sie möglich ist. Sie werden lernen, diejenigen Muster aufzuspüren, die längst bereit sind, beendet und durch neue ersetzt zu werden. Sie werden die Weisheit von Herz, Verstand und Intuition wahrnehmen und erkennen, wie Systemaufstellungen dazu beitragen, einen tiefgreifenden und dauerhaften Wandel herbeizuführen.

Wir Menschen besitzen die unglaubliche Fähigkeit, zu *wählen*, wohin wir uns entwickeln wollen – wohin auch immer! Während Sie dieses Buch lesen, werden Ihnen vielleicht die einengenden Muster bewusst, die Sie unbewusst übernommen haben. Doch wahrscheinlich stellen Sie gleichzeitig fest, dass die Weisheit generationsübergreifender Muster auch inspirierend sein kann: die vielen Facetten der ererbten emotionalen DNA, die nur darauf warten, aufgedeckt, feingeschliffen oder durch Sie verändert zu werden.

Transformation ist kein Prozess, der einigen wenigen Auserwählten vorbehalten ist. Er war und ist auch für Sie verfügbar. Sie sind ein bemerkenswertes Wesen – Sie müssen nur lernen, zu sehen, wer Sie wirklich sind. Sobald Sie sich aus der Perspektive der systemischen Arbeit wahrnehmen, werden Sie erkennen, dass ein erfüllendes, facettenreiches Leben nur darauf wartet, von Ihnen gestaltet zu werden.

Und deshalb, herzlich willkommen! Beginnen wir unsere spannende Reise!

Judy Wilkins-Smith

Teil I

Familienmuster
und Ihre innere Schatzkarte

1 Das System: Eine Schatztruhe voller Möglichkeiten

Wir neigen zu der Vorstellung, dass wir in einem Vakuum leben, Einzelwesen sind – jeder Mensch eine Insel für sich. Doch das Gegenteil ist der Fall. In Wirklichkeit sind wir auf einer tiefen Ebene miteinander verbunden. Vom Zeitpunkt unserer Zeugung bis lange nach unserem Tod sind wir Teil eines Familiensystems, das Generationen umspannt und bis an die Anfänge der Menschheitsgeschichte zurückreicht. Und wir sind Teil eines sozialen Systems, das sich seit Jahrtausenden stetig weiterentwickelt. Wir können dieses uralte Vermächtnis in unserem eigenen Leben leicht ausfindig machen: Die meisten von uns sind in irgendeiner Art Glaubenssystem aufgewachsen, und jeder Einzelne von uns entstammt einer ganz spezifischen Kultur.

Alle diese unterschiedlichen Systeme prägen unsere Gedanken, Überlegungen, Gefühle und Empfindungen ebenso wie unsere Entscheidungen, Verhaltens- und Lebensweisen. Wir übernehmen sie als Erbe unseres Familiensystems (von unseren Eltern, Großeltern und deren Vorfahren), von unseren Geschwistern, von unseren Kindern, und auch von unseren Organisationssystemen (den Unternehmen, in denen wir arbeiten). Ihre charakteristischen Merkmale, ihre Art, Entscheidungen zu treffen, ihre Sprachgewohnheiten lenken den Verlauf unseres Lebens. Sie bestimmen unser Schicksal oftmals auch dann, wenn wir es eigentlich selbst in die Hand nehmen sollten. Diese Systeme, die uns tiefgreifend beeinflussen und unsere unbewusste Loyalität vom ersten bis zum letzten Atemzug einfordern, sind weitgehend unsichtbar und ungeheuer wirkmächtig.

Wir haben keine Ahnung, dass wir heute jeden Cent dreimal umdrehen, obwohl wir mehr als genug auf der hohen Kante haben, weil einer unserer Ur-Ur-Großväter gegen die Armut ankämpfen musste, nachdem die Russische Revolution das Familienvermögen zunichtemachte. Wir wissen nicht, dass die Angst, die uns nachts überkommt, wenn wir alleine sind, daher rührt, dass einer unserer längst verstorbenen Vorfahren als kleines Kind von den Eltern verlassen wurde. Wir werfen einfach eine Beruhigungspille ein und machen weiter im alten Trott. Uns ist nicht klar, dass unser beruflicher Ehrgeiz seinen Anfang nahm, als wir den Existenzkampf unserer Eltern miterleben mussten.

Oder schauen wir uns einmal Lucias Geschichte an. Sie kam verwirrt und panisch zu mir, weil wieder eine schnell wachsende, nichtkanzeröse, sprich gutartige Geschwulst ihren Bauch wie bei einer Scheinschwangerschaft aufgebläht hatte. Das war das siebte Mal, dass innerhalb der letzten sieben Jahre Wucherungen entstanden waren, und ihre Ärzte hatten keine Ahnung warum. Bisher hatte sie sechs chirurgische Eingriffe hinter sich, und jedes Mal, wenn sich eine neue Geschwulst bildete, schwoll ihr Bauch an, als würde sie ein Kind austragen.

Im Verlauf unserer gemeinsamen Arbeit kam ans Licht, dass ihre Großmutter sieben Fehlgeburten hatte. Sie hatte sich, genau wie der Rest der Familie, geweigert, über die gestorbenen Babys zu sprechen. Der Verlust war einfach zu schmerzhaft. Aus der systemischen Perspektive wissen wir, dass alle Erfahrungen oder auch Personen, die wir in unserem eigenen Leben ausblenden, eine Möglichkeit finden, später bei einem anderen Mitglied des Systems wieder in Erscheinung zu treten. Die Absonderung einer dementen Großmutter, die in einem Pflegeheim untergebracht wird, kann dazu führen, dass ein Kind in einer der Nachfolgegenerationen das Gefühl entwickelt, in der Falle zu sitzen oder aus dem Familienverband ausgeschlossen zu sein. Als Lucia imstande war, jedes dieser sieben ungeborenen, vergessenen Kinder bewusst wahrzunehmen, wertzuschätzen und jedem von ihnen einen Platz im Familiensystem zu geben, begann die siebte Geschwulst innerhalb eines Monats zu schrumpfen. Ein chirurgischer Eingriff war nicht mehr erforderlich, und danach machten sich keine weiteren Wucherungen bemerkbar.

Oder nehmen wir Andrea, sechzig Jahre alt, deren Beinmuskulatur so schwach entwickelt war, dass sie seit dem elften Lebensjahr Beinschienen tragen musste. Die Ärzte hatten weder physische noch psychische Ursachen feststellen können, und als sie zu mir kam, war ich ihre letzte Hoffnung. Während unserer Sitzung wollte ich von ihr wissen, wessen Unterstützung ihr fehlte. Die Botschaften des Körpers sind so klar, dass man sie wörtlich nehmen kann. Manchmal fehlt im Leben von Menschen, die häufig auf einem Bein stehen oder eine schwach ausgeprägte Beinmuskulatur haben, ein Elternteil oder beide. Die Kinder verlieren den Halt, stehen nicht mehr mit »beiden Beinen im Leben«.

Wie sich herausstellte, war Andrea neun Jahre alt, als sie hörte, wie sich ihre Eltern anschrien. Sie lief die Treppe hinunter und unterbrach einen Streit, in dem ihre Eltern unverblümt ankündigten, dass sie sich scheiden lassen würden. »Du musst dich jetzt für einen von uns beiden entscheiden«, hieß es. Sie erklärte, bei ihrem Vater leben zu wollen, der jedoch zwei Jahre später verstarb. »Ich sah mich gezwungen, auf allen Vieren zu meiner Mutter zurückzukriechen«, sagte sie. »Meine Beine versagten ihren Dienst. Seither muss ich Stützschienen tragen.« (Die Formulierung zurückkriechen ist aufschlussreich, nicht wahr?)

»Wären Sie bereit, sich bildlich vorzustellen, wie Sie mit mir zum obersten Treppenabsatz hinaufgehen und den Moment noch einmal erleben?«, fragte ich. Als sie zustimmte, sagte ich: »Was sehen Sie, wenn Sie dort oben stehen?«

»Ich sehe meine Eltern, die sich anschreien.«

»Können Sie die Treppe wieder hinuntergehen und Ihren Eltern dieses Mal sagen: ›Ich entscheide mich für euch beide‹?«

Sie tat wie geheißen. Dann bat ich sie, sich aus dieser Position der

Selbstermächtigung heraus von ihrem Vater zu verabschieden und ihre Mutter zu begrüßen. In diesem Augenblick erkannte sie, dass sie immer beide Eltern und deren Unterstützung in ihrem Leben gehabt hatte. Nach unserer Sitzung war sie in der Lage, die Beinschienen ein für alle Mal abzulegen.

Wie ist das möglich?

Im Wesentlichen ist die Arbeit mit Familien- und anderen Systemen in Kombination mit Aufstellungsarbeit eine ungeheuer wirksame Methode, das nicht Wahrgenommene wahrnehmbar, das Unsichtbare sichtbar und das Unbewusste bewusst zu machen. Sie erlaubt uns, Probleme und Konflikte im Raum anzuordnen und szenisch zu erfassen, mit ihnen in eine Wechselbeziehung zu treten, sie buchstäblich zu umkreisen und von allen Seiten zu betrachten, sodass inspirierende, lebensverändernde Erkenntnisse und Aha-Momente entstehen, die uns bisher nicht zugänglich waren.

Wenn ich mit Klienten an der Erforschung ihres Familiensystems arbeite, decken wir verborgene Muster und unbewusste Loyalitäten auf, in die Familienmitglieder oft seit mehreren Generationen verstrickt sind. Wir nehmen die Sprachgewohnheiten und Verhaltensweisen, die sich in der Familie etabliert haben, unter die Lupe. Die Klienten lernen, ein inneres Bild ihrer Probleme oder Anliegen zu schaffen und es in einer umfassenden dreidimensionalen Aufstellung erfahrbar zu machen. Gemeinsam erforschen wir Gefühle wie Leid und Angst, die mit der hartnäckigen Überzeugung verbunden sind, nicht »gut genug«, »unsichtbar«, »ungeliebt« oder »unwürdig« zu sein. Wir bewegen uns buchstäblich durch das emotionale Muster, das ihr persönliches Wachstum hemmt, erkennen die Verstrickung, sorgen für eine Neuverdrahtung des Gehirns und ändern ein für alle Mal dysfunktionale Denk- und Verhaltensweisen.

»Aha!« bekomme ich oft zu hören. »Ich bin also nicht so unbedeutend und unfähig, wie ich dachte. In Wirklichkeit habe ich sogar eine ganze Menge zu bieten. Ich schaffe es tatsächlich, mit meiner Stimme und meiner Präsenz etwas zu verändern!« Oder: »Das war mir *über-*

haupt nicht bewusst! Kein Wunder, dass ich immer so … war« (besorgt, nachtragend, ängstlich – ich überlasse es Ihnen, die Leerstelle zu füllen.)

Selbst wenn Sie das Gefühl haben, immer wieder mit dem gleichen Problem konfrontiert zu werden – Geld zu verdienen und wieder zu verlieren, Beziehungen zu kappen, anderen auf Kosten des eigenen Erfolgs oder Wohlbefindens zu helfen, zu glauben, nicht gut genug zu sein –, möchte ich Ihnen versichern, dass jeder systemische Arbeit und Systemaufstellungen nutzen kann, um nachhaltige Veränderungen im Leben einzuleiten, zu wachsen, das eigene Potenzial auszuschöpfen und die eigenen Träume zu verwirklichen. Ich habe miterlebt, wie Klienten zerbrochene Beziehungen gekittet und neue dauerhafte Beziehungen geknüpft haben, wie sie über ihre einengenden Gedanken und Verhaltensweisen in puncto Geld und Finanzen hinauswuchsen, nach Stabilität strebten und ihren Familien Wohlstand bescherten. Ich konnte beobachten, wie Menschen den Ursprüngen multigenerationaler chronischer Lebensumstände auf die Spur kamen und sich aus den Verstrickungen lösten, das alte Muster durch ein neues ersetzten, das der physischen und psychischen Gesundheit zuträglicher war. Das dafür benötigte Werkzeug ist für alle verfügbar. Und wenn Sie beschließen, es zu benutzen und sich aus den Verstrickungen befreien, an denen Sie und Generationen vor Ihnen mitgewirkt haben, werden Sie erstaunt und hocherfreut die Möglichkeiten entdecken, die auf Sie warten.

Die Definition eines Systems

Wir schaffen es Tag für Tag, uns in komplexen Systemen zurechtzufinden, indem wir uns den Regeln jedes einzelnen Systems anpassen. Scheidungskinder lernen schnell, dass in der Welt der Mutter andere Regeln herrschen als in der des Vaters. Bei Papa darf man so lange fernsehen, wie man will. Bei Mama läuft alles nach dem Lehrbuch ab, und man darf den Fernseher erst einschalten, wenn die Hausaufgaben erledigt sind. In der Schule ist es verboten, den Familienhund mitzunehmen. Wenn man mit dem Auto zur Arbeit fährt, muss man sich an die Verkehrsregeln halten. Man geht nicht in eine Bar und betet, und man geht nicht in eine Kirche und flucht. So einfach ist das.

Wir sind von Systemen umgeben. Wir leben in einem Planetensystem, das sich in einem ziemlich wenig bewohnten Bereich unserer Galaxie befindet. Auf unserem Planeten Erde haben wir Fernverkehrs- und Telefonsysteme, Computersysteme, politische Systeme, Geschäftssysteme, Vereine und soziale und ökonomische Systeme wie den Kapitalismus erschaffen. Ein System kann jede beliebige Ansammlung von Menschen umfassen, die sich innerhalb eines gemeinsamen Rahmens zusammenschließen und Regeln und Regulierungsmechanismen aufstellen, die alle Mitglieder befolgen und dazu dienen, die Zugehörigkeit und das Überleben oder den Fortbestand der Gruppe zu sichern.

Unser primärer »Musterproduzent« ist das Familiensystem, bestehend aus Eltern, Geschwistern und anderen Verwandten. Es ist unser einflussreichstes System und der Ausgangspunkt unserer Erfolge und Misserfolge. Ein Großteil der systemischen Arbeit dreht sich um die Muster, die innerhalb der Familie entstehen – ihren Ursprung, ihren Inhalt und ihre Auswirkungen. Systeme weisen uns auf erwünschte und unerwünschte Verhaltensweisen hin und darauf, wie wir in ihnen scheitern oder unsere Ziele erreichen. Sie legen den Grundstein für unser Zugehörigkeitsempfinden und unsere Einstellung zu Themen wie Beziehungen, Geld, Emotionen, Führung, Spiritualität, Erfolg und Lebenssinn, indem sie uns bestimmte Verhaltensmuster aufprägen.

Eine Familie kann beispielsweise strikte Regeln in Bezug auf das Dating-Alter ihrer Kinder aufstellen oder Rituale einführen, die alle beachten müssen, zum Beispiel das gemeinsame Sonntagsessen oder Handyverzicht bei Tisch. Vereine haben Organisationsregeln darauf ausgerichtet, Menschen für bestimmte Aufgabenstellungen zusammenzubringen, die Arbeitsmoral, Ziele, soziale Normen und Ähnliches teilen. In Unternehmen bezeichnen wir die Gedanken, Gefühle und Muster innerhalb dieser Systeme als Unternehmenskultur.

Ein System ist in einem zutiefst realen Sinn eine lebendige Einheit. Es verfügt über einen Überlebensinstinkt. Sein höchstes Ideal ist der Erhalt des Gleichgewichtszustands, ein gedeihliches Wachstum und eine stetige, schrittweise Weiterentwicklung, und es wird alles tun, was in seiner Macht steht, um diese Ziele zu erreichen. Wenn ein Ungleichgewicht entsteht, wählt es später hinzugekommene Familienmitglieder aus, um die Homöostase – das dynamische Gleichgewicht – wiederherzustellen, die wieder einfügen, was verloren gegangen ist oder ausgeschlossen wurde.

Die Fähigkeit, Probleme innerhalb eines Systems auf einer tiefen Ebene zu verstehen, ermöglicht uns wichtige Erkenntnisse über seinen derzeitigen Zustand und wie es versucht, sich durch uns weiterzuentwickeln. Die zuvor erwähnten, ein wenig aus der Zeit gefallenen Dating-Regeln der Familie sind ein anschauliches Beispiel. Die Töchter haben in diesem System viel weniger Freiheiten als die Söhne. Sie müssen abends früher zu Hause sein, und Alkohol zu trinken ist strikt verboten, wenn sie sich mit einem Jungen verabreden. (Bei diesen Regeln geht es unter dem Strich um Sicherheit und Überleben.) Alle halten sich daran, bis auf die jüngste Tochter; sie rebelliert, setzt sich gegen die Einschränkungen zur Wehr, kommt ständig zu spät nach Hause, pfeift auf die Regeln des Systems. Die Eltern verzweifeln, bezeichnen sie als »böses Mädchen«. Die Tochter sieht, wie sich die Einschränkungen auf ihre Schwestern ausgewirkt haben, denen es schwerfällt, Beziehungen zum anderen Geschlecht aufzubauen, die Angst haben, verletzt oder vergewaltigt zu werden – so wie die Mutter als junge Frau. Doch die tiefer verborgene Wahrheit ist, dass das System versucht, das Muster der Machtlosigkeit zu durchbrechen, um sich weiterentwickeln zu können. Es strebt danach, in den weiblichen Angehörigen die Fähigkeit zu verankern, sich in Gesellschaft von Männern selbstermächtigt zu fühlen und harmonische, angstfreie Beziehungen zu knüpfen. Das »böse Mädchen« gibt in Wirklichkeit den Anstoß für einen Paradigmenwechsel, durchbricht das Muster der Angst.

Die tiefer verborgene und breiter gefasste Wahrheit ist normalerweise für alle Beteiligten unsichtbar, insbesondere für das »böse Mädchen«. Doch diese beiden Worte, die ein Werturteil enthalten, können schlussendlich ihr ganzes Leben definieren und einen Kurs vorzeichnen, bei dem rebellisches Verhalten, der Hang zum Unruhestiften oder das Gefühl, nicht dazuzugehören, an der Tagesordnung ist. Wenn sie das Glück hat, über diese Zuschreibung hinauszuwachsen – wenn sie lernt, sowohl die einengenden Muster in ihrem System als auch die damit verbundenen Vorteile zu erkennen, sie als Geschenk zu betrachten –, dann wird ihr bewusst werden, dass dieses Böse-Mädchen-Syndrom in Wirklichkeit dem Bestreben geschuldet ist, die fehlende Freude und Freiheit rund um das Thema Beziehungen wiederherzustellen und ihren eigenen Mut und ihre Unabhängigkeit wertzuschätzen.

Unter dem Strich können Systeme und ihre Regeln gesunde und ungesunde Kulturen erschaffen. Ein gesundes System ermutigt eine offene Kommunikation, Aufrichtigkeit und ein gewisses Maß an Selbstreflexion und Verantwortungsbewusstsein gegenüber der Gruppe. Ein ungesundes System weist die entgegengesetzten Merkmale auf. Je nach Entwicklungsrichtung oder Gestaltung können uns Systeme in Ketten legen oder Flügel verleihen. Wenn wir ihnen bewusst auf den Grund gehen, können wir sie nutzen, um unser Höchstes Gut zu erreichen und die »Goldnuggets« zusammenzutragen, die verborgenen Informationen, die uns den Weg zu Wohlbefinden und Wandel ebnen.

Die Grundpfeiler der systemischen Arbeit

Der deutsche Psychotherapeut Bert Hellinger, bedeutender Mitbegründer der systemischen Aufstellungspraxis, erkannte als einer der Ersten, dass jede individuelle Familie für sich genommen ein System darstellt. Im Alter von zwanzig Jahren trat er in die katholische Ordensgemeinschaft der Jesuiten ein. Anfang der 1950er-Jahre wurde er als Missionar nach Südafrika entsandt, um die Stammesverbände der Zulu zum Christentum zu bekehren und ihnen eine »zivilisierte« Denkweise beizubringen. Doch im Verlauf seines Zusammenlebens mit der indigenen Bevölkerungsgruppe wurde ihm bewusst, dass er in Wirklichkeit von ihnen lernte.

Während er mit ihrer Sprache vertraut wurde und an ihren Ritualen und täglichen Routineverrichtungen teilnahm, stellte er fest, dass es bei den Zulu sowohl auf individueller als auch auf Stammesebene so gut wie keine Neurosen gab, was er sich nicht erklären konnte. Nach und nach fiel ihm auf, dass ihre starke Verbindung zu den Ahnen, die sie häufig zu Rate zogen, um Aufschluss über Ereignisse in der Vergangenheit zu gewinnen, gegenwärtige Ereignisse beeinflusste. Er gelangte zu der Schlussfolgerung, dass der Respekt gegenüber dem Familiensystem und das Bedürfnis, mehr über ungelöste Konflikte innerhalb früherer Generationen zu erfahren, zu einer gesunden Herangehensweise an Probleme in der Familie und innerhalb des Stamms geführt hatten. In ihrem tiefsten Innern wussten die Zulu, dass eine unbewältigte Vergangenheit einer lebendigen Zukunft den Weg versperrte.

Nach seinem Zusammenleben mit den Zulu verließ Hellinger sowohl den Orden als auch Südafrika und wurde schließlich Psychoanalytiker. Im Lauf der nachfolgenden Jahrzehnte entwickelte er Familienaufstellungen und Systemaufstellungen als sogenannte »Lebenshilfemethode«. Er erforschte Systeme aller erdenklichen Art, reiste, lehrte und hielt Vorträge in aller Welt. Er gründete die Hellinger-Schule und verfasste mehr als neunzig Werke, in denen er seine

Erkenntnisse vor allem über Familiensysteme und das Geschehen innerhalb solcher Geflechte darlegte.

Ein Grundprinzip der systemischen Arbeit gleich welcher Richtung ist, dass sich jede Form der Weiterentwicklung auf Beobachten und anerkennendes Akzeptieren stützt, und darauf, den Mitgliedern eines Systems ihren eigenen Platz zuzuerkennen. Menschen und Ereignisse werden nicht bewertet. Es ist, wie es ist. Was geschehen ist, ist geschehen. Eine Erfahrung oder ein Ereignis mag nicht angenehm, erfreulich oder gesundheitszuträglich sein. Sie können sogar als grauenvoll empfunden werden. Doch jede Erfahrung und jedes Ereignis dient einem bestimmten Zweck und enthält wichtige Informationen. Alles hat seinen Platz, und wenn wir das Geschehen als das akzeptieren, was es ist, ohne den Wunsch, davon verschont geblieben zu sein, können wir daraus lernen, einen anderen Weg wählen und uns Schritt für Schritt weiterentwickeln.

Dieser Verzicht auf Werturteile ist unerlässlich, aber nicht leicht in die Praxis umzusetzen. Die Loslösung aus den Verstrickungen in die Muster unseres Familiensystems bedeutet, dass wir so offen wie möglich an Probleme herangehen und das Familiengeflecht mit all seinen Facetten unter die Lupe nehmen – Misshandlung, sexualisierte Gewalt, Verlassenwerden, Freude, Kummer, Liebe und Lieblosigkeit inbegriffen –, gepaart mit Neugierde oder Wissensdurst und dem Wunsch, Informationen aufzuspüren, die den Weg der Heilung fördern. Wenn wir Werturteile fällen und Menschen oder wichtige Ereignisse innerhalb eines Systems ablehnen oder ausblenden, blockieren wir unseren Zugriff auf eine Quelle der Erkenntnis – und auf die Möglichkeit, unerklärliche Beschränkungen unseres Lebens zu verstehen oder Wegweiser zur Verwirklichung unserer Träume zu finden.

Ich hatte beispielsweise eine Klientin, deren Mutter die Familie verlassen hatte, als sie selbst acht Jahre alt war. Der Verlust brach ihr das Herz; sie hatte schreckliche Angst, abermals jemanden zu verlieren, den sie liebte. Damit war sie in einem schier unlösbaren emotionalen Konflikt gelandet. Sie hatte kein Vertrauen in Beziehungen, hielt aber dennoch nach einem Partner Ausschau, der bereit war, sich langfristig zu binden. Wenn sie jemand kennenlernte, suchte sie regelrecht nach seinen Fehlern und hatte gleichzeitig Angst, dass auch er aus ihrem Leben verschwinden würde. Doch als wir den Blick darauf richteten, wie eigenständig sie war und wie gut sie ihr Leben geregelt bekam, konnte sie erkennen: Die Abwesenheit der Mutter hatte ihr die Fähigkeit verliehen, für sich selbst zu sorgen, und das starke Bedürfnis geweckt, für ihre eigenen Kinder da zu sein, komme, was da wolle. Solche Wachstums- und Entwicklungsmöglichkeiten sind ein Geschenk, doch aufgrund ihres äußeren Erscheinungsbilds nicht auf Anhieb auszumachen; sie verbergen sich im Gewirr der Verletzungen und Verstrickungen innerhalb eines Familiensystems und seiner ureigenen Dynamik. Aber sie sind immer vorhanden. Wir haben nur nicht gelernt, sie als Bereicherung wahrzunehmen.

Davon abgesehen sind wir Menschen alles andere als vollkommen und nicht immer leicht zu bewegen, Werturteile loszulassen. Vielleicht haben Sie einen toxischen Vater und es fällt Ihnen schwer, auch nur *einen Gedanken* an ihn zu verschwenden. Wenn Sie jedoch erkennen und verstehen, was ihn bewegt und dass die Vergangenheit auch in seinen Erfahrungen lebt, gerät Ihr festgefügtes Vorstellungsbild vielleicht ins Wanken. Wenn Sie tief genug graben, mit Herz, Verstand und Intuition seine damalige Familiensituation erfassen und sehen, welche Erfahrungen Ihren Vater »vergiftet« haben, sind Sie vielleicht in der Lage, den neuen Kontext zu akzeptieren, der mit dieser tieferen Dimension der Informationen verbunden ist. Damit kann ein neuer Aspekt der Wahrheit aufgedeckt werden, der einen Wandel ermöglicht … und genau das ist der springende Punkt. Andernfalls folgen auch Sie vielleicht unbewusst dem überlieferten Muster und werden toxisch für andere.

Es geht nicht um Ihre Mutter, Ihren Vater oder wen auch immer. Es geht um *Sie*. Wenn sich Ihre Gedanken und Ihre Sichtweise ändern, können Sie sich aus der Verstrickung in eine uralte Familienbiografie lösen und damit beginnen, eine neue emotionale DNA aufzubauen. Damit weisen Sie auch einem Teil Ihrer emotionalen Blaupause eine andere Bedeutung zu und erreichen dadurch ein anderes potenzielles Ergebnis. Dieser Paradigmenwechsel hat zur Folge, dass die Beziehung zu Ihrem Familiensystem und seinen Angehörigen – und nicht zu vergessen, zu sich selbst – nie mehr die gleiche sein wird.

Das Gewissen des Systems

In der systemischen Arbeit bezeichnen wir die verschiedenen Regeln und Steuerungsmechanismen, die in jedem System einzigartig sind, als »Gewissen des Systems«. Wenn wir die Auswirkungen des persönlichen Gewissens betrachten, sehen wir, dass sie den ungeschriebenen Regeln eines Unternehmens gleichen. Wenn man sie befolgt, fühlt man sich gut; wenn man sie ignoriert, hat man das Gefühl, ein Risiko einzugehen. Wir haben bereits auf einige Beispiele hingewiesen: Licht aus um 22 Uhr, keine Verabredungen am Abend, wenn am nächsten Tag Schulunterricht ist, keine Snacks zwischen den Mahlzeiten und so weiter. Das Widersprüchliche ist, dass ein System oft nur dann wachsen und sich weiterentwickeln kann, wenn mindestens ein Mitglied bereit ist, ein sogenanntes »schlechtes Gewissen« zu riskieren, indem es gegen die Regeln verstößt. Wenn Sie sich stets an die Regeln und das Motto »Weiter so!« halten, sorgen Sie dafür, dass alles so bleibt, wie es ist: festgefahren. Um sich zu bewegen, agil zu sein, muss auch ein risikoscheues Unternehmen lernen, kalkulierte Risiken einzugehen, und ein braves Familienmitglied wäre gut beraten, bewusst die Entscheidung zu treffen, das generationsübergreifende Muster des Schweigens und des Ausblendens zu durchbrechen.

Vielleicht hat Ihre Mutter darauf bestanden, dass Sie sich schriftlich für Geburtstags- und Weihnachtsgeschenke bedanken, bevor Sie mit Ihren neuen Spielsachen spielen durften. Zeitraffer: Zwanzig Jahre später sind Sie erschöpft, bleiben bis in die frühen Morgenstunden auf den Beinen, um Ihren vermeintlichen sozialen Verpflichtungen nachzukommen. Sie haben keine Zeit, an Ihr eigenes Vergnügen zu denken; stattdessen fokussieren Sie sich auf das Gefühl der Zugehörigkeit, indem Sie die Rolle des braven Kindes übernehmen, das sich stets an die Regeln des Systems hält. Die Annäherung an ein »schlechtes Gewissen«, weil Sie Mails oder andere soziale Interaktionen mal einen Tag lang »schleifen« lassen, wäre ein Schritt in eine Richtung, die Ihrer Gesundheit zuträglicher wäre und dazu beitragen würde, sich innerhalb der Muster Ihres Familiensystems mehr Freiraum zu verschaffen.

Der Trick besteht darin, den Status quo zu akzeptieren und zu respektieren, aber gleichzeitig herauszufinden, was man ändern könnte, um sowohl sich selbst als auch dem System, dessen Teil man ist, zu Diensten zu sein. Im oben erwähnten Beispiel hat das Verfassen von Dankesbriefen vielleicht zu Kompetenz im Bereich der schriftlichen Kommunikation geführt und zu der Entscheidung, eine journalistische Laufbahn einzuschlagen. Termine sind gut und wichtig. Danke dafür! Dass wir darauf bedacht sind, sie einzuhalten, verdanken wir oft einer bestimmten Regel des Systems. Wenn wir uns jedoch verpflichtet fühlen, an unnötigen und längst überholten gesellschaftlichen Gepflogenheiten festzuhalten, trägt das zur Erschöpfung bei. Es findet keine bewusste Weiterentwicklung statt. Die Regel dominiert, und wir verzichten darauf, über den Tellerrand hinauszublicken. Und wenn sie auf Kosten von Wachstum und Entwicklung dominiert, verfallen wir in eine Art systemische Trance.

Familiensysteme können unserer Seele eine Chance bieten, sich weiterzuentwickeln, aber auch einlullend sein und uns in einen Dornröschenschlaf versetzen. Wenn wir uns in der Vertrautheit des Systems einrichten und uns einreden: »So ist das nun mal, daran lässt sich nichts ändern«, befinden wir uns grundlegend in einem systemischen Trancezustand. »Frauen kochen und erledigen die Hausarbeiten. So ist das nun mal. Männer arbeiten bis zum Umfallen, um die

Brötchen zu verdienen und die Sicherheit der Familie zu gewährleisten. So ist das nun mal.« (Ja, auch im einundzwanzigsten Jahrhundert bekomme ich noch Männer und Frauen aller Altersgruppen zu Gesicht, die im Trancezustand eines uralten geschlechterspezifischen Rollenverständnisses gefangen sind.)

Der Status quo ist vertraut und bequem. Im Trancezustand muss man nicht eigenständig denken, sondern kann blind den Regeln des Systems folgen. Doch der Status quo hat auch zur Folge, dass man darin steckenbleibt oder immer wieder gegen Betonmauern anrennt, deren Existenz man sich nicht erklären kann und die unüberwindbar scheinen – bis man weiß, wonach man Ausschau halten muss. Angenommen, in Ihrer Familie trinkt jeder Alkohol. Die ersten vierzig Jahre Ihres Lebens verbringen Sie im systemischen Trancezustand des Alkoholkonsums … bis Sie eines Tages beschließen, dass es an der Zeit ist, Ihrer Gesundheit zuliebe auf Alkohol zu verzichten. Es fällt Ihnen jedoch schwer, Ihrem Vorsatz treu zu bleiben, wenn Sie Ihre Familie an Wochenenden besuchen. Es ärgert Sie, dass Sie Ihrer Gesundheit nicht absoluten Vorrang geben, ohne Ausnahme; gleichzeitig ist es viel einfacher, sich anzupassen, wenn die anderen trinken. Fazit: Das Bedürfnis nach Zugehörigkeit zum Familiensystem ist größer als das Bedürfnis nach Gesundheit und persönlichem Wachstum.

Die Bequemlichkeit des Trancezustands und das Bedürfnis nach Zugehörigkeit sind oft dafür verantwortlich, dass Vorhaben oder Veränderungsprojekte scheitern. Selbst wenn Klienten erklären, dass sie etwas ändern möchten und es auch so meinen, reicht der Wunsch allein oft nicht aus, um sich aus den Verstrickungen des Bindungs- oder Zugehörigkeitsbedürfnisses zu lösen. In solchen Fällen gilt es, Argumente für ihre Träume und ihren Herzenswunsch aufzubauen, die stärker sind als die systemischen Regeln, die sie einengen.

Wenn wiederkehrende Muster im System unerkannt bleiben, können wir unbewusst Loyalitäten gegenüber Mitgliedern oder Regeln des Systems entwickeln, an die wir uns blindlings halten, auf Kosten unseres eigenen Glücks oder unserer Gesundheit. Einer meiner Klienten, ein Angehöriger der Streitkräfte, ist ein anschauliches Beispiel. Er wandte sich an mich, weil er sich einem großen Problem gegenübersah. Ich fragte, um was für ein Problem es sich handelte, und er erwiderte: »Ich soll zum Oberst befördert werden.«

»Okay, klären Sie mich auf. Wieso ist das ein Problem?«

»Sie verstehen das vielleicht nicht. Mein Vater war Major. Mein Großvater war Major. Mein Urgroßvater war Major. Und ich soll zum *Oberst* befördert werden.«

Auf meine Frage, was so schlecht daran sei, erblasste er. »Sie haben alle Hervorragendes geleistet. Wie kann ich da wagen, einen höheren Rang einzunehmen als sie?«

Als wir sein Familiensystem durchleuchteten, erklärte er, sein Urgroßvater habe unmissverständlich klar gemacht: »Ein Major reicht für diese Familie.« Mein Klient fühlte sich ihm gegenüber in solchem Ausmaß zu Loyalität verpflichtet, dass allein die Vorstellung, mehr zu erreichen als er, ihn in Panik versetzte. Er wusste nicht, ob er einen »höheren Dienstgrad« verdiente, und der Gedanke an den Preis, den ein solcher Schritt auf der Karriereleiter mit sich bringen könnte, machte ihm Angst.

Ich fragte ihn, was er davon halten würde, sich bei seinen männlichen Vorfahren für das starke Vermächtnis zu bedanken, auf dem er aufbauen und seine Position als Oberst der Streitkräfte ausfüllen könne. Das erwies sich als Lösung des Konflikts, sodass er sich mit dem Gedanken an seine Beförderung anzufreunden vermochte. Doch die Loyalität gegenüber diesem einengenden Glaubenssatz hatte die Männer in der Familie seit vier Generationen bewogen, ihr Potenzial nie voll auszuschöpfen!

Was zeigt, wie groß die Macht des Trancezustands, unsere Loyalität gegenüber dem System und unser Bedürfnis nach Zugehörigkeit ist.

Systemische Glaubenssätze

In jeder Familie gibt es bestimmte Aussagen, die immer wieder die Runde machen. Es handelt sich dabei um systemische Glaubenssätze, die so oft wiederholt werden, bis wir sie für bare Münze nehmen und von einer Generation zur nächsten durchreichen. Vielleicht kommen Ihnen einige der folgenden Beispiele bekannt vor.

- Bildung ist das höchste Gut und mehr wert als alles Geld der Welt.
- Vertrautheit erzeugt Verachtung.
- Geld oder Liebe – man kann nicht beides haben.
- Ohne Fleiß kein Preis.
- Hochmut kommt vor dem Fall.
- Was Hänschen nicht lernt, lernt Hans nimmermehr.
- Blut ist dicker als Wasser.

Jedes System hat seine eigenen systemischen Glaubenssätze entwickelt, was Erfolg und Versagen, Liebe, Beziehungen, Geld, Führung, Karriere, Gesundheit, Alter … und Gott und die Welt betrifft. Wenn man Ihnen als Angehörige Ihres Familiensystems ständig solche Glaubenssätze »eingetrichtert« hat, sind Sie irgendwann überzeugt, dass sie *wahr sind,* obwohl sie nur *eine* Wahrheit, eine bestimmte Weltsicht repräsentieren. Sie ist im Glaubenskanon Ihres Familiensystems verankert, den Sie übernommen haben. Aber Sie können diesen Glaubenskanon jederzeit ändern.

Systemische Glaubenssätze bestimmen buchstäblich unser Leben, und in diesem Buch wird häufig die Rede davon sein. Es sind Überzeugungen, mit denen wir uns identifizieren, weil wir sie fälschlicherweise für unsere eigene aktuelle Wirklichkeit halten. Sobald sie aufgedeckt sind und auch ihre Ursprünge und Auswirkungen, können wir sie als Werkzeug benutzen, um uns aus generationsübergreifenden Mustern zu befreien.

Leitprinzipien der systemischen Arbeit und Systemaufstellung

Die von Bert Hellinger entwickelte systemische Aufstellungsarbeit stützt sich auf drei sogenannte Lebensbasisprinzipien oder Grundordnungen des Lebens,[1] die immer im Spiel sind und die Sie kennen sollten, wenn Sie lernen möchten, diese Methode bei sich selbst oder anderen anzuwenden. Jedes Problem oder Anliegen, mit dem Sie oder Ihre Klienten konfrontiert werden, lässt sich einem dieser drei Leitprinzipien zuordnen. Sobald Sie das jeweils aktive Prinzip identifiziert haben, erhalten Sie eine ungefähre Vorstellung davon, welcher Bereich angesprochen werden sollte und wie die Lösung beschaffen sein könnte. Diese drei Leitprinzipien stellen eine einfache praxisorientierte Orientierungshilfe dar, die dazu beiträgt, sich in der systemischen Welt zurechtzufinden.

Das erste Prinzip: Zugehörigkeit. Jeder Mensch hat ein Recht auf Zugehörigkeit. Jedes Ereignis, jedes Mitglied, jede Entscheidung hat seinen Platz und gehört dazu – denn sie prägen das System, das wiederum den Menschen prägt. Das schließt den übergriffigen Onkel Harry ein, die alkoholkranke Schwester und den Bruder, das schwarze Schaf der Familie. Gleich ob gut, böse, indifferent, auf einer höheren oder niedrigeren Hierarchieebene oder auf Augenhöhe, jeder zählt, denn jeder bringt Informationen ein, die benötigt werden, damit die Mitglieder des Systems und das System als Ganzes wachsen und sich weiterentwickeln können. Dennoch werden Familienmitglieder manchmal ausgeschlossen, weil es emotional zu belastend wäre, sie einzubeziehen, wie bei Lucias Großmutter mit den sieben Fehlgeburten, über die nie gesprochen wurde. Doch dass sie ausgeblendet wurden, heißt nicht, dass sie nie existiert und die tragischen Ereignisse keinen Einfluss auf nachfolgende Generationen haben.

Oft sind Werturteile und Angst im Spiel, wenn wir versuchen, jemandem aus dem System auszuschließen. Meine Klienten erzählen mir Dinge wie: »Wir reden nicht oft von unserer Großmutter. Sie hat beim Glücksspiel fast alles verloren.« Und dann fragen sie sich, warum ihre eigenen Kinder Glücksspiele lieben oder total ablehnen.

Wir alle möchten uns zugehörig, akzeptiert und einbezogen fühlen. Wenn wir ausgegrenzt werden, machen sich alle möglichen negativen Gedanken und Empfindungen bemerkbar. Doch wenn wir uns anderen anpassen, müssen wir uns unter Umständen verbiegen und fragwürdige Kompromisse eingehen. In einem solchen Szenario sollten Sie sich auf diejenigen Elemente der Zugehörigkeit konzentrieren, die Ihnen nicht behagen, und nach Lösungsmöglichkeiten Ausschau halten. Gehen Sie den Ursprüngen des Gefühls nach, »ausgegrenzt« zu sein, und finden Sie heraus, ob es nur für Sie oder für das gesamte Familiensystem typisch ist.

Die Frage ist, wie sich Freude und Kraft aus dem Wissen schöpfen lässt, Teil einer Gruppe zu sein, wenn Sie Bindungen als einengend empfinden. Vielleicht mussten Sie sich dem Rest der Familie anpassen, der stets ruhig und gelassen reagiert. Vielleicht mussten Sie sich einfügen, um als zugehörig akzeptiert zu werden, aber ein Teil von Ihnen sehnt sich danach, aus der Reihe zu tanzen und extrovertiert zu sein, wie es Ihrer wahren Natur entspricht – doch Sie haben Angst davor, ausgeschlossen zu werden. Wenn Sie eine Möglichkeit finden, sich zugehörig zu fühlen, indem Sie die familientypische Ruhe und Gelassenheit wertschätzen und gleichzeitig mit Ihrer Individualität glänzen, erweitern Sie das System. Und gleichzeitig festigen Sie auch die Bindungen, weil Sie authentisch sind und mit Ihrer Pionierarbeit einen aktiven Beitrag zu Wachstum und Entwicklung des Systems leisten.

Das zweite Prinzip: Rangordnung. Hier geht es um Ihren Platz im Familien- oder Organisationssystem und die damit verbundene Rolle, zum Beispiel als erstgeborenes Kind oder als Firmenvorstand. In Ihrem Familiensystem ist dieser Platz festgelegt. In einem Unternehmen kann er sich ändern. Vielleicht mussten Sie sich als Kind um Ihre Geschwister kümmern, unter Umständen fühlten Sie sich sogar für Ihre Eltern verantwortlich. In diesem Fall waren die Rollen der Gebenden und Nehmenden vertauscht: Sie haben sich nicht auf dem Platz befunden, der Ihnen bestimmt war, und damit die Ordnung gestört. Das kann zur Folge haben, dass Sie auch im späteren Leben stets die Person sind, die sich um alles kümmert und sich gezwungen sieht, die Rolle der »Erwachsenen« beizubehalten. Das kann irgendwann das Gefühl auslösen, nie das zu erhalten, was Sie brauchen. Wenn Sie lernen, Ihren eigenen Platz im System einzunehmen und wertzuschätzen, ohne sich die Verantwortung für alle anderen aufzubürden, ist die Ordnung wiederhergestellt. Sich auf den Platz im System zu begeben, der durch die Rangordnung bestimmt ist, kann ein Gefühl der Leichtigkeit auslösen, befreiend wirken und völlig neue Perspektiven eröffnen.

Umgekehrt haben Sie Ihren Platz und Ihre Rolle im System vielleicht an Ihre Geschwister oder Familienmitglieder abgegeben, die bedürftiger waren; nun fühlen Sie sich zu kurz gekommen, unsichtbar, unfähig, das Leben, den Fluss der Energie, die Liebe und den Erfolg in ihrer ganzen Fülle auszuschöpfen. Das macht sich bisweilen bei Führungskräften bemerkbar, die es vorziehen, im Hintergrund zu bleiben. Sie fördern andere, was großartig ist, aber sie nehmen nicht ihren eigenen Platz ein und stören dadurch die Ordnung.

Auch wenn jemandem das Recht auf Zugehörigkeit aus irgendeinem Grund verwehrt wird, ist die Ordnung im System gestört. Dann übernehmen Mitglieder nachfolgender Generationen unter Umständen unbewusst Lebensstil, Gewohnheiten, Gedanken, Gefühle oder Verhaltensmuster der Ausgeschlossenen, verkörpern die charakteristischen Merkmale und empfinden sie als ihre eigenen. Systeme sind per se dynamisch, inklusiv und darauf ausgerichtet, Bindung, Harmonie und Balance wiederherzustellen, wenn sie fehlen. Lucias Fall ist ein anschauliches Beispiel. Die Tumore in ihrem Körper, die siebenmal auftraten und den Bauch wie bei einer Schwangerschaft aufblähten, wiesen eindeutig auf das hin, was man ausgeschlossen und dem »Vergessen« anheimgegeben hatte, und was einbezogen und »wieder in Erinnerung« gebracht werden musste.

Solche Rollen und Rangordnungen gibt es in allen Systemen. In Familiensystemen stehen die Urgroßeltern in der ersten Reihe (oder die Ur-Ur-Urgroßeltern bzw. noch frühere Vorfahren), gefolgt von den Großeltern und Eltern. Diejenigen mit der längsten Zugehörigkeit zum System tragen mehr Lebenslast auf ihren Schultern, einfach weil sie vor allen anderen Familienmitgliedern das Licht der Welt erblickt haben. Das ist alles. Die Rangordnung ist nicht mit einer Bewertung verknüpft, niemand ist besser oder schlechter gestellt. Jeder hat einen bestimmten Platz im System, und nur hier befinden wir uns auf *unserem* Platz. Wenn wir ihn kennen und einnehmen, erhalten wir alles, was wir brauchen, und können weitergeben, was wir teilen sollten. Liebe und Erfolg können frei fließen. Wenn wir uns am falschen Platz befinden, spüren wir das, weil wir uns nicht zugehörig fühlen und der Fluss des Lebens gestört ist. Wir fühlen uns eingeengt, überlastet oder um den Anteil betrogen, der uns rechtmäßig zusteht. In Organisationen gibt es viele verschiedene Rangordnungen. Sie werden durch Kompetenzen, Alter, Firmenzugehörigkeit, Flussdiagramme, die dynamische Beziehungen in einem System darstellen, den Kundenwert oder die finanzielle Vergütung festgelegt.

Das dritte Prinzip: Der Ausgleich von Geben und Nehmen. Sind Sie zu freigiebig, wenn es um Liebe, Geld, Zeit oder Aufmerksamkeit geht oder um … (Sie dürfen die Leerstelle ausfüllen) und erhalten im Gegenzug nicht annähernd so viel zurück? Dieses Gefälle kann so manche Beziehung im System zerstören. Die Kehrseite das Prinzips ist die Neigung, zu viel zu nehmen. Menschen und Systeme können nur dann ein gedeihliches Wachstum erzielen, wenn sich Geben und Nehmen annähernd im Gleichgewicht befinden; fehlt es, geraten sie ins Straucheln.

Bei einem meiner Klienten, einem Unternehmen, arbeitete die Belegschaft reibungslos zusammen, bis der Chef zusätzliche Urlaubstage strich. Beinahe auf Anhieb meldeten sich die Mitarbeitenden wahllos krank. Was wollen die Mitglieder dieses Organisationssystems damit zum Ausdruck bringen? »Geben und Nehmen sind nicht ausgewogen. Man fordert zu viel von uns, ohne eine entsprechende Gegenleistung zu bieten. Deshalb machen wir nun unseren Urlaubsanspruch bei Krankheit geltend.«

Wenn Sie nicht viel über Ihre Herkunftsfamilie wissen

Menschen, die keine Verbindung zu ihrer Herkunftsfamilie hatten, stellen oft verwundert fest, wie viele Parallelen es in den Biografien gibt, wenn der Kontakt schließlich doch noch zustandekommt. Auch wenn wir die individuellen Stränge der physischen DNA nicht sehen oder uns ihrer nicht einmal bewusst sind, bringen wir die darin enthaltenen Muster klar zum Ausdruck, und die emotionale DNA ist in dieser Hinsicht keine Ausnahme. Sie haben alles auf Ihren Lebensweg mitbekommen, was Sie brauchen, um ihn in eigener Regie fortzusetzen – sobald Sie wissen, wie Sie sich diese Ressourcen erschließen.

Bei einer meiner Gruppenveranstaltungen stand eine der Teilnehmerinnen auf und verkündete, mit solchen Informationen könne sie nicht dienen. Lisa war adoptiert worden und hatte keinerlei Verbindung zu ihrer Herkunftsfamilie, und die Tränen in ihren Augen bezeugten, wie schmerzlich dieses Wissen für sie war. Ich lud sie ein, mit mir ein Profil zu erarbeiten. Auf der einen Seite des Raumes befand sich ein Spiegel, und ich bat sie, hineinzublicken und mir zu sagen, wie sie sich rein äußerlich von ihrer Adoptivfamilie unterschied. Danach sollte sie die Unterschiede in der Persönlichkeitsstruktur beschreiben und sagen, was sie bei sich selbst frustrierend fand oder sich zutiefst wünschte; Stück für Stück wurde Lisa bewusst, dass sie alles hatte, was sie brauchte, einschließlich einer Bindung an ihre biologischen Eltern, die stärker war, als sie für möglich gehalten hatte.

Aus diesen neuen Gedanken und Gefühlen heraus gelang es ihr, Bindungen zu ihrer Herkunfts- und Gegenwartsfamilie aufzubauen. Ich schlug vor, Frustrationen, Herzensbedürfnisse und einschneidende Ereignisse in ihrem Leben aufzuschreiben und nach blockierenden Mustern Ausschau zu halten. Diese Muster hatten irgendwo ihren Ursprung und versuchten, sich durch ihre Träume und aktuellen Bedürfnisse Aufmerksamkeit zu verschaffen. Über die eigenen Frustrationen, Träume und Wünsche gelang es Lisa, ein Gefühl der Bindung zu entwickeln und ihr Schicksal anzunehmen.

Systemische Arbeit und Systemaufstellungen schließen auch Personen ein, die adoptiert, verwaist oder zerstritten sind oder wenig über ihre Herkunftsfamilie wissen. Sie brauchen keine Ahnengalerie an der Wand, die Ihnen sagt, wer Sie sind. Die Muster Ihrer Gedanken, Gefühle und Verhaltensweisen, die Entscheidung, ob Sie handeln oder nicht handeln, sind Hinweise, die Aufschluss über das Erbe geben, das Sie übernommen haben. Starre Ansichten, nicht nachvollziehbare Rechthaberei, Phobien und angeborene emotionale Gewohnheiten führen Ihnen vor Augen, was in Ihrem Familiensystem weiterlebt und welchen Ursprung diese charakteristischen Merkmale haben.

Aber in Systemen sind es nicht nur die vorhergehenden Generationen, die uns Hinweise auf unsere Identität liefern. Auch unsere eigenen Worte, Gefühle, unsere Denkweise und die Deutung der einschneidenden Ereignisse in unserem Leben vermitteln uns ein klares Bild, wo wir auf der Stelle treten und Impulse verspüren, uns aus Verstrickungen zu befreien und von der Stelle zu bewegen. Welche Situationen wiederholen sich immer wieder in Ihrem Leben? In welchen Bereichen scheinen Sie jedes Mal aufs Neue in eingefahrenen Geleisen festzustecken? Welche Geschichten erzählen Sie sich selbst über Ihre Fähigkeiten und Ihr Potenzial? Auch wenn Ihre Familiengeschichte keine klare Struktur aufweist, sind alte Muster vorhanden, die dysfunktional und Ihnen nicht länger dienlich sind, und neue Muster, die an die Oberfläche drängen und ihren Platz einnehmen wollen.

Sie finden vielleicht niemals die Person unter Ihren Vorfahren, auf die sich die sogenannte *multigenerationale Übertragung* des ersten Musters von Angst und Zweifel oder von Entschlossenheit und Integrität zurückführen lässt – aber Sie werden Möglichkeiten finden, Muster zu erkennen und zu begrüßen, die Sie weiterbringen, und gleichzeitig alte, ausgediente Muster abzulegen und in Quellen der Weisheit zu verwandeln. Ihre Individualität ist in Ihnen angelegt, und wenn Sie dieses Potenzial zur Entfaltung bringen, wachsen Sie über sich selbst hinaus, leiten einen tiefgreifenden Transformationsprozess ein, zeichnen den Weg für Ihre Nachkommen vor und verbinden sich mit Ihren unsichtbaren Vorfahren.

Denken Sie daran, dass Ihnen Energiefeld und -fluss in doppelter Ausführung zur Verfügung stehen, wenn Sie adoptiert wurden – zum einen als Erbe Ihrer biologischen Eltern und zum anderen der Eltern, die Sie gewählt und an Kindes statt angenommen haben. Sie haben nicht weniger erhalten, sondern mehr. Sie wissen, was Sie Ihren Adoptiveltern zu verdanken haben. Welche positiven Merkmale haben Ihre biologischen Eltern an Sie weitergegeben? Den Mut, Sie zur Welt zu bringen und dann aufzugeben, um Ihnen ein besseres Leben zu ermöglichen? Selbstlosigkeit? Was haben Sie sonst noch auf Ihrem Lebensweg mitbekommen und nicht bedacht? Ihr Lächeln? Ihren Humor? Ihre musikalische Begabung?

Systemische Muster werden von einer Generation zu anderen weitergegeben, gleich ob Sie sich dessen bewusst sind oder nicht. Man muss sich nur Fernsehsendungen wie *Long Lost Family (Verzweifelt gesucht)* anschauen, um zu beobachten, wie sich die Muster wiederholen. Auch wenn wir nicht in unserer Herkunftsfamilie aufgewachsen und ihr nie begegnet sind, stellen wir bei einem späteren Kennenlernen überrascht fest, in welchem Ausmaß sich unsere Lebenswege gleichen.

Systemischer Meilenstein #1: Die Erforschung Ihres Familiensystems

Die Erforschung Ihres Familiensystems gleicht in vieler Hinsicht einer Schatzsuche, auf die Sie sich mithilfe einer Karte begeben. Alle nötigen Hinweise sind in Ihrem Familiensystem enthalten: auf Bereiche, in denen Sie nicht weiterkommen, und auf den Weg, der das Schicksal des gesamten Systems bestimmt und der Ihre Aufmerksamkeit sucht. Es ist hilfreich, den Verlauf Ihrer Reise in einem Tagebuch festzuhalten. Je mehr Informationen Sie sammeln und niederschreiben, desto sichtbarer werden Wege und Handlungsoptionen, die zu dem verborgenen Schatz führen. Die Fähigkeiten und Fertigkeiten, die nur Ihnen zu eigen sind, werden offenkundig und warten darauf, dass Sie die Informationsbruchstücke, die in keinem Zusammenhang zu stehen scheinen, wie Puzzleteile in das Bild einer abenteuerlichen Entdeckungsreise einfügen. Sie sind in der Lage, Wutgefühlen in der Familie ihren Platz zu geben und ein friedliches Miteinander zu ermöglichen. Generationen marginalisierter Gruppen finden auf diese Weise einen Champion und glühenden Verfechter ihrer Interessen, verkörpert in Nachfahren, die keinen Konflikt scheuen und sich den Weg an die Spitze erkämpfen.

Ein empfehlenswerter erster Schritt zum besseren Verständnis Ihres Familiensystems und Ihres Selbst besteht darin, sich Zeit zu nehmen, um sich zu fokussieren, voll im gegenwärtigen Augenblick präsent zu sein und aus der Perspektive der drei Grundprinzipien 1) Zugehörigkeit, 2) Rangordnung und 3) Ausgleich von Geben und Nehmen einen Blick auf Ihre Familie zu werfen. Gibt es Familienmitglieder, die eindeutig ein Problem mit einem dieser drei Grundprinzipien haben?

Hier einige Beispiele: Tanzt Ihre Schwester aus der Reihe, weil sie sich als nicht zugehörig zu Ihrer Familie empfindet? Musste Ihr Vater schon in frühester Jugend die Rolle des Familienoberhaupts übernehmen? Wenn ja, haben auch Sie das Gefühl, dass Ihnen zu viel Verantwortung aufgebürdet wurde? Haben Sie die Neigung entwickelt, unbewusst Partei für Ihren Vater zu ergreifen, der aus dem Familiensystem ausgeschlossen wurde, um die Ordnung wiederherzustellen? Gehören Sie zu den Menschen, die ihr Licht unter den Scheffel stellen? Bietet Ihre Mutter emotionale Unterstützung und Fürsorge im Überfluss, erhält aber wenig von ihrem Mann oder ihrer Familie zurück? Stellen Sie fest, dass sich dieses Muster bei Ihnen fortsetzt? Werden die Verantwortung und die Aufgaben, die Sie in Ihrem Unternehmen übernommen haben, nicht ausreichend honoriert? Befinden Sie sich in einer Beziehung, in der das Geben und Nehmen auf der emotionalen Ebene aus dem Gleichgewicht geraten ist?

Halten Sie nach Mustern Ausschau, die in Bezug zu den drei Grundprinzipien stehen, und finden Sie heraus, welchen Einfluss sie auf Ihr Leben ausüben. Und wenn Sie keinen Kontakt oder Informationen über Ihre Herkunftsfamilie haben, nehmen Sie einschneidende Ereignisse und Konstellationen Ihrer Wahl- oder Gegenwartsfamilie in den Blick.

Systemischer Meilenstein #2: Die Aufdeckung Ihrer systemischen Glaubenssätze

Listen Sie alle Binsenweisheiten Ihrer Familie und alle systemischen Leitsätze auf, die Sie gehört und sich zu eigen gemacht haben. Vielleicht stellen Sie fest, dass Sie diese bereits an Ihre Kinder weitergeben. Wenn die Liste vollständig ist, finden Sie heraus, wie sich diese Glaubenssätze auf Ihr Leben ausgewirkt haben. Denken Sie an die Entscheidungen, die Sie getroffen oder nicht getroffen haben. In welchem Ausmaß wurde Ihr Leben durch diese Glaubenssätze im Hinterkopf und die Deutungen geprägt, die Sie ihnen

zugeschrieben haben? Auf welche Weise wurden Sie dadurch eingeengt oder unterstützt?
Das sind die unbewussten »Strippenzieher« hinter den Kulissen, mit denen wir uns an späterer Stelle eingehend befassen. Ein Tipp: Werfen Sie einen Blick auf systemimmanente Aussagen, die Karriere, Beziehungen, Angst, Zielsetzungen, Schuld, Erfolg, Versagen, Krankheit, Geld und andere wichtige Aspekte Ihrer Familie betreffen.

2 Emotionale DNA: Die verborgene Erbschaft

»Es ist geradeso, als wäre meine ganze Familie mit einem Fluch beladen.« Diese Aussage habe ich von mehreren meiner Klienten gehört. Eine extreme Sichtweise, bis wir uns Forschungsergebnisse vor Augen halten, die belegen, dass Gedanken-, Gefühls- und Handlungsmuster, aber auch einschneidende Erfahrungen in Bereichen wie Gesundheit, Beziehungen und Führung von einer Generation zur nächsten übertragen werden können. Sie tauchen immer wieder in Familien auf, die mit bestimmten Problemen zu kämpfen haben, wie mangelnde Bildung, dysfunktionale Beziehungen, Suchterkrankungen, berufliches Scheitern oder die Unfähigkeit, finanziell auf einen grünen Zweig zu kommen. Das ist kein Fluch, sondern ein Familienerbe.

Ich bezeichne dieses Erbe als emotionale DNA, die auf der persönlichen Deutung einschneidender Ereignisse und Begebenheiten basiert und Eingang in die emotionale Blaupause Ihres Familiensystems gefunden hat.

Ihre emotionale DNA kommt in hohem Maß in Ihren Gedanken und in Ihren Worten, in Ihrem Umgangston und in dem Deutungsrahmen zum Ausdruck, der bestimmt, wie wir einen Begriff oder eine Situation interpretieren. Ihre Sprachmuster prägen Ihre (subjektive) Wahrheit, den Weg, den Sie im Leben einschlagen, Ihre Zielsetzungen, Ihre Selbstwahrnehmung und Ihre Sicht auf andere. Sie prägen Ihre Zukunft, gleich ob sie sich in Ihren Augen als erfolgreich, mittelmäßig oder trostlos entpuppt. Die familieninterne emotionale

DNA macht sich außerdem auf der körperlichen Ebene nachhaltig bemerkbar, auch wenn Sie sich dessen nicht bewusst sind. Die in der DNA des Systems festgelegten Gefühle und Empfindungen sind ein starker innerer Kompass, an dem wir uns orientieren können. Wir wissen, ob wir uns in Einklang mit unserem Familien- oder Organisationssystem befinden, weil wir es spüren können. Wir wissen, dass wir bei einem Verstoß gegen die Regeln des Systems ein schlechtes Gewissen haben, weil wir es spüren können. Wir wissen, ob wir eingebunden oder ausgeschlossen sind, weil wir es spüren können.

Wenn wir uns innerhalb eines Systems respektiert und wertgeschätzt fühlen, sind wir eher bereit, uns zu öffnen, zu teilen, wichtige Informationen und Erkenntnisse weiterzugeben und uns für das Wohl des Systems einzusetzen, weil wir das Gefühl haben, einen wertvollen Beitrag leisten zu können. Unsere frei verfügbare Energie und Leidenschaft werden geweckt, und wir bringen uns ein. Wenn wir dagegen glauben, dass wir nicht dazugehören, nicht klug oder amüsant genug sind, fühlen wir uns verletzlich, scheuen das Risiko und ziehen uns zurück.

Es kann vorkommen, dass ein kollektives Gefühls- oder Empfindungsmuster wie ein roter Faden durch das gesamte Familiensystem verläuft, zum Beispiel Schuldgefühle, die auf eine bestimmte Begebenheit oder eine Reihe von Ereignissen in der Vergangenheit zurückzuführen sind. Wenn wir auf frühere Generationen zurückblicken, erkennen wir oft, wie oder wo ein Muster, das bis heute in *unseren* Gedanken, Gefühlen und Verhaltensweisen fortlebt, unser Privat- und Berufsleben einengt und möglicherweise in der emotionalen DNA des Systems erzeugt und eingeprägt wurde.

Dan, ein erfolgreicher Geschäftsmann, klagte über den Hang, sich bis zur völligen Erschöpfung zu verausgaben. »Mein Vater und mein Großvater hatten drei Jobs, um die Familie über Wasser zu halten und mir die Chance auf ein besseres Leben zu verschaffen«, erklärte er. »Ich habe eine eigene Firma, mir geht es blendend, aber ich habe immer noch das Gefühl, dass ich nicht hart genug arbeite. Ich spiele ständig mit dem Gedanken, sicherheitshalber noch einen zusätzlichen Job anzunehmen. Aber ich bin jetzt schon völlig erledigt am Ende des Tages.«

Als wir seinen derzeitigen Zustand und seine Biografie unter die Lupe nahmen, räumte er ein, dass er eigentlich finanziell gut aufgestellt war und ein zusätzlicher Job unter dem Strich keinen großen Unterschied in puncto Sicherheitsempfinden bewirken würde. Damit hätte er lediglich die tief verwurzelten Gewohnheiten seines Systems und die Angst und Entschlossenheit seines Vaters übernommen, um jeden Preis für den Unterhalt der Familie zu sorgen. Sein Körper sagte jedoch: »Nein! Bitte hör auf damit und ändere dein Leben!«

Ich erklärte ihm: »Wenn Sie weiterhin bis zum Umfallen arbeiten, auch wenn Sie dabei erfolgreich sind, bringen Sie Ihren Kindern bei, dass Freizeit, Spiel und Spaß keine Option sind. Sie führen ihnen vor Augen, dass harte Arbeit ein Zweck in sich selbst ist, der keiner Belohnung bedarf.« Als er lernte, die harte Arbeit seines Vaters und Großvaters in einen neuen Deutungsrahmen einzuordnen, erkannte er, dass sie den Weg für den Aufbau einer Familie geebnet hatten, in der sich das Ziel Erfolg und finanzielle Sicherheit am Ende verwirklicht hatte und Entspannung und Spiel als neue Elemente im System Anklang fanden. Ich fragte ihn, was er davon hielt, einen Teil seines schwer verdienten Geldes in einen Urlaub mit allem Drum und Dran zu investieren und seinen Vater und Großvater dazu einzuladen. Er folgte meiner Empfehlung und feierte die beiden im Rahmen eines Familienessens, zahlte die Hypothek auf das Haus seines Vaters zurück und stattete seinen Großvater mit einer neuen Einrichtung aus. Das Muster der Entschlossenheit und harten Arbeit, das ihn angetrieben hatte, war nicht mehr zweckdienlich und machte Entspannung und Großzügigkeit Platz, die sich frei entfalten konnten, sobald er erkannt hatte, wie wichtig ein grundlegender Veränderungsprozess war.

Nur wenigen Leuten fällt die Vorstellung schwer, dass emotionale Muster innerhalb einer Familie von oben nach unten durchgereicht werden. Doch manchmal sind wiederholt auftretende Muster in einschneidenden Erfahrungen verankert, die mit emotionalen Turbulenzen verbunden sind. Und manche sind beinahe zu bizarr, um wahr zu sein.

Ich hatte einmal einen Patienten, der mir panisch berichtete, er sei sicher, dass ihm die Amputation seines Beins bevorstünde. Eine völlig irrationale Angst – eine Phobie, scheinbar aus dem Nichts entstanden. Doch beim Eintauchen in die Familiengeschichte erfuhr ich, dass seit sieben Generationen jedes männliche Familienmitglied auf die eine oder andere Weise das rechte Bein eingebüßt hatte. Es hatte mit einem seiner Urgroßväter begonnen. Durch die Aktivierung aller Sinnesorgane im Rahmen einer multigenerationalen Familienaufstellung (dieser Prozess der dreidimensionalen Darstellung einer komplexen Situation und der Erarbeitung eines Lösungswegs wird an späterer Stelle im Kapitel beschrieben) war er imstande, sich ein umfassenderes Bild von der Dynamik innerhalb seines Familiensystems zu verschaffen; das führte zu neuen Einsichten und einem Wandel der Überzeugung, dass der Verlust seines Beins unvermeidlich sei. Durch die Neuverdrahtung von Gehirn und Körper hob er den vermeintlichen »Fluch« auf, der auf seiner Familie lastete. Er geht noch heute auf beiden Beinen.

Ein Mandat der Evolution

Wie im letzten Kapitel erwähnt, hat das Überleben für alle Systeme allerhöchste Priorität; erst *danach* strebt es Wachstum und Entwicklung an. Die emotionale Blaupause für diesen Evolutionsprozess ist von Anbeginn an da; was sich tatsächlich manifestiert, ist Ihre emotionale DNA mit all den verborgenen Ursachen und deren Auswirkungen *zusammen* mit Ihrem tief verwurzelten Bedürfnis, Ihre Bestimmung im Leben zu finden und an seinen Herausforderungen zu wachsen. Sobald Sie entschlüsselt haben, wie dieses Erbe Sie einschränkt, steht es Ihnen frei, bewusst neue Muster mit ganz neuen Ergebnissen anzulegen. Voraussetzung ist jedoch, dass Sie die vorhandene Blaupause verstehen, die als Bauplan für jede neue emotionale DNA-Variation dient. Sie muss, genau wie unsere physische DNA, einen schrittweisen Reifeprozess durchlaufen. Dieser Prozess folgt dem *imperativen Mandat* der Evolution, die Bewegungen in einem fest vorgegebenen Rahmen verlangt. Systeme verfügen über ihre eigene kollektive Intelligenz und sind darauf angelegt, durch ihre einzelnen Mitglieder Verbesserungen zu erzielen und somit das Überleben und Wohlbefinden künftiger Generationen zu sichern.

Ich erinnere mich an eine junge Frau, die zu mir kam, weil sie sich verzweifelt wünschte, glücklich zu sein. Als ich von ihr wissen wollte, was sie unter »Glück« verstand, erwiderte sie: frei von der ständigen Angst zu sein, jemanden zu verlieren.

»Wen haben Sie verloren?«, hakte ich nach.

»Niemanden«, erwiderte sie. »Aber das ist nur eine Sache der Zeit!«

Weitere Nachforschungen ergaben, dass sowohl ihre Urgroßmutter als auch ihre Mutter mehrere Fehlgeburten hatten. Meine Klientin war so besorgt, dass sie eingedenk dessen, was unausweichlich folgen würde, nicht einmal mehr in Erwägung zog, mit einem Mann auszugehen, der sich für sie interessierte. Ich wollte wissen, was die Fehlgeburten verursacht haben könnte, und sie erklärte, in ihrer Familie sei ein bestimmter genetischer Defekt verbreitet, der die Anfälligkeit für einen Abort erhöhe. Sie hatte nie mit einem Arzt darüber gesprochen, aber nach unserer Sitzung war sie einverstanden, eine professionelle Beratung in Anspruch zu nehmen.

Später erhielt ich die Rückmeldung von ihr, dass es inzwischen eine wirksame Behandlungsmethode gab, die früheren Generationen nicht zur Verfügung gestanden hatte. Ihre Verlustangst schwand, und sie begann, weitere Sozialkontakte zu knüpfen. Der Wunsch, mehr Erfüllung im Leben zu finden, hatte sie zur Suche nach einer Lösung bewogen, die es für die anderen Frauen in ihrer Abstammungslinie noch nicht gab. Mit dieser Erfahrung verschwand auch die Angst, und es entstand plötzlich die Möglichkeit, sich auf das Leben einzulassen. Das Angstmuster konnte abgelegt und durch ein Muster der Hoffnung und des Neuanfangs – der Geburt – ersetzt werden. Wir sollten jedoch bedenken: Dieser Prozess braucht Zeit. Die unbewusste Loyalität gegenüber den Vorfahren ist so stark ausgeprägt, dass sie als solche erkannt, akzeptiert und in den Alltag integriert werden muss, bevor Bewegung in eine eingefahrene Situation kommen kann. Auch Unerwünschtes oder Unliebsames hat seinen Platz im systemischen Gefüge, und diesen Platz einfach zu ignorieren kann einen Rückfall ins alte Muster zur Folge haben.

Systeme entwickeln sich kontinuierlich weiter. Was in der einen Generation als unabwendbare Katastrophe betrachtet wird, mag für Angehörige einer anderen Generation eine gute Lösung gewesen sein; heute ist es ein Muster, das ausgedient hat. Wir können entscheiden, Opfer zu bleiben und uns zeitlebens einreden: »Meine Mutter ist an allem schuld.« Wir können den bequemen Weg der Schuldzuweisungen wählen und uns blind stellen für das Erbe unserer Vorfahren, das in uns und durch uns fortlebt. Oder wir reagieren auf die Gedanken und tief in uns verankerten Gefühlsregungen der emotionalen DNA, die uns zum Handeln antreiben. Dann hören wir auf unsere innere Stimme, bemühen uns zu verstehen, welche Herausforderungen frühere Generationen bewältigen mussten, schauen genau hin, um zu erkennen, was durch unsere Herzenswünsche und Absichten an die Oberfläche zu gelangen versucht, und beschließen, uns schneller vom Fleck zu bewegen.

Es sind nicht nur Einzelpersonen und Organisationen, die in die Fänge systemischer Verstrickungen geraten. Ganze Kulturen sind der gleichen Dynamik zum Opfer gefallen. Wenn wir einen Blick auf die Geschichte werfen und einschneidende Ereignisse unter die Lupe nehmen, entdecken wir sowohl die Denk-, Gefühls- und Handlungsmuster als auch die Wendepunkte, die einen Richtungswechsel für ganze Zivilisationen eingeleitet haben. Die industrielle Landwirtschaft des Westens, abhängig von der Produktion und Nutzung von

Chemikalien und Pestiziden, hatte zum Beispiel verheerende Auswirkungen auf die globale Umwelt. Diese Entwicklungstendenz nahm anfangs kaum jemand wahr, bis die US-amerikanische Biologin und Wissenschaftsjournalistin Rachel Carson in ihrem 1962 veröffentlichten Werk *Silent Spring* (Der stumme Frühling) die Schäden dokumentierte, die der wahllose Pestizid-Einsatz anrichtete. Diesem Buch gelang es, die Welt im Alleingang wachzurütteln und auf die Bedeutung von Umweltschutz und den Erhalt eines gesunden globalen Ökosystems aufmerksam zu machen. Fakt ist, dass Begriffe wie »Umweltschutz« und »Ökosysteme« vor der Veröffentlichung kein Bestandteil des Allgemeinwissens waren.

Politische, religiöse und gemeinschaftsbasierte Systeme haben ihre eigene emotionale DNA, sind jedoch systemischen Grundprinzipien, Glaubenssätzen und den gleichen einengenden Denkweisen wie einzelne Menschen unterworfen. Auch sie sind evolutionär auf Wachstum und Entwicklung ausgerichtet – sprich, auf eine allmähliche Veränderung ihrer von Generation zu Generation weitergegebenen Merkmale. Ich wurde einmal von den Gemeindevertretern einer Kleinstadt in der kanadischen Provinz Quebec für eine Systemaufstellung engagiert. Der Stadtrat versuchte herauszufinden, warum die lokale Wirtschaft stagnierte, obwohl nachhaltiges Interesse an der Entwicklung der Region bestand. Während der ersten Sitzung erklärten mehrere der lokalen Führungspersönlichkeiten: »Wir sollten immer daran denken, dass wir eine Kleinstadt sind und keine großen Sprünge machen können.«

»Woher stammt dieser Gedanke?«, erkundigte ich mich.

»Wir halten uns an das Sprichwort: ›Ein Spatz in der Hand ist besser als eine Taube auf dem Dach‹«, meldete sich jemand zu Wort.

Es gab noch andere Faktoren, die einen negativen Einfluss hatten, doch diese eine einschränkende Erklärung sagte alles Wissenswerte über die emotionale DNA der Region aus. Wie hätte die lokale Wirtschaft mit einem solchen systemischen Glaubenssatz als Mantra wachsen und sich weiterentwickeln können?

Systemischer Meilenstein #3: Schnelltest für Ihre emotionale DNA

Welche emotionale DNA haben Sie geerbt? Oder sind Sie Urheber eines emotionalen DNA-Musters? Um das herauszufinden, stellen Sie sich folgende Fragen:

- Gibt es familienspezifische Sprachgewohnheiten bezüglich bestimmter Themen (zum Beispiel Beziehungen, Geld, Arbeit)?
- Gibt es emotionale Muster, die von den Familienmitgliedern geteilt werden (zum Beispiel, dass sich die männlichen Angehörigen nicht ausreichend anerkannt fühlen?)
- Gibt es in Ihrer Familie Ereignisse, Gedanken und Lebenserfahrungen, die alle Mitglieder teilen (zum Beispiel, dass Frauen die Familie verlassen haben und eigene Wege gegangen sind?)
- Gab es ein bestimmtes Ereignis, das eine Anpassung ausgelöst hat, die bis zur derzeitigen Situation nachwirkt (zum Beispiel, dass eine der Urgroßmütter ihren »törichten« Ehemann verließ, der für den Verlust des Familienvermögens verantwortlich war, und die Frauen der nachfolgenden Generationen ebenfalls Männer geheiratet und sich von ihnen getrennt haben, weil sie auch nicht mit Geld umgehen konnten?)
- Verspüren Sie das tief verwurzelte innere Bedürfnis, mit alten Gewohnheiten Ihrer Familie zu brechen, etwas anders zu handhaben als sie?
- Seit wann haben Sie dieses Gefühl? Seit Ewigkeiten? Oder gab es ein Ereignis, das dieses Bedürfnis nach Veränderung ausgelöst hat?
- Was war der Anlass, was geschah zum damaligen Zeitpunkt in Ihrem Leben?
- Wie haben Sie diese Gedanken und Gefühle, diese Situation oder dieses Muster gedeutet?
- Welche Bedeutung haben Sie ihnen in Bezug auf sich selbst und andere zugeschrieben?

Systemaufstellungen

Eine Systemaufstellung ist ein begleiteter Prozess. Er ermöglicht Ihnen, mithilfe einer Darstellung im Raum, durch sogenannte Stellvertreter, einen Blick auf alle Aspekte eines Themas zu werfen – auf die Beziehungen zwischen einzelnen Komponenten und auf die Ursprünge und Auswirkungen eines Problems oder Anliegens. Sie können sämtliche Elemente Ihres Systems in räumlichem Bezug zueinander anordnen und die gegenseitigen Abhängigkeiten real vor sich sehen, sie hören, berühren und ergründen. Durch die Aktivierung und Einbindung aller Sinnesorgane und die (verblüffenden) neuen Erkenntnisse, die Sie anhand dieser Darstellung gewinnen, sind Sie in der Lage, einengende Zyklen zu durchbrechen und so Zugang zu neuen Optionen und Perspektiven zu finden.

Eine Systemaufstellung findet normalerweise in einem Gruppensetting statt. Die Klienten wechseln sich beim Teilen und Erforschen ihrer Klärungsanliegen ab; der Ablauf wird von Aufstellungsleitenden (Coaches, systemische Therapeuten) moderiert. Sie stellen den Klienten Fragen, um etwas über den Umfang und die Vorgeschichte des Problems oder Themas zu erfahren. Danach wird entschieden, welche Teile des Anliegens in der Aufstellung repräsentiert werden sollen – zum Beispiel Familienmitglieder, bestimmte Gefühle wie Wut oder Angst, oder einschneidende Ereignisse in der Familienbiografie. Der aufstellende Klient wählt dann die Stellvertreter unter den anderen Teilnehmern der Veranstaltung aus: Sie stellen die verschiedenen Komponenten des Anliegens dar. Im Anschluss positionieren sie die Stellvertreter so im Aufstellungsfeld, dass die Beziehungen und Verbindungen (oder Brüche) sichtbar werden, dem inneren Bild entsprechend, das die aufstellende Person abgespeichert hat.

Ein einfacher Prozess, wie es scheint. Aber tatsächlich ist es für die meisten die erste Gelegenheit, ein bestimmtes Problem oder eine Beziehungskonstellation »live und in Farbe« zu sehen. Und jetzt wird es spannend: Systeme sind Träger einzigartiger Energien und Informationen. Im Rahmen des Aufstellungsprozesses können diese sowohl von den Klienten als auch ihren Stellvertretern sehr schnell gesehen und empfunden werden. Vor der Aufstellung werden die Repräsentanten gebeten, ein paarmal tief durchzuatmen und ihre eigenen Gedanken, Vorstellungen und Bewertungen loszulassen, um offen für den Informationsfluss des aufgestellten Systems zu sein. Es steht ihnen frei, Fragen zu stellen, das Wort zu ergreifen oder die Position zu wechseln – doch *nicht* kopfgesteuert, sondern nur dann, wenn sie ein tief verwurzeltes, inneres Bedürfnis als treibende Kraft verspüren. Die Klienten sind aufgefordert, Gefühle, Gedanken und Körperempfindungen, die im Verlauf der Aufstellung bei ihnen auftauchen, zu beobachten und aufmerksam zu verfolgen.

Das hat nichts mit Rollenspiel oder Psychodrama zu tun. Es wird nichts »gespielt«. Es geht ausschließlich darum, eine tiefe innere Verbindung zwischen den Klienten, den Repräsentanten des Systems und dem Informationsfeld oder »Wissensfeld« herzustellen (auch »wissendes Feld« genannt; mehr darüber im nächsten Abschnitt des Kapitels).

Hier ein Beispiel für den Ablauf einer Systemaufstellung.

»Meine Mutter war nie für mich da«, sagte Rita. »Ich habe alles Mögliche versucht, um von ihr wahrgenommen zu werden, aber ohne Erfolg.«

»Wie wirkt sich die emotionale Abwesenheit Ihrer Mutter auf Sie aus?«, fragte ich.

»Ich bin unfähig, in einer Beziehung Nähe zuzulassen. Ich bin zutiefst verunsichert und habe immer das Gefühl, nicht gut genug zu sein.« (Das bedeutet also, Rita ist in ihren Beziehungen ebenfalls emotional abwesend. Und ihr ist klar, dass dieses Defizit in irgendeinem Zusammenhang mit ihrer Mutter stehen muss.)

»Was wäre anders, wenn Ihre Mutter Sie wirklich wahrnähme?«

»Dann hätte ich das Gefühl, gut genug zu sein, um auch von anderen bemerkt zu werden.«

Ich bat Rita, unter den Aufstellungsteilnehmenden drei Personen auszuwählen, die ihre Mutter, ihren Vater und sie selbst repräsentieren sollten. Ich erkundigte mich, ob es in ihrer Familienbiografie Fehlgeburten, Totgeburten, Abtreibungen oder Kinder gegeben hatte, die zur Adoption freigegeben wurden. (Die systemische Ordnung kann durch den Ausschluss gleich welchen Elements gestört werden.) Sie verneinte, und so bat ich sie, die Stellvertreter in räumlichem Bezug zueinander aufzustellen.

Wie Klienten die Stellvertreter anordnen, zeigt mir zum Beispiel, wo es wechselseitige Beziehungen oder Brüche gibt, wer wem nahesteht oder auf Distanz zu anderen Mitgliedern des Systems geht, wer sich innerlich abschottet oder aktiv engagiert. Ich stelle tiefer greifende Fragen zu allem, was mir auffällt. Der erste Durchlauf der Aufstellung, das sogenannte Erstbild, ist oft bereits sehr aufschlussreich für die Klienten. Sie beginnen plötzlich, Spannungen und Beziehungen, Hindernisse und Handlungsoptionen zwischen den Elementen ihres Systems zu sehen, zu hören und körperlich zu spüren, und zwar so intensiv, wie es ihnen durch reine »Kopfarbeit« niemals möglich gewesen wäre. Muster, die sie nie zuvor bemerkt haben, tauchen unmittelbar vor ihren Augen auf. In Ritas Fall stand die Stellvertreterin der Mutter reglos dar und starrte immerzu auf den Boden.

Ein solches Verhaltensmuster kann darauf hindeuten, dass ein Mitglied der Familie im Bild fehlt – eine Fehlgeburt oder ein Kind, das gestorben ist. Ich fragte Rita abermals, ob ihre Mutter ein Kind verloren hatte; sie sah mich verdutzt an, dann schnappte sie nach Luft. »Meine Güte, das hatte ich ganz vergessen! Sie wurde direkt nach meiner Geburt wieder schwanger und verlor das Kind. Danach hatte sie keine weiteren Kinder mehr.«

Wir stellten einen Repräsentanten für das fehlende Kind auf, direkt vor der Stellvertreterin der Mutter. Rita wurde auf Anhieb klar, warum ihre Mutter sie nie richtig wahrgenommen hatte. Ihre Aufmerksamkeit war auf das verlorene Baby fokussiert.

»Verstehen Sie jetzt, warum Ihre Mutter möglicherweise nicht in der Lage war, Sie wahrzunehmen?«, hakte ich nach.

»Es geht gar nicht um mich«, erwiderte Rita unter Tränen. »Oh mein Gott! Es geht nicht darum, dass ich sie enttäuscht habe.«

Als Kinder stellen wir uns oft vor, dass wir selbst an einer Situation schuld sind. In unseren Köpfen entstehen Geschichten, dass wir andere enttäuschen, weil wir ihren Ansprüchen nicht genügen. Und dann leben wir ein Leben, das diesem Drehbuch folgt, obwohl die damaligen Umstände in Wirklichkeit nur wenig oder gar nichts mit uns zu tun hatten.

Rita war zum ersten Mal imstande, auf einer tiefen, intuitiven Ebene zu verstehen, dass ihr innerer Konflikt auf die Situation ihrer Mutter zurückzuführen war. Diese Erkenntnis reichte aus, um das mangelnde Selbstwertgefühl loszulassen, das ihr Leben beeinträchtigt hatte, und sie war von diesem Zeitpunkt an selbstsicherer in ihren zwischenmenschlichen Beziehungen.

Das wissende Feld

Woher wusste die Stellvertreterin von Ritas Mutter, dass sie stillstehen und auf den Boden starren musste? Wenn man sie gefragt hätte, hätte sie vermutlich die Schulter gezuckt und erwidert: »Keine Ahnung. Ich hatte einfach das Bedürfnis.«

Die Aufstellungsleitenden beschreiben das Wissensfeld als ein Energiefeld, in dem alle wichtigen Informationen und Lebensereignisse innerhalb des Systems gespeichert sind – ein Archiv, in dem jedes Ereignis, jeder Gedanke, jedes Gefühl, jede Handlung, jede Unterlassung und jede wichtige Begebenheit erfasst ist, das Hinweise und die kollektive Weisheit der Ahnen enthält. Das könnte man der Einfachheit halber als »magisch« bezeichnen, weil wir diesen Vorgang noch nicht vollständig verstehen. Doch auf der logischen Ebene haben wir alle Zugang zu Mustern, die in der Vergangenheit angelegt und weitergegeben wurden. Wir nehmen uns normalerweise nur nicht die Zeit, um unsere Beziehungen und unsere innere Welt dreidimensional abzubilden. Deshalb glauben wir, dass es diese Muster nicht gibt, obwohl sie in Wirklichkeit äußerst aktiv sind und unser Leben bestimmen!

Die Teilnehmenden, die bei einer Systemaufstellung als Stellvertreter fungieren, berichten immer wieder, dass sich ihre Wahrnehmungen verändern und sie das unverkennbare Gefühl haben, in die Haut einer anderen Person zu schlüpfen. Zahllose Systemaufstellungen enthüllen, dass die Rückmeldungen zu den Personen oder Situationen, die gerade repräsentiert werden, ungeheuer informativ, erhellend und verblüffend korrekt sind. Sie eröffnen den Klienten einen unschätzbar wertvollen Zugang zu wichtigen Erkenntnissen.

Die Sinneswahrnehmungen der Klienten sind plötzlich in stärkerem Maß fokussiert, wenn sie Teile ihres Systems in den Blick nehmen, die sie vorher nicht bemerkt oder sich bewusst gemacht haben. Klienten und Stellvertretende entwickeln die gleichen Gedanken und Gefühle wie die repräsentierten Personen oder einen tiefgreifenden Bezug zu dem Klärungsanliegen, das erforscht werden soll. Klienten sagen beispielsweise: »Ich habe Bauchschmerzen, genauso als würde ich …« oder »Mein Herz klopft zum Zerspringen, genauso als würde ich …« Das ist auf die Tatsache zurückzuführen, dass eine Aufstellung keine oberflächliche, passive Darstellung eines Problems oder Systems ist, sondern eine *dynamische* Repräsentation von Beziehungen, in die alle Muster und somit Energien der Familie genauso wie das Anliegen einbezogen sind.

Wenn die Stellvertreter über ihre Gefühle und Empfindungen sprechen und sie durch entsprechende Bewegung zum Ausdruck bringen, gewinnen die Klienten neue Erkenntnisse darüber, was sich tatsächlich in ihrem System abspielt. Oft geht damit ein Wechsel der Blickrichtung und Position der Stellvertreter einher, die wiederum einen Perspektivwechsel der Klienten nach sich zieht. Diese Kette von Veränderungen setzt sich so lange fort, bis Bewegungen und Dialoge enden, sodass wir den Prozess abschließen und die gewonnenen Erkenntnisse zusammenfassen können.

Unglaublich? Vielleicht. Im nächsten Kapitel befassen wir uns mit den konkreten wissenschaftlichen Studien, die bestätigen, dass dem Wissensfeld eine ureigene Dynamik innewohnt. In der Zwischenzeit möchte ich Sie mit der Geschichte eines wohlhabenden Geschäftsmanns bekannt machen, der an einem Aufstellungsworkshop teilnahm, äußerst skeptisch war und den Vater einer Klientin, einen Vietnamveteranen, repräsentieren sollte.

Er musste feststellen, dass er als Stellvertreter Schamgefühle und Rückzugsneigungen entwickelte, die er sich nicht erklären konnte. Die Klientin war tief bewegt, wie sehr er auf der Energieebene dem Bild des Vaters aus ihrer Kindheit und Jugend glich. »Als mein Vater aus Vietnam zurückkehrte, fanden in unserer kleinen Stadt zahlreiche Protestaktionen der Kriegsgegner statt, an denen auch er teilnahm«, sagte sie. »Als Veteran wurde er ausgegrenzt und regelrecht schikaniert, sodass wir umziehen mussten. Er litt unter Schuld- und Schamgefühlen und geriet am Ende in ein solches Gefühlschaos, dass er sich von uns und vom Leben generell abschottete.«

Der Stellvertreter des Vaters konnte es nicht fassen, wie tief er sich emotional in diesen hineinversetzen konnte. Als die Klientin über ihren Vater sprach und dessen Schamgefühle bestätigte, war er geschockt. Bei der Zusammenfassung am Ende der Systemaufstellung brach er in Tränen aus. Er erklärte, dass sein eigener Vater den Kriegsdienst verweigert und später deswegen ebenfalls Schuld- und Schamgefühle entwickelt hatte. Nun hatte er Erkenntnisse aus zwei Blickwinkeln gewonnen: Schuld- und Schamgefühle aus der Perspektive des Aktivisten, der gegen den Krieg protestiert hatte, und aus der Perspektive des Veteranen, der für sein Land in den Krieg gezogen war. Er dankte der Klientin für den Dienst, den ihr Vater geleistet hatte, und legte die Bürde der väterlichen Schuld ab. Doch die Erkenntnisse an sich hatten ihn tief berührt. Innerhalb eines Jahres hatte er eine Stiftung für die Enkel der Vietnam-Veteranen ins Leben gerufen.

Das Erbe der Vorfahren

Es ist unmöglich, einen angemessenen Eindruck von der Macht einer Systemaufstellung zu vermitteln. Die Klienten berichten oft, dass sie alles auf einer tieferen Ebene spüren. Manche sagen, dass sie körperliche und mentale Veränderungen erleben, wenn sich das Gehirn neu verdrahtet. Nach dieser Erfahrung heißt es oft: »Ich denke und empfinde anders« oder »Ich habe das Gefühl, eine Last ist von meinen Schultern genommen.« Ich erinnere mich an eine Systemaufstellung, bei der die Klientin das gleiche Klärungsanliegen hatte wie Rita – Amandas Mutter schien sie nie richtig wahrzunehmen oder Zeit für sie zu haben. Doch diese Systemaufstellung nahm einen ganz anderen Verlauf.

Statt auf den Boden zu starren, hatte die Stellvertreterin der Mutter ihren Blick auf eine Stelle außerhalb des Aufstellungsfelds fixiert. Als ich wissen wollte, was ihrer Mutter widerfahren sei, erwiderte Amanda, dass die Großmutter keine Zeit für *ihre* Tochter gehabt hatte und dass sich ihre Mutter und ihre Großmutter nie wirklich nahegestanden hatten. Aha, das Muster war also aufgedeckt.

Wir positionierten Stellvertreter für ihre Großeltern in dieser Konstellation. Und richtig, Amandas »Mutter« drehte sich um und starrte ihre eigene »Mutter« an, wobei sie alle anderen ignorierte. Die Großmutter wandte sich ihrerseits ab und richtete den Blick auf eine Stelle außerhalb des Familienkreises, genau wie Amandas Mutter.

»Was ist Ihrer Großmutter widerfahren?«, fragte ich.

Sie erzählte mir, dass mit ihrer Großmutter alles in bester Ordnung gewesen sei, bis ihr Mann ums Leben kam; danach musste sie arbeiten gehen, um die Familie über Wasser zu halten. Sie hatte acht Kinder, die nun auf sich selbst gestellt waren, weil keine Zeit blieb, jedem die nötige Aufmerksamkeit und Unterstützung angedeihen zu lassen. Das war's also! Diese Erkenntnis gab den Blick auf ein Bild frei, bei dem die Frauen der mütterlichen Abstammungslinie ihren Kindern über Generationen hinweg nicht ausreichend Beachtung schenken konnten. Sie waren zu sehr in Anspruch genommen, nach ihren eigenen Müttern zu suchen oder sich um andere Dinge zu kümmern.

»Haben Sie Kinder?«, wollte ich wissen.

»Ja, zwei Töchter«, erwiderte Amanda mit Tränen in den Augen, »und unser Verhältnis ist ziemlich angespannt. Das ist einer der Gründe, warum ich heute hier bin.«

Stellen Sie sich vor, Sie wären die erste Frau seit drei Generationen, die erkennt, dass eine Mutter in der Lage sein kann, sich aus der Verstrickung zu befreien und die eigene Tochter bewusst wahrzunehmen. Stellen Sie sich vor, Sie würden damit ein jahrhundertealtes, Generationen überspannendes Muster verändern, das unbewusst an Sie übertragen wurde. Stellen Sie sich die Selbstermächtigung vor, die mit der Erkenntnis einhergeht, dass Sie sich nicht in Ihr Schicksal fügen müssen, sondern es selbst in die Hand nehmen und ein eigenes Drehbuch für Ihr Leben schreiben können.

Wir stellten Repräsentanten für die Urgroßeltern auf, und ich bat Amanda, ihrer Urgroßmutter mitzuteilen, dass sie sie wahrgenommen hatte und verstand. »Liebe Urgroßmutter, ich danke dir dafür, dass du uns alle am Leben gehalten hast!« sagte sie. »Du hattest keine Zeit für deine eigenen Kinder – aber jetzt kannst du mir zusehen, wie ich andere Möglichkeiten nutzen kann, als du jemals hattest. Ich habe das Glück, mich mit deinen Ur-Urenkeln beschäftigen zu dürfen, eine enge Bindung zu ihnen aufzubauen, sie liebevoll zu umsorgen und Spiel und Spaß in ihr Leben zu bringen, Dinge, für die dir die Zeit fehlte.«

Mit dieser schlichten Aussage wurde das Muster des Kummers und der mütterlichen Distanz durch Verständnis und Respekt ersetzt. Dadurch, dass Amanda das Wort an ihre Urgroßmutter richtete, nahm sie zur Kenntnis, was war, ohne zu werten. Sie leitete den Weg der Heilung über ihre Großmutter und ihre Mutter ein, indem sie sich eine neue, tiefverwurzelte Wahrheit, ein neues Narrativ, bewusst machte: Sie würde für ihre Kinder da sein, ihnen Aufmerksamkeit widmen, Freud und Leid mit ihnen teilen, sich Zeit für Spiel und

Spaß mit ihnen nehmen – sodass sie Hoffnung, Leidenschaft und Zielbewusstsein an die nachfolgenden Generationen weitergeben konnten.

Der Transformationsprozess, der jenseits der Erkenntnis beginnt

Oft endet der Aufstellungsprozess mit der Lösung des Problems. Die Erkenntnis, worin das Problem besteht – und bestanden hat –, setzt einen Wandel in Gang, der zu einer Neuverdrahtung des neuronalen Netzwerks in unserem Gehirn beiträgt. Das wiederum hat oft eine tiefgreifende Veränderung auf psychologischer und emotionaler Ebene zur Folge. Sobald wir akzeptieren können, dass die Situation so ist, wie sie ist, ohne uns zu wünschen, sie wäre anders, kann ein »Reset« des Systems, ein Neuanfang, erfolgen. Erst jetzt können wir ein Muster beenden, das nicht mehr ordnungsgemäß funktioniert, und uns weiterentwickeln, weil uns die Vergangenheit nicht länger in der Hand hat.

Systemische Arbeit und Systemaufstellungen können uns jedoch auch auf Wege hinweisen, die uns weit über die Lösung des Problems hinausführen, wenn wir uns die einfache Frage stellen: »Und was ist sonst noch alles möglich?«

In meiner jahrelangen Arbeit mit Klienten ist mir klar geworden, dass nach der Lösung des spezifischen Problems oder Konflikts die Möglichkeit einer grundlegenden Transformation erfolgt, und einige sind bereit für einen Schritt in diese Richtung. Ich hatte das große Glück zu erkennen, dass ein Muster, das aufgelöst und abgelegt werden möchte, die Saat für ein neues Muster enthält, das schon in uns schlummert. Wenn wir über den Punkt hinauskommen, an dem wir glauben in der Falle zu sitzen, beginnen wir auf einer tiefen Ebene zu verstehen, dass wir uns höhere Ziele setzen können als alle, die vor uns kamen, dass uns letztendlich nichts aufzuhalten oder einzuengen vermag, und dass jeder von uns sein Leben nach eigenen Vorstellungen gestalten kann und sollte.

Mithilfe der Erkenntnisse aus der systemischen Arbeit können wir wachsen, uns weiterentwickeln, das positive Vermächtnis der Vergangenheit annehmen und es nutzen, um unsere Träume von der Zukunft lebendig werden zu lassen.

Systemischer Meilenstein #4: Eine einfache Systemaufstellung

Um eine genaue Vorstellung zu bekommen, worum es bei einer Systemaufstellung geht, können Sie zu Hause eine einfache Übung durchführen, bei der Sie nur Karteikarten, Papier oder Klebezettel brauchen.

Versuchen Sie, neugierig und spielerisch an diesen Prozess heranzugehen. Falls Sie Widerstand in sich spüren, erinnern Sie sich daran, dass Sie das tun, um zu wachsen, nicht, um Geschichten aus der Vergangenheit zu wiederholen. Skepsis (»Das funktioniert bei mir nicht!«) ist ein Meta-Muster – ein globales Denkmuster, das den größten Teil der Menschheit einengt und Wachstum verhindert. Bleiben Sie in diesem Prozess achtsam, präsent und offen für neue Erkenntnisse!

- Schreiben Sie »Mutter« (oder die Bezeichnung, die Sie normalerweise benutzen) auf eine Karteikarte.
- Schreiben Sie »Vater« (oder die Bezeichnung, die Sie normalerweise benutzen) auf eine zweite Karteikarte.
- Beschriften Sie je eine Karteikarte mit den Namen Ihrer Geschwister.
- Legen Sie Karteikarten für andere wichtige Bezugspersonen in Ihrem Leben an, zum Beispiel Kollegen, Lehrer, Großeltern, Onkel, Tanten oder bestimmte Verwandte.

- Legen Sie eine Karteikarte mit Ihrem eigenen Namen an.

Legen Sie die Karteikarten auf einer leeren Fläche des Fußbodens aus, in einer Anordnung, die sich für Sie richtig anfühlt. Dann nehmen Sie einfach nur wahr, ohne zu werten:

- Befinden Sie sich in der Mitte? Am Rand?
- Wer ist in Ihrer Nähe und wer weiter entfernt?
- Wer befindet sich näher bei wem?
- Wie fühlt es sich an, das gesamte »Familiengefüge« vor sich zu sehen?
- Nehmen Sie nun die Stelle ein, an der sich Ihre eigene Karteikarte befindet. Was fällt Ihnen auf? Welche Empfindungen machen sich bemerkbar? Tauchen bestimmte Emotionen auf? Probleme oder Konflikte? Erkenntnisse?

Nehmen Sie sich wirklich Zeit, um Ihren Gedanken, Gefühlen und Empfindungen zuzuhören. Das Geheimrezept für Heilungs- und Transformationsprozesse besteht darin, genauso intensiv in den Dialog mit Ihrer Innenwelt zu treten wie mit der äußeren Welt – denn so wird das Unsichtbare sichtbar.

3
Systemaufstellungen und die Wissenschaft dahinter

Die Wirksamkeit der systemischen Arbeit und Systemaufstellungen mag anfangs unfassbar, ja sogar ein wenig unheimlich erscheinen, wird aber durch zahlreiche überzeugende Erklärungen aus verschiedenen Forschungsfeldern belegt, darunter Neurowissenschaften, Epigenetik (die untersucht, welche Faktoren die Aktivität eines Gens und damit die Entwicklung einer Zelle beeinflussen), Quantenphysik und Psychoneuroimmunologie (die sich mit der Wechselwirkung von Psyche, Nervensystem und Immunsystem befasst). Bei einigen der wissenschaftlichen Erkenntnisse, die in diesem Kapitel beschrieben werden, handelt es sich um fortgeschrittene Theorien, die noch nachgewiesen werden müssen. Einige Erklärungsmodelle basieren derzeit auf Hypothesen. Die meisten sind jedoch zukunftsweisend und topaktuell. Wie der renommierte US-amerikanische Science-Fiction-Autor Arthur C. Clarke einmal sagte: »Jede hinreichend fortgeschrittene Technologie lässt sich von Zauberei nicht unterscheiden.«[2]

Werfen wir also einen wissenschaftlichen Blick auf die Dynamik der Systemaufstellungen, um zu sehen, was dabei tatsächlich vor sich geht.

Frage: Wie kann eine Systemaufstellung meine Weltsicht verändern, einen Persönlichkeitswandel herbeiführen und mich befähigen, ganz neue Wege zu gehen?
Kurze Antwort: Siehe Neurowissenschaften.

Der US-amerikanische Psychiater und Psychotherapeut Dr. Milton Erikson hat einmal gesagt: »Wer Glücksmomente erleben will, muss dafür arbeiten.«[3] Und er hatte recht. Glück im Leben wird nicht automatisch geliefert oder garantiert. Doch egal, was uns die Vergangenheit gebracht hat: Die Möglichkeit, eine Welt nach unseren Wünschen zu schaffen, beginnt immer bei uns selbst.

Bis vor nicht allzu langer Zeit herrschte in Medizin und Forschung die Auffassung vor, das menschliche Gehirn sei bereits »fest verdrahtet«, wenn wir das zwanzigste Lebensjahr überschritten haben. Danach ließen sich unsere Gedanken und Überzeugungen nur schwer verändern, wenn überhaupt, sodass wir mit zunehmendem Alter unweigerlich starr und unflexibel würden. Doch Anfang des zwanzigsten Jahrhunderts beschrieb der Mediziner und Histologe Santiago Ramón y Cajal, der »Vater der Neurowissenschaften«, nicht-pathologische Veränderungen der neuronalen Hirnstrukturen bei erwachsenen Probanden als »neuronale Plastizität«[4] – auch Neuroplastizität genannt. Damit meinte er die Eigenschaft von Nervenzellen oder ganzen Hirnarealen, sich abhängig von ihrer Verwendung durch entsprechendes Training zu verändern. 1949 erforschte der kanadische Psychobiologe Donald Hebb, wie sich die Neuronen im Gehirn während eines Lernprozesses anpassen. Er stellte fest, dass Nervenzellen über die Synapsen Verbindungen herstellen und dadurch neue neuronale Muster im Gehirn entstehen. Er erklärte: »Neuronen, die gemeinsam feuern, verdrahten sich (Neurons wire together, if they fire together)«.[5]

In den 1960er-Jahren kam der Begriff »Neuroplastizität« in Mode, doch die althergebrachte Überzeugung, dass sich das erwachsene Gehirn nicht mehr zu ändern vermag, war im wissenschaftlichen Mainstream noch bis Ende des Jahrhunderts gang und gäbe. Zum Glück trugen Forscher wie der US-amerikanische Psychiater Dr. Norman Doidge, Autor des Buches *Neustart im Kopf: Wie sich unser Gehirn selbst repariert,* zu einem Paradigmenwechsel bei. »Das Gehirn kann sich selbst verändern«, schrieb er. »Es ist ein formbares, hochgradig aktives Organ, das imstande ist, seine Struktur und Funktion umzugestalten, sogar bis ins hohe Alter.«[6]

Die Vorstellung von einem hochaktiven Gehirn, das fähig ist, sich im Verlauf des gesamten Lebens anzupassen und auf neue Erfahrungen zu reagieren, ist mit Sicherheit eine Vision, die Hoffnung weckt. Studien belegen inzwischen, dass in einem Zeitraum von etwa einundzwanzig Tagen neue neuronale Pfade angelegt oder umprogrammiert werden können, wobei die neuen Verhaltensweisen im Durchschnitt innerhalb von sechsundsechzig Tagen zu gefestigten Automatismen werden.[7]

Dennoch verbringen die meisten Menschen den Großteil ihres Lebens im Autopilot-Modus, sind Gewohnheitstiere, die nur wenig verändern. Das liegt vor allem daran, dass unsere neuronalen Pfade den einfachsten Weg oder den Weg des geringsten Widerstands als Modus Operandi wählen, wodurch sie uns ermöglichen, mentale Energie zu sparen und ohne langes Nachdenken auf bedeutsame Lebenserfahrungen zu reagieren.

Angenommen, Sie wurden im Alter von fünf Jahren von einem Hund gebissen. Gedanken, die an starke Empfindungen wie Angst gekoppelt sind, haben zur Folge, dass im Bruchteil von Sekunden neuronale Pfade entstehen. Im Zuge traumatischer oder hochgradig einschneidender Ereignisse werden wir mit einer Datenflut überschwemmt, die unser Gehirn veranlasst, in den Überlebens- oder hypersensitiven Modus umzuschalten und in Blitzgeschwindigkeit seine neuronalen Netze zu aktivieren. Wenn eine Situation intensive Gefühle hervorruft oder sich oft wiederholt, ohne dass eine Problemlösung erfolgt, beginnt das Gehirn, neuronale Pfade anzulegen, die von den entsprechenden Emotionen um ein Vielfaches verstärkt werden. Das bedeutet, dass wir nach der traumatischen Hundebiss-Erfahrung unter Umständen binnen kürzester Zeit eine Hundephobie entwickeln. Die Angst wird bei jeder Begegnung mit einem Hund wiederbelebt, und die Produktion der biochemischen Botenstoffe, die durch die Angstattacke ausgelöst wird, sorgt immer wieder aufs

Neue für eine Verfestigung des mentalen »Hunde sind bedrohlich«-Programms. Und dann dauert es nicht mehr lange, bis das Gehirn einen Reaktionspfad anlegt, der auf Gewohnheit basiert und jedes Mal, wenn Sie einen Hund sehen, schnell und effektiv aktiviert wird.

Das gilt auch für alles andere im Leben. Wir entwickeln schnell mentale Gewohnheiten, denken immer wieder dieselben Gedanken über Menschen, Situationen, Ideen und Überzeugungen. Mit zwanzig könnten wir eigentlich ganz auf Denkvorgänge verzichten. Wir müssten nur den alten neuronalen »Trampelpfaden« im Gehirn folgen, um den immer gleichen Gedanken über Politik und Religion, die Eltern, Geld, die Nachbarn von nebenan, den oder die Ex, und so weiter nachzuhängen. Wenn wir diese angelegten Muster nicht aus eigener Kraft vervollständigen oder in einer Weise aussondieren, die unser Gehirn akzeptiert, befeuern unsere ständig wiederkehrenden Gedanken über Ideen, Menschen und Ereignisse die neurologische Verknüpfung – das immer gleiche Muster mit den immer gleichen physischen und emotionalen Reaktionen.

Solche habituellen mentalen Muster, generationsübergreifenden Ängste und eingeschliffenen Reaktionen können zu posttraumatischen Belastungsstörungen (PTSD), Flashbacks – Rückblenden in eine Bedrohungssituation einschließlich Wiedererleben des Gefühlszustands –, zu Alpträumen, Krankheiten und anderen Problemen führen. Das Gehirn kann in so hohem Maß vorbelastet und angespannt sein, dass selbst das leiseste Anzeichen einer Bedrohungssituation als Schlüsselreiz dient, der den neuronalen Pfad aktiviert – dann kann beispielsweise schon ein Hundefoto eine Angstreaktion auslösen. Dieses Muster wird vermutlich durch epigenetische Prägung, auf die wir an späterer Stelle genauer eingehen, in Form von Gedanken-, Gefühls- und Verhaltensmustern an mehrere nachfolgende Generationen weitergegeben. Auf diese Weise entstehen systemische Glaubenssätze, zum Beispiel: »Wir haben es nicht so mit Hunden.« Oder: »Depressionen liegen bei uns in der Familie.« Oder: »Wir sind alle übergewichtig/cholerisch/arm.« Oder: »Geld leihen ist bei uns verpönt.« Oder: »Wir würden eher sterben als unsere Wertvorstellungen verraten.«

Zum Glück gewährleistet die Neuroplastizität des Gehirns, dass sich neuronale Pfade verändern lassen, und im Verlauf einer Systemaufstellung verändern sie sich rasch. »Familienaufstellungen können aktiv auf die Fähigkeit des Gehirns zugreifen, sich durch neue Sinneserfahrungen neu zu verdrahten und dadurch neue neuronale Pfade auszubilden«, erklärt Yildiz Sethi, Psychotherapeutin und Gründerin des dualen Therapieansatzes Rapid Core Healing and Emotional Mind Integration. »Damit schaffen sie Raum für ein neues Narrativ des Sieges über widrige Umstände, eine Geschichte des Überlebens oder besser noch, eines gedeihlichen Wachstums, statt Opfer der Verhältnisse zu bleiben.«[8]

Während einer Systemaufstellung werden das Klärungsanliegen oder Problem und seine Komponenten ermittelt; danach gehen wir die systemische Arbeit neugierig, offen, forschend und präsent im gegenwärtigen Moment an – Eigenschaften, die uns dabei helfen, Raum für neue Lösungen und Erkenntnisse zu schaffen. Doch der wichtigste Aspekt einer Systemaufstellung ist die dreidimensionale Natur des Prozesses. Die reale, körperliche Erfahrung der räumlichen Anordnung bei einer Familienaufstellung (oder einer Arbeitsaufstellung), hat beim Aufstellenden eine Wahrnehmungsveränderung zur Folge. Denn nun kann er oder sie die Muster der Konstellationen im System – aller Elemente, die miteinander verbunden oder aufeinander bezogen sind – zum ersten Mal sehen, hören und spüren, kurzum mit allen Sinnen erfassen.

Hier ist die Geschichte einer Klientin, bei der diese Wirkung deutlich wird.

Sandra konnte ihren Platz weder im Berufs- noch im Privatleben finden und fühlte sich immer ausgegrenzt. Sie war »anders« als ihre Familie und nahm selten an Familientreffen teil, weil sie sich unerwünscht vorkam. Die gleiche Dynamik begann sich am Arbeitsplatz bemerkbar zu machen, wo sie sich aus Teamprojekten zurückzuziehen pflegte und sich dann wunderte, dass sie bei Firmenveranstaltungen aller Art keinen Anschluss fand. Fakt war, dass sie sowohl im beruflichen als auch privaten Bereich keinerlei Anstalten machte, sich zu engagieren, doch das sah sie nicht.

Als sie bei einer Beförderung übergangen wurde und die Rückmeldung bekam, dass ihre distanzierte Haltung bei anderen nicht gut ankam, wusste Sandra, dass es an der Zeit war herauszufinden, was dahintersteckte. Ich bat sie, Stellvertreter für ihre Mutter, ihren Vater, ihre Geschwister und sich selbst auszuwählen und sie in räumlichem Bezug zueinander aufzustellen, und zwar so, wie es ihrem Gefühl entsprach.

Als alle Repräsentanten aufgestellt waren, fiel mir auf, dass sie ständig umherblickten, als suchten sie jemanden. Ich fragte Sandra, ob jemand fehlte, und wenn ja, wer. Sie hatte keine Ahnung, deshalb stellte ich versuchsweise eine Stellvertreterin auf den Platz, zu dem alle hinübersahen. Sofort fokussierten sich die Blicke auf die neu Hinzugekommene, und plötzlich verließ Sandras Repräsentantin ihren Platz und stellte sich direkt neben sie.

Die neue »unbekannte« Stellvertreterin stand eine Weile reglos da, dann verließ sie den Kreis und ging zu einem Tisch mit Wasserflaschen hinüber. Sie nahm ein paar, dann kehrte sie an ihren Platz zurück; während der folgenden Minuten blickte sie weder auf noch stellte sie Blickkontakt mit den anderen Repräsentanten her. Sie öffnete eine Wasserflasche nach der anderen und trank, trank, trank. Mit jeder Flasche, die sie geleert hatte, ließ sie den Kopf mehr hängen. Nach der vierten Flasche begann sie, sich von der Gruppe zu entfernen.

Sandra starrte sie an und brach in Tränen aus. »Ich weiß, wer das ist«, sagte sie. »Meine Großmutter mütterlicherseits, sie war nie mehr dieselbe, als ihr Mann ums Leben kam. Meine Mutter sagte, sie wäre am liebsten mit ihm gestorben. Sie begann, den anderen Familienmitgliedern aus dem Weg zu gehen, hielt sich bei Familientreffen fern und begann zu trinken. Sie verschwand eines Nachts, nach einem

Alkoholexzess. Man fand sie in einem Graben, Tage später. Niemand sprach offen über sie oder meinen Großvater, weil die Erinnerung daran zu schmerzhaft war.«

Ich bat Sandra, der Stellvertreterin ihrer Großmutter zu sagen: »Ich sehe dich, und ich sehe, dass ich mich genauso ausschließe, wie du es getan hast.« Dann fragte ich, ob Sandra ihr einen Platz in ihrem Herzen einräumen und vielleicht ein Foto von ihr bei sich zu Hause aufstellen könne. Sandra nickte, trocknete ihre Tränen und erklärte: »Ich möchte nicht spurlos verschwinden, so wie sie!«

In diesem Moment legte die Stellvertreterin der Großmutter die letzte Flasche beiseite, die sie in der Hand gehalten hatte, und starrte auf eine Stelle außerhalb des Kreises. (Oft haben Repräsentanten, die aus dem Kreis heraustreten, den Wunsch, den »Kreislauf des Lebens« zu verlassen.) Als ich einen Repräsentanten für ihren Ehemann an der Stelle außerhalb des Lebenszyklus platzierte, auf die sich ihr Blick richtete, ging sie zu ihm hinüber und nahm den Platz neben ihm ein. In einem Augenblick der Erkenntnis und Auflösung der Verstrickung ging Sandra zu ihrer »Großmutter« hinüber und sagte: »Ich sehe dich, und ich sehe, wie schmerzhaft das für dich war. Du konntest nicht in der Familie bleiben und dich ihr zugehörig fühlen, im Gegensatz zu mir. Ich werde immer einen Platz für dich in meinem Herzen haben. Danke, dass du mir gezeigt hast, wie hoch der Preis für dich war. Dein Herz hat sich verschlossen, und das hat dich umgebracht. Schau mir zu, wie ich mein Herz öffne, wie ich damit beginne, ein Leben voller Möglichkeiten zu führen.«

Sandra beschrieb der Gruppe später diesen Augenblick. »Es fühlte sich an, als würde mir eine riesige Last von den Schultern genommen. Plötzlich wurde mir klar, dass es mir freistand, Bindungen einzugehen, was ich lange nicht konnte.« Innerhalb eines Jahres zog sie sogar an der ursprünglich angestrebten Beförderung vorbei und wurde aufgrund ihrer Fähigkeit, die Kooperationsbereitschaft und den Zusammenhalt zu fördern, mit der Leitung eines großen Teams betraut. Ein Jahr später traf und fand sie die Liebe ihres Lebens.

Bis zum heutigen Tag hängt ein Foto ihrer Großeltern in ihrem Flur.

Aus der Perspektive der neurologischen Neuverdrahtung konnte Sandra *physisch* spüren, dass etwas fehlte, als sie in der Familienaufstellung sah, dass alle Repräsentanten den Blick auf eine Stelle außerhalb des Aufstellungsfeldes gerichtet hatten – eine Erkenntnis, zu der sie durch bloßes Nachdenken über ihre Familie wahrscheinlich nie gekommen wäre, denn die neurologischen Netze in ihrem Gehirn waren in den alten Verschaltungen fixiert, die den Großvater und die Großmutter ausschlossen.

Zu sehen, wie ihre »Großmutter« trank und sich aus dem Beziehungsgefüge löste, versetzte ihr instinktiv einen Schlag. Sie hatte das vererbte Muster direkt vor Augen, zum ersten Mal klar erkennbar. Die Erkenntnis, die damit einherging, war ein Schock. Die mit dem rasanten Wechsel der Perspektive verbundenen Gefühle und Empfindungen lösten eine Kaskade biochemischer Botenstoffe im Körper und Gehirn aus, die bewirkte, dass die neue Sichtweise *unverzüglich* tief im Gehirn und Bewusstsein verankert wurde. Der Bezug zu ihrem eigenen Leben, der neue Einblicke erschloss, war so machtvoll, dass es unmöglich war, ihn zu ignorieren oder zu vergessen. In diesem Augenblick begann sich die Sicht auf ihre gesamte Biografie und Zukunft zu verändern.

Genau diese schier bis ins Mark spürbare Wirkmächtigkeit der Aufstellungsarbeit macht einen neurologischen Neuverdrahtungs- und Transformationsprozess möglich. Dabei sind alle Sinne beteiligt. Wir sehen, hören und spüren etwas, das wir bisher nicht bewusst wahrgenommen haben. Das Gehirn ist damit beschäftigt, neue Nervenverbindungen herzustellen. Die intensiven Gefühle und Empfindungen festigen die Veränderungen, und eine vollkommen neue Sichtweise und Realität beginnen Fuß zu fassen.

Systemischer Meilenstein #5:
Die 21-Tage-Challenge

Nehmen Sie die Herausforderung an, ein wissenschaftliches Experiment in eigener Regie durchzuführen? Legen Sie bewusst einen neuronalen Pfad an und achten Sie auf den Unterschied zwischen Vorher und Nachher. Wählen Sie ein Verhaltens- oder Denkmuster, das Sie verändern möchten, und betrachten Sie dieses Vorhaben als innere Verpflichtung. Kein Wenn und Aber, keine Ausflüchte: Ihre Absicht, sich der 21-Tage-Challenge zu stellen, steht fest!
Schreiben Sie jetzt *einen neuen* Gedanken auf. Machen Sie sich *ein neues* Gefühl bewusst. Lesen Sie den neuen Gedanken laut vor, bis Sie spüren, dass er in Ihnen Form annimmt und Sie ihn vollumfänglich bejahen können. Wenn Sie den neuen Gedanken und die neuen Gefühle mit einem Ziel verknüpfen können, umso besser. Denken Sie daran: Höhere Ziele, die über Ihr rein materielles Wohlergehen hinausweisen, sind dabei der beste Treibstoff.

Frage: Wie ist es möglich, dass typische Charaktereigenschaften, Gewohnheiten und Gedanken meiner Vorfahren bei mir zum Ausdruck kommen?
Kurze Antwort: Siehe Epigenetik.

Im systemischen Ansatz heißt es oft: »Wenn man die eigene Arbeit nicht verrichtet, überlässt man sie den Kindern.« Im letzten Kapitel hieß es, dass man nicht nur die physische DNA, sondern auch Denk-, Gefühls-, Verhaltens- und Reaktionsmuster erbt. Die Epigenetik – die erforscht, wie einschneidende Ereignisse, Entscheidungen und Umwelteinflüsse die Funktion unserer Gene prägen und sich auch Generationen später noch auswirken – ist ein Kandidat, der dieses Phänomen mit hoher Wahrscheinlichkeit erklären könnte.

Der genetische Code erzeugt Proteine in einem Prozess, der Genexpression genannt wird. Genetische Veränderungen haben Einfluss darauf, welche Proteine entstehen und welche Gene dementsprechend zum Ausdruck kommen. Epigenetische Veränderungen, die durch Umweltfaktoren ausgelöst werden, verändern weder die Genproduktion noch den genetischen Code. Sie legen jedoch epigenetische »Markierungen« an, kurze DNA-Abschnitte, die Gene »anschalten« und »abschalten«. Im Gegensatz zu genetischen Veränderungen sind epigenetische Veränderungen umkehrbar und haben keine Veränderungen der DNA-Sequenz zur Folge. Doch sie wirken sich darauf aus, wie der Körper die DNA-Sequenz *liest* und sie im Anschluss zum Ausdruck bringt.

Immer mehr Studien weisen darauf hin, dass Ernährung und sportliche Betätigung, Trauma, emotionaler Stress und andere physische und psychologische Faktoren zu epigenetischen Veränderungen führen können, die an nachfolgende Generationen weitergegeben werden. Zum Beispiel ließen Ratten, die vorgeburtlichem Stress, Trennung vom Muttertier, Vernachlässigung und sozialem Stress während der Aufzucht ausgesetzt waren, im geschlechtsreifen Alter genetische Veränderungen in ihrer DNA-Sequenz erkennen. Es gibt ebenso Belege dafür, dass Merkmale wie missbräuchliches Elternverhalten sowohl an die eigenen Kinder als auch an die nachfolgende Generation weitergegeben werden.[9]

Studien, an denen Kinder von Holocaust-Überlebenden teilnahmen, haben gezeigt, dass die Traumata der Vorfahren chemische Markierungen in ihren Genen hinterlassen haben könnten, die an ihre Nachkommen vererbt wurden und eine größere Anfälligkeit für Angstzustände, geringes Selbstwertgefühl, stärkere Aggressionshemmung und mehr Beziehungsprobleme zur Folge hatten als in den Kontrollgruppen.[10]

Eine der besser dokumentierten epigenetischen Studien beschäftigt sich mit den Auswirkungen der Niederländischen Hungersnot zwischen November 1944 und Mai 1945 auf werdende Mütter.[11] Gegen Ende des Zweiten Weltkriegs wurden die dicht besiedelten Gebiete im Westen der Niederlande, die mit den Alliierten kollaboriert hatten, von der deutschen Besatzungsmacht mit einer Blockade der Nahrungsmittel und Brennstoffe bestraft. Die Bevölkerung war gezwungen, sich von Ratten, Gras und Tulpenzwiebeln zu ernähren, um zu überleben.

Man stellte fest, dass die Mangelernährung in den Anfangsstadien der Schwangerschaft bei den Frauen später zu erhöhter Anfälligkeit für Fettleibigkeit, mentale und andere Gesundheitsprobleme geführt hatte. Bezeichnenderweise traten einige dieser Auswirkungen auch noch bei den *Enkelkindern* auf. Die epigenetischen Marker infolge der Umwelteinflüsse wurden von einer Generation zur nächsten weitergegeben, und der Phänotyp – das sichtbare Erscheinungsbild eines Individuums, das aus dem Zusammenspiel von Erbanlagen und Umweltfaktoren entsteht – weitervererbt.

Epigenetische Markierungen können als Gedanken, Gefühle, Sprachgewohnheiten, Verhaltensweisen und Reaktionen in Erscheinung treten. Sie machen sich in den althergebrachten Mustern bemerkbar, die Klienten in vielen Lebensbereichen übernehmen, zum Beispiel was Beziehungen, Erfolg, Ziele, Ängste, Träume, Geld, Führungsthemen und Gesundheit betrifft. Ich höre die Markierungen aus den individuellen und oft eigenwilligen Sprachgewohnheiten der Klienten heraus – ungeschriebene, aber klar definierte Regeln, die das Familienleben bestimmen, dessen Teil sie sind.

Hier zeigt sich das Zusammenspiel von Anlagen und Umwelt. Wir haben die Gene, die uns von den Eltern vererbt wurden, doch *wie* sie zum Ausdruck kommen, hängt von unserer Umwelt, unserer Sozialisation und wichtiger noch, von *unserer persönlichen* Deutung der Dinge ab, die uns umgeben und beeinflussen. Im Lauf der Zeit verblassen die Details einzelner Ereignisse, aber die Symptome, die sie auslösen, werden immer lauter – bis uns das, was in unserem System gelöst werden will, bewusst wird.

Epigenetische Effekte lassen sich verändern. Wenn Klienten bewusst ihre Gedanken-, Gefühls- und Verhaltensmuster neu verdrahten, sind ihr Gehirn und ihre Realität buchstäblich nicht mehr das, was sie waren … und das gilt auch für ihre Familiengeschichte oder ihre bisher erwartbare Zukunft. Wenn sie endlich alte Familienmuster erkennen, öffnet sich die Tür zu vielfältigen neuen Möglichkeiten und sie sind in der Lage, einen riesigen Entwicklungssprung zu vollziehen, mit allen Sinnen zu erleben und zu verinnerlichen.

Frage: Wie empfängt ein Stellvertreter Informationen vom Klienten und aus dem Wissensfeld?
Kurze Antwort: Siehe Morphische Resonanz, Quantenmechanik, Intentionalität und holografisches Universum.

Morphische Resonanz

Rupert Sheldrake, Autor und ehemaliger Entwicklungsbiologe an der Cambridge University in Großbritannien, stellte die Theorie der Morphischen Resonanz auf. Sie beschreibt einen Prozess, demzufolge sich selbst organisierende Systeme von vorhergehenden ähnlichen Systemen ein kollektives Gedächtnis erben. Sheldrake erklärte, dass soziale Felder mit bestimmten Strukturen, Beziehungen zwischen den Akteuren, einer eigenen Dynamik und Geschichte – menschliche Felder eingeschlossen – über eine Art inhärentes soziales Gedächtnis verfügen (vielleicht das, was der Schweizer Psychoanalytiker Carl Gustav Jung unter dem Begriff »das kollektive Unbewusste« zusammenfasste.) Durch die Weitergabe von Kopien bestimmter Verhaltens-, Sprach-, Gedanken- und Gefühlsmuster innerhalb eines Feldes entstehen »Grundstrukturen«, die Sheldrake als Gesetze oder Gewohnheiten bezeichnete. Nach seiner Auffassung sind allen Familien solche morphischen oder morphogenetischen Felder zu eigen, in denen sich Muster und Gewohnheiten herausgebildet haben – ein Phänomen, das in der systemischen Arbeit hinreichend dokumentiert ist.

Diese Felder sind mit Informationen verbunden. In der Psychologie ermittelt und erforscht die sogenannte Feldtheorie unter anderem

Muster, die sich zwischen Individuen und ihrem gesamten Umfeld entwickeln. In der klassischen Physik bilden sich elektromagnetische (EM) Felder durch die Bewegung elektromagnetischer Ladungen heraus. Der menschliche Körper, der von Natur aus fortwährend durch elektrische Signale kommuniziert, produziert ein elektromagnetisches Feld. Unser Körper fängt ständig elektromagnetische Strahlung vom morphischen Feld der Erde und den Feldern anderer Menschen und Tiere auf. Studien zeigen, dass Menschen das elektromagnetische Feld der Erde (meistens unbewusst) entdecken und im Gehirn umwandeln können.[12] In wissenschaftlichen und technologischen Kreisen wird sogar darüber spekuliert, ob das EM-Feld jedes Menschen einzigartig ist und ob es uns gelingt, Werkzeuge herzustellen, die die EM-Signatur eines Menschen wie einen Fingerabdruck oder eine Iris- oder Netzhauterkennung »lesen« können.

Jeder, der schon einmal die Anwesenheit einer bestimmten Person im Raum gespürt und sie auf Anhieb identifizieren konnte, ohne sie zu sehen oder ihre Stimme zu hören, hatte möglicherweise Zugang zu ihrer EM-Signatur.

Sheldrake stellte die Hypothese auf, dass durch die Morphische Resonanz das Eintreten von Ereignissen an einem Ort ähnliche Ereignisse an anderen Orten hervorrufen kann, unter Umständen noch nach mehreren Generationen.[13] Das Wissensfeld könnte folglich ein Archiv sein, in dem Informationen über Ereignisse und die damit zusammenhängenden Entscheidungen und Verhaltensweisen gespeichert sind, die im gegenwärtigen Augenblick erfahrbar gemacht und erkundet werden können. Die Morphische Resonanz unterstützt darüber hinaus auch die Möglichkeit, dass einem Kind bei der Geburt ein ganzes, von seinen Vorfahren geprägtes Wissensfeld zugänglich wird – nicht etwa, weil die Informationen epigenetisch weitergegeben wurden, sondern weil die genetische Grundstruktur des Kindes auf die genetische Grundstruktur seiner Vorfahren zurückzuführen ist, die das altüberlieferte Archiv der Informationen enthält.

Quantenmechanik, Intentionalität und Verschränkung

Vor 1905 ließ sich das physische Universum mithilfe der Newtonschen Physik erklären. Atome wurden als winzige, massive Himmelkörper abgebildet, die durch das All schwirren, und die winzigen physischen Partikel, aus denen sie sich zusammensetzen, die kleinsten Bausteine der Materie, hielt man für konkrete, greifbare Objekte. Als Einstein die Bühne betrat und erklärte, Materie sei in Wirklichkeit Energie ($E = mc^2$), eröffneten sich der Wissenschaft plötzlich völlig neue Möglichkeiten. Mithilfe der Elektronenmikroskope wurde der Nachweis erbracht, dass Atome aus »Partikeln« bestehen, die elektrisch geladen sind, aber keine wie auch immer geartete Masse besitzen. Allem Anschein nach besteht jeder »physikalische Körper« auf der Welt, auch die Welt selbst, aus formloser Energie.

Einstein fand außerdem eine Erklärung für den photoelektrischen Effekt, kurz Photoeffekt genannt; er stellte die Theorie auf, dass Licht aus einzelnen »Energiepaketen« oder Lichtquanten besteht, später Photonen genannt. Dann entdeckte man, dass Licht *gleichzeitig* über die Eigenschaften einer Welle als auch über die Eigenschaften eines Partikels oder Teilchens verfügt, und mit dem sogenannten Doppelspaltexperiment wurde ein neues, verblüffendes Element in die Welt der Quantenphysik eingeführt: *Bewusstsein.*

Experimente zeigten, dass der Akt des Messens und Beobachtens bestimmte, ob sich ein Photon als Energiepaket (auch Partikel oder Teilchen genannt) oder als Welle präsentierte. 1920 fand der Physiker Niels Bohr eine Erklärung für dieses rätselhafte Phänomen in seiner Kopenhagener Interpretation, die besagt, *dass Experimente in der Quantenwelt nicht isoliert stattfinden, sondern der Beobachter stets entscheidenden Einfluss auf das Ergebnis der Messung hat.*[14] Das Bewusstsein wirkt sich offensichtlich auf das Quantenfeld aus … was in unserem Fall bedeutet, dass die Gedanken der Klienten während einer Systemaufstellung unterschwellig die Stellvertreter und das Wissensfeld beeinflussen.

Obwohl das Thema hochgradig kontrovers diskutiert wird und bisher keine hieb- und stichfesten Nachweise vorliegen, belegen die Studien aber auch, dass mentale Intentionalität, das heißt, die Ausrichtung aller Absichten und Handlungen des Menschen auf die Verwirklichung eines Ziels, in Wechselwirkung mit dem energetischen Quantenfeld steht, das jeder Realität zugrundeliegt. Anfang der 1960er-Jahre wies der kanadische Psychologe Bernard Grad in seinen Experimenten nach, dass Pflanzen, die von einem Heiler ausgesät und bewässert wurden, schneller keimten und wuchsen als die Kontrollgruppe.[15] Angeregt von diesen bahnbrechenden Studien führte die Investigativjournalistin und Autorin Lynne McTaggart seit Juni 2007 sechs ähnliche Versuche, die sogenannten *Germination Intention Experiments* durch, um herauszufinden, ob die Intentionalität eine quantifizierbare Auswirkung auf lebende Systeme haben könnte. In allen sechs Versuchen erreichten die Pflanzen, die mit einer zielgerichteten mentalen Intention ausgesät wurden, einen höheren Wuchs als die Kontrollgruppe.[16]

Deshalb ist es von zentraler Bedeutung, dass Aufstellungsleitende weder Erwartungen noch die Intention haben, Einfluss auf die Klienten auszuüben und damit den Erfahrungen im Aufstellungsfeld ihren eigenen Stempel aufzudrücken. Die Existenz des Quantenfelds und die potenziellen Auswirkungen zielgerichteter menschlicher Intentionen erfordern, dass sie unbedingt neutral bleiben müssen.

Ein anderer rätselhafter Aspekt der Quantenmechanik, der die Wirkungsweise der Systemaufstellungen erklären könnte, ist die Quantenverschränkung, auch Quantenkorrelation genannt. Experimente belegen: Wenn zwei Elektronen miteinander in Wechselwirkung treten, korrelieren die Drehimpulse der Teilchen miteinander. Sie stoßen zusammen, und von diesem Augenblick an, wenn sich der Drehimpuls des einen Elektrons ändert, passt sich das andere sofort daran an – selbst dann, wenn die beiden Millionen Lichtjahre voneinander entfernt sind. Verschränkte Quantenteilchen lassen sich demzufolge nicht getrennt beschreiben, sie bilden ein gemeinsames Objekt. Sie küssen sich ein einziges Mal und sind bis in alle Ewigkeit verbunden.

Das Doppelspaltexperiment machte mit lautem Knall eine Überzeugung zunichte, der die Wissenschaft jahrtausendelang vertraut hatte: die Vorstellung, dass Forschende vollkommen objektiv und losgelöst von der Welt sind, die sie beobachten. Die Quantenverschränkung wies nach, dass alles im Universum in einem unendlichen, engmaschig verwobenen Netz miteinander verbunden ist. Wenn das menschliche Bewusstsein dieses Netz beeinflussen kann, kennen wir die Welt längst nicht so gut, wie wir glauben.

Das holografische Universum

Die Theorie, dass unser Universum in Wirklichkeit ein gigantisches Hologramm ist, macht seit Anfang der 1990er-Jahre in der wissenschaftlichen Welt die Runde. 2017 veröffentlichten Forschende in der Fachzeitschrift *Physical Review Letters* stichhaltige Belege für ihre Hypothese, dass wir in einer zweidimensionalen Welt leben, die dreidimensional erscheint.[17] Doch das Interessante an dieser Entdeckung ist die fantastisch anmutende Beschaffenheit eines Hologramms selbst.

Vielleicht erinnern Sie sich an die holografische Projektion von Prinzessin Leia aus dem Jahre 1977, die in dem Kinoklassiker *Star Wars* flehte: »Helft mir, Obi-Wan Kenobi. Ihr seid meine letzte Hoffnung!« Wenn wir ein einzelnes Pixel aus einer Rastergrafik dieses holografischen Bildes (zum Beispiel aus dem Gewand von Prinzessin Leia) unter der Lupe betrachten würden, könnten wir davon ausgehen, einen Bildpunkt von einem Kleidungsstück zu sehen. Richtig? Doch der holografischen Theorie zufolge sehen wir in Wirklichkeit das gesamte holografische Bild von Prinzessin Leia vor uns. Es liegt in der Natur eines Hologramms begründet, dass das gesamte holografische Bild in jedem Bildfragment enthalten ist. Alles ist Eins – ein rätselhaftes Konzept, das in vielen esoterischen Lehren der Weltreligionen auftaucht und die Beschaffenheit des Universums beschreibt. Das bedeutet, alle systemischen Informationen im morphogenetischen Feld der Systemaufstellung sind für alle Anwesenden im Raum verfügbar.

Zusammenfassung der wissenschaftlichen Aspekte

Nun verfügen wir möglicherweise über alle erforderlichen Hintergrundinformationen, um die Frage zu beantworten, wie eine Systemaufstellung funktioniert: auf welche Weise Sandra Zugang zu Informationen ihrer Vorfahren erhielt, wie die Stellvertreterin von Sandras Großmutter auf die Idee kam, die Wasserflaschen zu nehmen, zu leeren und das Aufstellungsfeld zu verlassen, und wie die unverzüglich dadurch ausgelöste Erkenntnis Sandras Realität ein für alle Mal veränderte. Alles klar? Hier noch einmal eine Zusammenfassung der einzelnen wissenschaftlichen Bausteine:

- Neurowissenschaft = eine Erklärung, wie bei Sandra während der Aufstellung auf Anhieb ein Perspektivwechsel ausgelöst werden konnte, der alte Gedankenmuster durchbrach und ihre persönliche Realität für immer veränderte.
- Epigenetik + morphogenetische Feldtheorie = eine Erklärung, wie in Sandras gegenwärtigen Erfahrungen die von ihren Vorfahren übernommenen Gedanken- und Handlungsmuster einfließen konnten.
- $E = mc^2$ + Verschränkung + holografisches Universum = die Antwort, wie die Konstellationen im Aufstellungsfeld (das »wissende« oder Wissensfeld) entstehen. Sie sind das Ergebnis einer Verbindung aus miteinander verwobenen Quantenenergiefeldern und Informationen, solche über Sandras Familiensystem eingeschlossen.
- $E = mc^2$ + Verschränkung + holografisches Universum + Intentionalität = Sandras Entdeckung der heilsamen Information, zurück-

zuführen auf ihre mentale Intention, die sich auf das Quantenfeld auswirkte, das alle Elemente der Konstellation miteinander verband und dem Auftauchen der Lösung den Weg ebnete.
- Morphogenetische Felder + $E = mc^2$ + Intentionalität + Verschränkung = die Stellvertreterin von Sandras Großmutter »wusste«, dass sie (Wasser) trinken und das Aufstellungsfeld danach verlassen musste.

Im Lauf der Jahre habe ich zahllose Systemaufstellungen geleitet und ebenso zahllose Durchbrüche und atemberaubende Aha-Momente miterlebt. Ich sah, wie sich das Leben meiner Klienten im Bruchteil von Sekunden dramatisch veränderte. Ich konnte diesen Transformationsprozess immer wieder aufs Neue beobachten. Es gibt inzwischen viele wissenschaftlich fundierte Erklärungsansätze, die Funktionsweise und Auswirkungen von Systemaufstellungen untermauern. Ob sie zutreffend sind, wird sich erst im Lauf der Zeit und durch weitere Forschung zeigen.

Systemischer Meilenstein #6: **Wissen und Wissenschaft im Feld**

Um alle Informationen in diesem Kapitel zusammenzutragen, ist es hilfreich, sie in die Praxis umzusetzen. Und die beste Möglichkeit bietet die Durchführung einer Systemaufstellung.
Im vierten systemischen Meilenstein wurden Sie aufgefordert, Karteikarten mit den Namen Ihrer Angehörigen auf dem Fußboden zu positionieren, um einen Blick auf das Beziehungsgefüge in Ihrem Familiensystem zu werfen. Nun machen Sie das Gleiche mit einem anderen System oder Klärungsanliegen, das für Sie relevant ist – vielleicht möchten Sie eine Beziehung in Ihrem Berufsleben erforschen oder einem bestimmten Problem, Anliegen oder Projekt auf

den Grund gehen, mit dem Sie nicht vorankommen oder über das Sie sich fortwährend den Kopf zerbrechen.

Ermitteln Sie alle relevanten Elemente des Systems, die Sie anschauen, mit denen Sie interagieren und die Sie erkunden möchten. Ordnen Sie die einzelnen Teile des Systems so an, wie Sie es intuitiv als richtig empfinden, ohne lange darüber nachzudenken. Der Fußboden oder eine Tischplatte bieten genug Raum, um das Beziehungsgefüge so darzustellen, wie es Ihrem inneren Bild entspricht. Betrachten und berühren Sie die einzelnen Elemente, und es steht es Ihnen frei, ihre Position jederzeit zu verändern. Achten Sie beim Umstellen auf die Beziehungen zwischen den einzelnen Elementen, die Sie aus ihrer Anordnung wahrnehmen können. Versuchen Sie zu *erspüren*, wer in das System eingebunden ist und wer nicht. Nehmen Sie die Dynamik in den Beziehungen der einzelnen Elemente und Personen wahr.

Sie »lesen« das Feld, entschlüsseln die unsichtbaren Quanteninformationen, die darin enthalten sind. Das ist es, was herausragende Führungspersönlichkeiten meinen, wenn sie sagen, dass sie ihrer Intuition oder ihrem Herzen folgen. Sie spüren, was in ihrem Umfeld vorgeht, in einer Weise, die über evidenzbasierte wissenschaftliche Erkenntnisse hinausgeht, weil ihr Herz offen und ihr Verstand darauf ausgerichtet ist, neue Möglichkeiten auf einer völlig neuen Ebene zu schaffen.

4
Der Transformationsprozess: Praktische Zauberkunst

Wir neigen dazu, »Magie« als etwas zu erklären, was in Sekundenbruchteilen geschieht und uns verblüfft fragen lässt: »Wie ist das möglich?« Die unerklärliche Natur magischer Momente fesselt unsere Aufmerksamkeit und bringt uns zum Staunen. Etwas schier Unglaubliches geschieht – wie von Zauberhand findet eine Verwandlung statt, die neue Erkenntnisse mit sich bringt, uns ein Lächeln entlockt und Wachstum und Entwicklung anregt – so als würden wir in einem Ausmalbild den gerade erst blau gefärbten Himmel mit einem gelben Kreidestift übermalen und feststellen: Statt ein Chaos anzurichten, haben wir ein grünes Firmament geschaffen. Ein Ergebnis, das nicht nur Kinder in Staunen versetzt!

So ist das Leben, wenn wir ihm mit wachen Sinnen begegnen. Eine Situation kann sich ändern, in Millisekunden, der Horizont wird mit einem Mal weiter und gibt den Blick auf ganz neue Möglichkeiten frei. Doch wir neigen dazu, uns in Gedanken-, Gefühls- und Überzeugungsmuster zu verstricken, sodass unsere Bewegungsfreiheit eingeschränkt erscheint und wir nicht an einen grundlegenden Wandel glauben können. Wir denken, der Himmel in unserem Bild kann nur blau sein. Wir machen uns vor, dass wir nicht über die vorgezeichneten Linien hinausmalen oder Farben mischen sollten. Wir haben Angst, etwas falsch oder anders zu machen. Obwohl wir blaue und gelbe Kreidestifte in unserer Box haben, lassen wir uns die Möglichkeit entgehen, daraus Grün zu zaubern.

Und doch sehnen wir uns nach mehr – nach mehr Farben, nach

mehr Chancen im Leben, mehr Fähigkeiten, mehr Freiheit. Wir sehnen uns nach menschlicher Größe – ein Bedürfnis, das die Unterhaltungsindustrie erkannt hat und bedient, indem sie uns in Welten voller Magie und Abenteuer entführt: *Star Wars, Harry Potter, Herr der Ringe, Verliebt in eine Hexe, Zauberhafte Schwestern* ... die Liste ließe sich endlos fortsetzen. Wir wissen, dass es einen Teil von uns gibt, der Unglaubliches vollbringen kann, doch im Gegensatz zu unseren Filmhelden scheinen wir die Zauberformel vergessen zu haben, die uns das Tor in eine andere Welt öffnet. Wir warten auf den magischen Moment auf einer Bergspitze, den Blitz der Erkenntnis aus heiterem Himmel, auf die Begegnung mit dem Unbekannten in einem mysteriösen Kornkreis. Wir richten den Blick nach *außen* statt nach *innen*.

Wir vergessen, dass magische Kräfte in unserem eigenen Herzen beginnen. Wir erwarten nicht, sie in uns selbst und in unserem Alltag zu entdecken – geschweige denn, sie in einer generationsübergreifenden Familiengeschichte zu finden, die mit aller Macht versucht, uns etwas zu sagen. Was könnte daran auch magisch sein? Und wenn wir etwas erleben, das wir uns nicht erklären können, setzen wir alles daran, es mit dem Etikett »Zufall« oder »Glücksgriff« zu versehen.

Wir sehnen uns nach ein wenig Magie in unserem Leben, und doch haben wir gelernt, sie zu fürchten. Irgendwann, vor langer Zeit, bekam das Wort »Zauber« entweder den unguten Beigeschmack von schwarzer Magie oder, im besten Fall, von reinem Wunschdenken. Die abergläubischen Ängste hatten zur Folge, dass wir uns von vielem abwandten, was in der Natur und in uns selbst wunderbar und überraschend ist. Viele der außergewöhnlichen, im letzten Kapitel beschriebenen Theorien werden bis heute als »absurd« abgewertet – nicht etwa, weil es keine belastbaren wissenschaftlichen Belege gäbe, sondern weil unsere Angst und Skepsis das Ruder übernehmen und wir denken: »Unsinn. So unfassbar leicht kann die Lösung nicht sein!«

Wir scheinen auch die Tatsache zu vergessen, dass uns viele Weltreligionen seit hunderten von Jahren eingebläut haben, dass wir klägliche Sünder sind. Wir sind zu der Überzeugung gelangt, dass ein erfülltes, freudvolles Leben nicht nur ein unerreichbares Ziel ist, sondern auch unverdient und sogar unheilvoll wäre. Der systemische Glaubenssatz »Ich bin unwichtig und nichts wert« ist noch heute global verbreitet und prägt einen Großteil der Welt, obwohl er niemandem dient.

Menschliche Größe ist weder prahlerisch noch aggressiv. Die Menschen, die ich kenne, gleich ob Männer oder Frauen, die sich durch wahre Größe hervortun, zeigen, was man im Leben erreichen kann. Sie ermutigen andere in ihrem Umfeld, nach Höherem zu streben, ihr Potenzial auszuschöpfen, weil sie wissen, dass es möglich ist. Sie kennen aus eigenem Erleben das unbeschreibliche Glück, vermeintliche Grenzen und Ängste zu überwinden, und möchten diese Erfahrung mit anderen teilen. Sie wissen, dass Transformationsprozesse nicht auf Wunschdenken oder irgendeiner werbewirksamen New-Age-Hypothese beruhen, sondern eine Art Zauberkunst oder Magie in der Praxis sind. Sie wissen, dass eine höhere, weiter entwickelte Version ihres Selbst in ihrem Innern angelegt ist und nur darauf wartet, realisiert zu werden.

So wie bei George. George war desillusioniert und zynisch; er hatte, wie er es ausdrückte, die Präsenz und Neugierde der allerkleinsten Maus. Er hatte zeitlebens noch nie echte Freude empfunden. Er fühlte sich verpflichtet, ein guter Bürger zu sein und seinen Beitrag zum Allgemeinwohl zu leisten, doch das Streben nach Glück stand nicht auf seiner Agenda. Im Lauf der Jahre hatte er viele transformative Veranstaltungen besucht, die ihm kurzfristig ein gutes Gefühl vermittelt hatten, doch danach war er rasch wieder in sein altes, freudloses Leben zurückgefallen.

Als er von der systemischen Arbeit hörte, kam er zu einer Systemaufstellung; seine Neugierde war offenbar größer als seine Vorbehalte. Er ließ die Theorie zu Beginn über sich ergehen und stellte alles, was er zu hören bekam, infrage. Bis zur Mittagspause war er überzeugt, erneut in einer Sackgasse gelandet zu sein.

Lily war als erste mit der Aufstellung an der Reihe; sie schilderte die schmerzlich distanzierte Beziehung zu ihrem Bruder so emotional, dass George zurückschreckte. Aber die Richtung, die mit den gestellten Fragen angesteuert wurde, weckte bei ihm ein leises Interesse. Als Lily die Stellvertreter aussuchen sollte, bat sie ihn zu seinem Entsetzen, ihren Bruder zu vertreten. Er erklärte, beinahe entschuldigend, er habe nichts mit Gefühlsausbrüchen und Dramen »am Hut«, aber es war zu spät. Widerstrebend nahm er die ihm zugedachte Position ein und ließ zu, dass Lily ihn so aufstellte, dass er zu einem der Fenster hinaussah.

»Warum hat Ihr Bruder sein Gesicht abgewandt?« fragte ich.

»Früher standen wir uns sehr nahe. Aber das ist lange her«, erwiderte sie. »Seit seinem Auslandseinsatz ist er nicht mehr derselbe.«

Bei diesen Worten verspürte George einen Kloß im Hals und seine Hände begannen zu zittern. Zum ersten Mal in seinem Leben gestattete er sich, Gefühle zuzulassen, die ihn überkamen, statt sie zu Tode zu analysieren – Gefühle, die er nie zuvor erlebt hatte.

Ich wollte wissen, was er empfand.

»Grauen und Angst, ich spüre einen Druck, der sich in meinem Magen und Brustkorb aufbaut«, sagte er. Dann deutete er auf eine Stelle vor ihm.

Auf diesen Platz wurde ein Repräsentant aufgestellt, und George deutete auf weitere leere Plätze. Als alle besetzt waren, verspürte er das Bedürfnis, den Kreis zu verlassen und sich außerhalb des Aufstellungsfeldes neben den Neuankömmlingen zu positionieren. Als ich ihn fragte, ob er zurückkommen könne, schüttelte er den Kopf und rückte näher an die anderen heran. »Ich gehöre hierher«, erklärte er.

Lily brach in Tränen aus.

Ein Krieg ist mit zahlreichen Leerstellen verbunden. Gespräche, die nie geführt werden konnten, Kameraden, die zurückgelassen wurden, Freunde, die ihr Leben auf dem Schlachtfeld verloren. Der Krieg bildet ein ganz eigenes Subsystem heraus, und wenn die Soldaten nach Hause zurückkehren, in eine Welt mit ihren eigenen Regeln, die mit denen des Kriegsgeschehens unvereinbar sind, geraten sie in das Spannungsfeld zwischen zwei unterschiedlichen Systemen. Was im Krieg erwartet wird, ist im Zivilleben nicht erlaubt. Die Gräuel des Krieges werden ausgeblendet und aus dem Bewusstsein verbannt. Wenn diese Erfahrungen nicht thematisiert werden und ihren Platz erhalten, wenn dem inneren Bedürfnis nach einem vollständigen Bild, zu dem auch die gefallenen Kameraden gehören, nicht Rechnung getragen wird, können sich die Kriegsveteranen orientierungslos und »fehl am Platz« fühlen. Sie nehmen ihre Kinder oder Familienmitglieder vielleicht wahr, aber nur am Rande, denn der Fokus ist noch auf »dort drüben« gerichtet.

Für Lily reichte diese Erkenntnis aus, um einen Wandel zu bewirken. Als sie im Rahmen dieser Repräsentation buchstäblich vor Augen hatte, was in ihrem Bruder vor sich ging, fühlte sie sich ihm weniger entfremdet. Sie konnte etwas tun. Sie konnte mit ihrem Bruder reden, aus einer ganz neuen Perspektive. Ihre Gedanken hatten sich schlagartig geändert, als sie ihre Position im Aufstellungsfeld einnahm. Aus »Ich kann ihm nicht helfen. Ich bin eine schlechte Schwester« wurde »Ich muss mir keine Vorwürfe machen. Er braucht nur noch etwas Zeit, um den Weg zu uns zurückzufinden.« Sie hatte das Gefühl, als wäre eine große Last von ihren Schultern genommen und sie sei innerlich zur Ruhe gekommen.

George erlebte eine ganz andere Geschichte. »Dieser verdammte emotionale Ausbruch, ich konnte ihn einfach nicht stoppen«, sagte er später. Die Tränen flossen noch eine ganze Weile, und er hatte das Gefühl, nicht nur um sich selbst, sondern auch um viele andere zu trauern. Es stellte sich heraus: Auch sein Vater war ein Veteran, der als froher Mensch in den Krieg zog und mit nichts als Freudlosigkeit zurückkam. Die Erfahrungen an der Front hatten ihn traumatisiert, und als er in sein altes Leben zurückkehrte, bezog er ein eigenes Schlafzimmer, wo er oft schreiend aus seinen Alpträumen erwachte. »Bei uns wurde weder Weihnachten noch Geburtstag gefeiert«, sagte George. »Mein Vater war der Meinung, im Krieg hätten zu viele Menschen auf beiden Seiten ihr Leben verloren, deshalb gebe es keinerlei Anlass zur Freude. Er bläute mir ein, es sei meine Pflicht, als guter Bürger meinen Beitrag zu leisten, hart zu arbeiten und mich um andere zu kümmern. Das Thema Freude oder Glück war ein für alle Mal vom Tisch.«

In der Aufstellung an jenem Tag wurde George klar, dass er sich so verzweifelt bemüht hatte, von seinem Vater auch nur ansatzweise wahrgenommen und wertgeschätzt zu werden, dass er sich stets an das »Freude-Verbot« gehalten hatte. Inzwischen war sein Vater an Alzheimer erkrankt und in einem Pflegeheim untergebracht, und George hatte seinen Lebenssinn verloren. Finanziell war er gut aufgestellt, aber er wusste nicht, was er mit seinem Wohlstand anfangen sollte, verharrte im alten Trott und kümmerte sich pflichtgemäß und freudlos um andere.

Während unseres Gesprächs überlegte ich, wie es wäre, wenn wir Stellvertreter für George, seinen Vater und sein Klärungsanliegen, das Element der Freude, im Kreis aufstellen würden, nur um zu sehen, was dabei herauskam. Als ich den Vorschlag machte, herrschte Stille im Raum, und George zögerte, doch dann erklärte er sich einverstanden. Die Stellvertreter waren eingeladen, ihren Platz zu verlassen, wenn sie das Bedürfnis hatten, und Georges »Vater« scherte aus dem Kreis aus, das Gesicht abgewandt. Die »Freude« machte Anstalten, ihm zu folgen, blieb aber am Rand des Kreises stehen. Nach einer Weile drehte sie sich um und blickte Georges Stellvertreter an. Ich lud George ein, die Position seines Stellvertreters einzunehmen.

George stand lange reglos da und betrachtete seinen Vater. »Ich halte das nicht mehr aus«, sagte er schließlich mit belegter Stimme. »Ich sehe, was mit dir passiert ist, und ich werde dir immer ähnlicher.« Er wischte die Tränen fort und wartete, bis er wieder sprechen konnte. »Ich denke, ich möchte wieder Freude in mein Leben bringen. Unbedingt. Ich möchte die Leute zum Lächeln bringen, sie wirklich wahrnehmen, ich will Freude in meinem Herzen spüren. Ich weiß, dass du nicht anders konntest – aber ich schon.«

Bumm! Transformation! George änderte das Drehbuch seines Lebens genau an diesem Punkt. Er erkannte, dass sein Vater sich dieses freudlose Dasein für ihn nicht gewünscht hätte, und sagte »Ja« zu einem neuen Kapitel, ohne die Vergangenheit auszublenden. Georges Herz öffnete sich durch die Aufstellung für neue Möglichkeiten, sein Leben zu gestalten. Er begriff, dass seine freudlose Pflichterfüllung der Liebe und Verbundenheit mit seinem Vater geschuldet war, doch nun würde er sie auf andere Weise zum Ausdruck bringen. Er konnte sich für eine andere Realität entscheiden und ihr erlauben, Gestalt anzunehmen. Er sagte »Ja« ohne jeden Vorbehalt, und sein Leben veränderte sich.

Später berichtete er, dass er ein Stipendium für Kriegswaisen eingerichtet hatte, denen er die Geschichte seines Vaters erzählte und ihnen die Möglichkeit gab, sich verstanden zu fühlen und wieder einen Platz für Freude in ihrem Leben zu finden. »Ich finde es wunderbar, wenn ich das Lächeln auf ihren Gesichtern sehe, sobald ihnen klar wird, dass sie Freude empfinden dürfen«, sagte er.

Wir alle sind Magier

Wir sind wahre Zauberer. »Bannsprüche« benutzen wir jeden Tag – durch die Worte, die wir benutzen, die Überzeugungen, die wir vertreten, die Gedanken, die uns durch den Kopf gehen, die Gefühle, die wir empfinden, und die Deutung der Ereignisse in unserem Leben. »Bann« ist hier ein Synonym für die Verstrickung in Muster, eingeschliffene Denkweisen und die von uns erschaffenen subjektiven Wahrheiten. Und diejenigen, die wir mit einem Bann belegen, sind wir selbst und die Menschen in unserem Umfeld.

Meine Klientin Alix fühlte sich einfach nicht wohl in ihrer Haut. Sie fühlte sich emotional abgeschottet, war ständig besorgt und verunsichert. Oft sagte sie mir, dass sie sich nicht vorstellen könne, sich jemals wieder richtig gut zu fühlen … wieder ganz okay zu sein. Eines

Tages fragte ich sie, wann diese Worte in ihr aufgetaucht waren. Sie dachte eine Weile nach, dann riss sie verblüfft die Augen auf. »An dem Tag, als ich von der tödlichen Krankheit meines Vaters erfuhr, habe ich zu meiner Chefin gesagt: ›Ich glaube, ich werde nie darüber hinwegkommen. Ich werde mich nie wieder gut fühlen.‹«

Sie sagte, sie habe es genauso empfunden, und nach entsprechender Wiederholung hatte sich dieser Glaubenssatz in ihre persönliche Wahrheit verwandelt. Sie hatte einen systemischen Bann über sich verhängt und verinnerlicht, im Bruchteil von Sekunden. Danach hatte sich ihre Ankündigung jedes Mal, wenn sie traurig war oder etwas schiefging, bestätigt, und die Macht des Gedankens, sich nie wieder so richtig gut zu fühlen, hatte sich mehr und mehr verfestigt. Das Leben fühlte sich für sie nicht länger facettenreich oder spannend an. Es war eine Vorhersage, die sich selbst erfüllte: Sie fühlte sich nicht gut. Sie war nicht okay.

Wir warfen einen Blick auf alles, was sie bisher in ihrem Leben erreicht und aufgrund dieses Glaubenssatzes nie genossen hatte. Dann wollte ich wissen, ob er auch heute noch zutreffend sei. Überrascht stellte sie fest, dass er ihrer Lebenssituation eigentlich nicht mehr entsprach. Sie machte einen langen Spaziergang; dabei redete sie laut mit ihrem verstorbenen Vater, ließ ihn wissen, dass mit ihr alles in bester Ordnung war und bedankte sich bei ihm dafür, dass er seit ihrer Kindheit immer für sie dagewesen war. »Du hast mich stark gemacht, und nach deinem Tod wollte ein Teil von mir ebenfalls sterben. Nun ist es an der Zeit, dir zu sagen, dass ich okay bin«, erklärte sie.

Alix brach den Bann des Denkmusters, das sie selbst erzeugt und in das sie viel investiert hatte. Der damit gewonnene Seelenfrieden und ein neuer Glaubenssatz »Es geht mir gut, ich bin okay« bewirkten, dass der Kummer wich, der ihr Dasein überschattet hatte. Auf Anhieb machte er einem Gefühl der Freiheit und Freude Platz, das sie seit dem Tod des Vaters nicht mehr empfunden hatte.

Ein Bann kann sich als lähmende Verstrickung erweisen, in der wir feststecken. Und ebenso gibt es Zaubersprüche, die uns Flügel verleihen, die uns in schwindelnde Höhen tragen und wahre Glücksgefühle schenken. Als Magier sollten wir uns stets bewusst sein, dass unsere Zauberformeln die Macht haben, das Schicksal zu verändern, und unsere Gedanken und Verhaltensweisen mit Bedacht wählen. »Schaffe ich Himmel oder Hölle mit diesem Gedanken?« ist eine gute Frage, die Sie sich immer wieder stellen sollten.

Systemischer Meilenstein #7: Den körpereigenen Kompass entdecken

Der menschliche Körper ist ein Präzisionsinstrument, ein Kompass, der uns den Weg zu unserer persönlichen Wahrheit weist. Im Verlauf des Lebens macht er uns auf alles Mögliche aufmerksam, gibt uns Informationen über uns selbst und die Systeme, deren Teil wir sind. Er tut das durch unsere Gedanken, Überzeugungen, Verhaltensweisen, Reaktionen, Gefühle, Gesundheitsprobleme und Symptome.

Mit der folgenden Methode können Sie den Kompass Ihres Körpers umgehend nutzen und den Unterschied zwischen alten, dysfunktionalen Mustern (einem lähmenden »Bann«) und neuen Mustern erkennen, die sich durch Sie zu manifestieren versuchen (einem beflügelnden »Zauber«).

Nehmen Sie zwei Blätter Papier zur Hand. Notieren Sie auf dem einem Blatt etwas, das Sie *tun sollten*, und auf dem anderen, was Sie gerne *tun möchten*.

Legen Sie die Blätter auf dem Fußboden aus, an den jeweils entgegengesetzten Seiten des Raumes. Stellen Sie sich auf einen Platz zwischen den beiden Blättern, und richten Sie Ihre Aufmerksamkeit auf das, was Sie in dieser Position empfinden. In welche Richtung fühlen Sie sich gezogen? Was sagen Ihnen die Stimmen in Ihrem Kopf über die beiden Richtungen? Nähern Sie sich nun versuchs-

weise dem einen und danach dem anderen Blatt; achten Sie dabei auf Ihre Gefühle und Empfindungen und an welcher Stelle des Körpers sie sich bemerkbar machen. Handelt es sich um ein Gefühl, das Ihnen vertraut ist? Was erzählen Sie sich selbst darüber? Wann ist dieses Gefühl zum ersten Mal aufgetreten? Achten Sie auf das, was Sie von dieser inneren Stimme zu hören bekommen. Was sagt Ihr »Bauchgefühl«, Ihre Intuition? Welche Gefühle und Empfindungen löst sie aus?
Wenn Sie das Gefühl haben, glücklich und zufrieden oder von Dankbarkeit erfüllt zu sein, wissen Sie, dass Sie die richtige Richtung eingeschlagen haben. Fragen Sie sich: »Wie würde sich mein Leben ändern, wenn ich mich mit voller Kraft auf diesen Weg einlassen würde?«

Transformation durch Freude, Dankbarkeit und gespannte Erwartung

Die Zauberformel, mit der wir den Transformationsprozess in Gang setzen, ist nicht so leicht zu finden, obwohl sie eigentlich genau vor Ihnen liegt. Sie wurde von der Familie und anderen Systemen an Sie weitergegeben und macht sich durch Ihre Schmerzpunkte, Abneigungen und Vorlieben bemerkbar.

Um ihr auf die Spur zu kommen, müssen Sie sich lediglich bewusst machen, dass Schmerz und Abneigungen altüberlieferte Muster sind, die ausgedient haben. Sie fordern Sie auf, den »Bann« zu brechen und sie endlich als das zu nutzen, was sie sind: eine Quelle der Weisheit, eine Schatzkarte. Nehmen Sie nun Ihre Vorlieben und Wünsche in den Blick. Sie befinden sich in einem Koffer, der randvoll ist mit Ihren Träumen und einer Fülle von Möglichkeiten; er wartet nur darauf, dass Sie sich auf die Reise begeben. Alles, wonach Sie sich sehnen, finden Sie durch Ihre Schatzkarte, die Sie zu dem verborgenen Gold führt. Jedes System ist darauf angewiesen, dass Sie sich eine andere

Zukunft *wünschen* und ausmalen. Nur so kann es wachsen und sich weiterentwickeln.

Sie schaffen mit Ihren Träumen Zukunftsvisionen für das gesamte System, öffnen neue Horizonte!

Wenn ich bestimmte Ziele oder Erfahrungen anstrebe, die mir Freude und Erfüllung bringen, stellen sich bei mir gespannte Erwartung und Abenteuerlust ein. In diesem hochintensiven emotionalen Zustand stelle ich mir bildlich vor, dass ich meinen Wunsch bereits verwirklicht habe. Mit allen Sinnen fühle und spüre ich, wie es ist, die Person zu sein, die sich ihren Traum erfüllt hat. Ich entspanne mich. *Ich halte mich nicht mit Zweifeln, Hindernissen oder der praktischen Umsetzung auf.* In meiner Fantasie erlaube ich mir die Freiheit, ein Abenteuer zu erleben, mich an einen anderen Ort zu versetzen und in einen neuen Lebensentwurf zu »schlüpfen«, um zu sehen, ob er passt – ähnlich, wie man neue Kleidungsstücke anprobiert.

Wenn mir der Entwurf wirklich und wahrhaftig gefällt, halte ich nach dem kleinsten Schritt Ausschau, um ihn zu realisieren. Oft ist das ein neuer Glaubenssatz, eine Erkenntnis oder ein Gefühl der Freude und Aufregung. Während das innere Abenteuer seinen Lauf nimmt, merke ich, dass ich Zufriedenheit und Dankbarkeit verspüre. Und je größer das Gefühl der Dankbarkeit ist, das ich empfinde und stärke, desto näher rückt die Verwirklichung meiner Wünsche. Anders ausgedrückt – ich habe nun Richtung und Ziel meiner Zukunftsvision und die zunehmende Motivation, sie zu realisieren.

Dieses sogenannte Tagträumen, auch kreative Meditation genannt, ist der Schlüssel zur Entdeckung dessen, was Sie sich im Leben wirklich wünschen und realisieren möchten. Sie verschwenden keine Zeit, sondern investieren bewusst in Sie selbst und in Ihren Traum, und Sie tun das mit einer inneren Einstellung entspannter Vorfreude. Das spielerische Element ist hier von grundlegender Bedeutung, denn es ruft nicht den Verstand auf den Plan, der gern alle logischen Gründe aufzählt, warum Sie Ihre Wünsche nicht verwirklichen können. Es baut Widerstand ab.

Wenn mir klar ist, wie der Traum beschaffen sein soll, den ich in die Praxis umsetzen möchte, fokussiere ich mich auf alle Gedanken, Gefühle und Gegenargumente, die mich einengen könnten. Dann beginne ich umgehend damit, diese Hindernisse Stück für Stück beiseitezuräumen. Ich benenne sie. Ich schreibe sie auf Zettel, die ich auf dem Fußboden anordne – so kann ich mit ihnen interagieren, sie spüren, ihre Botschaft erfassen. Sie helfen mir wahrzunehmen, was noch fehlt, sodass ich immer wieder meinen Kurs korrigieren kann. Die in diesem Buch beschrieben Übungen sind die Meilensteine, die mich meinem Ziel näherbringen. Ich versuche herauszufinden, wann das Element, das mich einengt, sich zum ersten Mal bemerkbar gemacht hat, und rufe mir in Erinnerung, dass ich *hier und jetzt* etwas ändern kann. Ich werde, was von Geburt an in mir angelegt war: mein wahres *Ich!*

Ich bin der Magier, der seine Kreativität für Wachstum und Veränderung nutzt. Je vertrauter sich mein neuer Lebensentwurf anfühlt, desto stärker verinnerliche ich das Wissen, was ich erreichen kann, und desto näher rücke ich an die Verwirklichung meines Traumes heran.

Systemischer Meilenstein #8: Spielerisch-kreative Meditation

Okay, jetzt ist es an der Zeit, ein bisschen Spaß zu haben! Schalten Sie Telefon oder Handy aus, suchen Sie sich ein ruhiges Plätzchen, an dem Sie nicht gestört werden und sich entspannen können, und nehmen Sie sich Zeit, um Ihren Traum zu visualisieren – bei dem allein der Gedanke daran Sie in Begeisterung versetzt. Etwas, das Sie schon immer tun, erreichen oder sein wollten. *Setzen Sie Ihrer Fantasie keine Grenzen.*

Sie werden merken, dass Sie sich auf dem richtigen Weg befinden, wenn Sie spüren, wie sich Begeisterung in Ihrem Körper aufbaut, gepaart mit einem Gefühl der Freude und Erfüllung. Vielleicht läuft Ihnen jetzt schon bei dem Gedanken das Wasser im Mund zusammen. Tauchen Sie in Ihren Traum ein. Gestehen Sie sich alles zu! Halten Sie sich nicht zurück. Spüren Sie sich vor allem in diese Version Ihres Selbst hinein. Baden Sie im Strom der Gefühle, die Sie erfassen. Lassen Sie Ihre Empfindungen vorbehaltlos zu. Folgen Sie ihnen, um zu sehen, wohin sie führen ... zu den Bildern, die in Ihrem Innern Form annehmen. Wenn irgendetwas Ihre Aufmerksamkeit weckt und Ihre innere Stimme »Ja!« sagt, merken Sie sich das dazugehörige Bild und Gefühl. Entwickeln Sie ein klares Bild von sich selbst in diesem Traum, spüren Sie ganz deutlich, wie Sie sich dabei fühlen. Sie sind im Begriff, eine neue Realität zu erschaffen: außerhalb der Grenzen Ihrer alten systemischen Muster. Sie erleben einen Teil Ihres neuen Selbst, das es wagt, sich über Verbote und Einschränkungen hinwegzusetzen.

Mit diesem »Reset« programmieren Sie in Ihrem Nervensystem eine Version Ihres Selbst, die zu Ihrer neuen Realität gehört, und erzeugen eine neue emotionale DNA. Wiederholen Sie die Übung einundzwanzig Tage lang, um zu sehen, wie Ihr Lebensentwurf Gestalt annimmt.

Teil II

Den Hinweisen auf der Spur ...

5
Symptome sind Gold wert

Wir nutzen und erzeugen Muster, um uns im Leben zurechtzufinden. Vielleicht hat Ihre Mutter Ihnen schon als Kind eingebläut: »Wer sich überall einmischt, macht sich unbeliebt.« Später haben Sie irgendwann einmal ungefragt das Wort ergriffen und wurden abrupt zum Schweigen gebracht, und inzwischen sind Sie zu der Auffassung gelangt, dass Ihre Mutter recht hatte. Von diesem Zeitpunkt an haben Sie unbewusst oder bewusst akzeptiert, dass es nicht ratsam ist, seine Meinung zu sagen, und man lieber »den Mund halten sollte.« Im Erwachsenenalter befinden Sie sich möglicherweise im Besitz wertvoller Kenntnisse, die es wert wären, geteilt zu werden, doch da Sie das Muster der guten Manieren und Zurückhaltung übernommen haben, um sich nicht unbeliebt zu machen, geben Sie Ihr Wissen lieber nicht preis.

Dieses Muster kann sich eine Zeit lang auszahlen. Vielleicht haben Sie sich damit sogar den Ruf erworben, unerschütterlich, tiefschürfend und nachdenklich zu sein. Vielleicht denken Sie, dass Ihnen diese Einschätzung sogar zur Ehre gereicht oder sagen sich: »Mir fährt keiner an den Karren.« Oder Sie stellen fest, dass Sie oberflächliche Menschen hassen oder verachten und sind zunehmend frustriert, dass Ihr verborgenes Wissen ungeteilt bleibt.

Denken Sie daran, dass diese Gewohnheit vielleicht schon vor Generationen mit Vorfahren begonnen hat, die keinen Hehl aus ihren Ansichten machten und zum Schweigen gebracht, unter Umständen sogar aus dem Familienverband *ausgeschlossen* wurden. Wer weiß? Danach begannen sie davor zu warnen, die eigene Meinung freimütig zu äußern, und nun reagieren Sie heute noch auf ein altes Muster, das von mehreren Generationen geteilt wurde, bis hin zu Ihrer Mutter und Ihnen.

Ich erkläre meinen Klienten immer wieder, dass die Einzelheiten einschneidender Ereignisse im Lauf der Zeit verblassen, aber die Symptome immer deutlicher zum Vorschein kommen, bis die Muster, die sich dahinter verbergen, wahrgenommen, aufgelöst und integriert werden, sprich den Platz erhalten, der ihnen im System zusteht.

Es ist eine Sache, zu schweigen, wenn man sich dazu gezwungen sieht – zum Beispiel während der Nazizeit, wo es überlebensnotwendig war, nicht aufzufallen, um nicht gefasst und in ein Konzentrationslager deportiert zu werden. Zwei Generationen später jedoch wird dieses Muster der Selbstbeschränkung nicht mehr benötigt. Die Bindung an dieses Muster hindert Sie daran, ein erfülltes Leben nach Ihren eigenen Vorstellungen zu führen. Fragen Sie sich, wie der Coach und Systemexperte Anton de Kroon: »Für was stellte dieses Problem früher eine Lösung dar?«

In den folgenden Kapiteln erforschen wir die beiden Muster-Kategorien in Ihrem Leben, die Hand in Hand gehen: Das Muster, das aufgelöst werden möchte, und das Muster, das sich zeigen möchte. Jedes steht dem anderen zu Diensten. Wahrscheinlich ist entweder das eine oder das andere in Ihrem Alltag aktiv. Das aufzulösende Muster liefert Ihnen mithilfe verschiedener Symptome wichtige Informationen und Handlungsimpulse, während das auftauchende Muster Sie in dem Wunsch bestärkt, eine Wende einzuleiten und einen neuen Lebensentwurf zu entwickeln.

Machen Sie sich die Symptome bewusst

All das, was Sie einengt und behindert, ist oft ein wirkmächtiges und aufschlussreiches Zeichen dafür, dass eine Neuausrichtung erforderlich ist. Sie schleppen ein Muster mit sich herum, das seinen Nutzen überlebt hat. Es ist kein aktives Schutzmuster mehr, sondern das Muster einer erlernten Einschränkung. Sie haben Ihr ganzes Leben Zurückhaltung geübt, doch nun drängt etwas Neues an die Oberfläche. Gereiztheit und Wut auf andere, die unverhohlen ihre Meinung sagen, sind kein Zeichen von Charakterschwäche. Sie müssen sich Ihrer Gefühle nicht schämen. Sie tauchen auf, wenn das Leben Sie auffordert, sich auf etwas Neues einzulassen, auf ein Abenteuer. Auf einen neuen Lebensentwurf! Das alte Muster behält seinen Platz in Ihrem Leben, es kann nicht ausgeschlossen werden. Es ist weder schlecht noch falsch. Es hat Sie bis zu dem Punkt Ihres Weges gebracht, an dem Sie sich aktuell befinden. Doch nun fordert es Sie auf, der Ursache des Musters auf den Grund zu gehen, die Verstrickung aufzulösen und sich weiterzuentwickeln.

In der Regel kommt ein Muster, das nach Auflösung strebt, in Symptomen zum Ausdruck. Symptome, die mit Ihren Herzenswünschen aneinandergeraten und auf ein Ungleichgewicht im System oder etwas Ausgeschlossenes hindeuten, das nach Ausgleich verlangt. In unserem Beispiel beginnt die unerschütterliche Person auf den selbst auferlegten Mangel an Engagement mit zunehmender Gereiztheit, Frustration oder Wut zu reagieren – ein Muster, das sich abzuzeichnen beginnt. Das Symptom (Gereiztheit) weist darauf hin, dass ein altes Muster aufgelöst und durch ein neues ersetzt werden will, und es wird sich so lange zeigen, bis eine grundlegende Veränderung eintritt.

Schon bei einer flüchtigen Begutachtung Ihrer Biografie werden Ihnen die Symptome auffallen – ständig wiederkehrende, unangenehme Gefühle, Gedanken und Gewohnheiten, die versuchen, Ihre Aufmerksamkeit auf sich zu lenken. Eine Systemaufstellung kann dazu beitragen, ein dysfunktionales Muster aufzudecken, ihm nachzuspüren, es zu verkörpern und aufzulösen, damit Sie offen und für die Gestaltung eines neuen Lebensentwurfs gerüstet sind.

Laura war die einzige Überlebende von sieben Geschwistern, die alle in jungen Jahren gestorben waren. Sie bemühte sich nach besten Kräften, halbwegs zufrieden zu sein, aber sie fühlte sich oft erschöpft und gestresst. Sie kam sich vor wie eine »wandelnde Leiche«. Das Symptom, das sich präsentierte, waren chronische Ängste, die sie nicht abzuschütteln vermochte. Ihre Eltern hielten sie für einen Hypochonder, weil sie in ständiger Sorge um ihren Gesundheitszustand war und immer wieder zum Arzt ging, um herauszufinden, was nicht stimmte.

Wir stellten Repräsentanten für ihre Mutter, ihren Vater, ihre toten Geschwister und sie selbst auf, damit sie das Muster ihrer Ängste sehen, spüren und ergründen konnte. Ihre Stellvertreterin setzte sich neben die Geschwister und berichtete auf Anhieb, dass sie die gleichen Ängste und negativen Gefühle hatte, die für Laura typisch waren.

Ihre größte Sorge war vorhersehbar: vorzeitig zu sterben, wie ihre Geschwister. Sie witterte überall Gefahren. Wie bei vielen anderen Klienten mit verstorbenen Geschwistern oder Familienmitgliedern spulte sich in ihrem Innern immer wieder derselbe systemische Glaubenssatz ab: »Wie kann ich es wagen, auf ein langes, erfülltes Leben zu hoffen, das euch verwehrt war?« Ein solches Mantra ruft nicht nur tiefe Ängste, sondern auch Schuldgefühle hervor, überlebt zu haben. Aufgrund der unbewussten Loyalität gegenüber den Verstorbenen sind die Betroffenen nicht mehr in der Lage, ihr Leben mit all seinen Facetten zu genießen. Einigen fällt es schwer, etwas zu Ende zu bringen, was sie angefangen haben (ein weiteres Symptom), wie ihre Geschwister, denen es nicht gegeben war, den vollen Lebenszyklus zu durchlaufen. Am Anfang mag alles noch in bester Ordnung sein, doch ein Projekt abzuschließen macht ihnen Angst. Es könnte »ihr Ende« bedeuten. Auch das Gegenteil kann der Fall sein: Manche Überlebenden schultern eine doppelte Last, sie versuchen, ihr eigenes Leben und das ihrer abwesenden Geschwister zu leben.

Darauf angesprochen, was sie bewogen hatte, ärztliche Hilfe in Anspruch zu nehmen, erklärte Laura, sie habe eindeutig das Gefühl gehabt, dass irgendetwas nicht stimmte, aber nicht sagen können, was.

Sie habe sich eine klare Diagnose erhofft, um sich entspannen zu können und zu wissen, dass mit ihr alles in Ordnung war.

»Wann ist Ihnen dieses ungute Gefühl zum ersten Mal aufgefallen?« fragte ich.

Ihre Miene veränderte sich und sie war nahe daran, in Tränen auszubrechen. »Als ich neun Jahre alt war und furchtbare Nackenschmerzen hatte«, erwiderte sie. »Sie hörten einfach nicht auf. Meine Eltern gingen daraufhin mit mir zum Arzt; er sagte, er könne nichts Ungewöhnliches ertasten, aber ich solle eine Computertomographie machen lassen, nur um sicherzugehen. Meine Eltern brachten mich nach Hause, aber die CT wurde nie gemacht.«

Während wir dieser Schlüsselerfahrung auf den Grund gingen, wurde ihr bewusst, dass sie sich damals gefragt hatte, ob die Eltern ihr verschwiegen, dass sie an einer tödlichen Krankheit litt und in jungen Jahren sterben würde, wie ihre Geschwister. Sie wollte ihren Eltern nicht noch mehr Kummer bereiten und beschloss, ihre Angst mit keinem Wort zu erwähnen. Da sie die Frage, die sie stellen musste, nicht gestellt hatte und auch von den Experten keine beruhigende Antwort erhalten hatte, gelangte sie zu der Fehlannahme, dass mit ihr etwas nicht stimmte. Das Muster der Angst und das Bedürfnis, bei Ärzten nach Antworten zu suchen, verankerte sich und beherrschte ihr Leben.

Als wir einen Stellvertreter für den Arzt in der Mitte der Systemaufstellung positionierten, ging Lauras Stellvertreterin sofort hinüber und stellte sich neben ihn. Laura brach in Tränen aus. »Jetzt wird mir alles klar! Ich renne von einem Arzt zum andern, weil ich von dem Arzt, bei dem ich damals wegen der Nackenschmerzen war, keine Antwort auf die Frage bekam, ob alles in Ordnung ist!«

Die Frage wurde nie gestellt – für das Nervensystem ein ungelöstes Problem, das jahrzehntelang Ängste geschürt hatte. Es hatte verhindert, dass ihr Nervensystem zur Ruhe kam; diese Erkenntnis öffnete Laura die Augen und war auch für mich erhellend. Ihre Symptome, so schlimm sie auch sein mochten, waren Gold wert. Sie setzten ihr so zu, dass sie sich über die unbewusste Loyalität gegenüber ihren

Eltern und verstorbenen Geschwistern (sie glaubte, auch sterben zu müssen) hinwegzusetzen vermochte, um nach einer Antwort zu suchen. Doch erst jetzt wurde ihr klar, dass die Antworten direkt vor ihr lagen, in ihrem Familiensystem.

Als Laura erkannte, dass sie ein systemisches Familienthema ausgelebt hatte, gelang es ihr rasch, den Zustand der Angst und Erschöpfung zu überwinden und sich dem Leben zuzuwenden, vorsichtig, aber mit Enthusiasmus. Später berichte sie (mit einem strahlenden Lächeln), eine ihr nahestehende Person habe sie eine »unverbesserliche Optimistin« genannt!

Systemischer Meilenstein #9: **Muster, die zur Ruhe kommen wollen**

Muster, die zur Ruhe kommen wollen, aber nicht können, deuten darauf hin, dass irgendetwas im System einer Vervollständigung oder Lösung bedarf: eine Frage, die eine Antwort fordert, ein Gespräch, das fortgesetzt werden muss, ein Ausschluss aus dem System, der die gesamte Ordnung stört, oder eine Entscheidung, die auf den Prüfstand gehört, damit das Gleichgewicht im System wiederhergestellt ist und das Muster aufgelöst werden kann.

Notieren Sie ein Muster, das Sie extrem einengt. Hier einige Beispiele: »Ich bin ein hoffnungsloser Fall, ich schaffe es einfach nicht, Beziehungen aufrechtzuerhalten«, »Ich bin ständig knapp bei Kasse«, »Wie sehr ich mir auch Mühe gebe, für meine Eltern bin ich nie gut genug« oder »Ich muss um eine Bezahlung kämpfen, die dem Wert meiner Arbeit entspricht.« Sprechen Sie den Text nun laut aus. Hören Sie dabei genau hin. Nehmen Sie Ihre Gefühle wahr, und beobachten Sie Ihr Verhalten, *vor allem*, wenn sich Rechthaberei oder Eigensinn darin zeigen. Schreiben Sie die Formulierungen, die Sie benutzen, Wort für Wort auf.

Können Sie diese Symptome mit einem bestimmten Ereignis in Zusammenhang bringen? Es müssen keine einschneidenden Erfahrungen sein, die Probleme und Symptome auslösen.
Sobald Sie das unbearbeitete, sich wiederholende oder extrem einengende Muster identifiziert haben, werden Sie endlich sehen, was sichtbar gemacht werden muss, können die Muster auflösen und Leerstellen füllen, um das Gleichgewicht im System wiederherzustellen.

Behutsame Annäherung

Wenn ich mit Klienten arbeite, nehme ich das, was ich höre und sehe, zur Kenntnis, ohne meine eigene Meinung in irgendeiner Form einzubringen. Bert Hellinger, einer der Begründer systemischer Aufstellungsarbeit, bezeichnete das als »Zuhören aus einer leeren Mitte heraus«. Ich richte meine Aufmerksamkeit auf Körperbewegungen und Gesichtsausdrücke an, achte auf Formulierungen, Tonfall, Wiederholungen, Gefühle und den Beigeschmack, den sie haben, denn sie sagen mir, welche Probleme, Konflikte oder Themen im System der betreffenden Person ungelöst sind und wie sie sich bemerkbar machen. Ich warte darauf, dass irgendetwas in solchem Maß mein Interesse erregt, dass ich das Bedürfnis verspüre, einen genaueren Blick darauf zu werfen. Möglicherweise ist das ein erster Hinweis auf ein Muster. Wenn Klienten »Dampf ablassen« oder unglücklich sind, bin ich voll konzentriert, weil ich weiß, dass der Durchbruch bevorsteht und sie im Begriff sind, ein Muster wahrzunehmen, das aufgedeckt und aufgelöst werden muss, damit es ein Ende findet. Dann folge ich dem Fingerzeig und beginne, Fragen zu stellen, das System dreidimensional zu erforschen und anhand dieser szenischen Darstellung zu sehen, wohin die Symptome oder Probleme führen und welches Muster zum Abschluss gebracht werden möchte.

Vielleicht empfinden Sie Ihre Situation als hoffnungslos, haben das Gefühl, in der Falle zu sitzen. Sie sagen sich vielleicht: »Ich kann mein Leben nicht so gestalten, wie ich gerne möchte. Ich muss weitermachen wie bisher, um über die Runden zu kommen. Am besten schlafe ich erst mal eine Runde, dann muss ich nicht dauernd darüber nachdenken.« Wann hat sich dieses Muster zum ersten Mal abgezeichnet? Was ist zum damaligen Zeitpunkt in Ihrem Leben passiert, was könnte der Auslöser gewesen sein? Gibt es noch weitere Familienangehörige, denen es ähnlich erging? Angehörige, die sich hoffnungslos in der Falle fühlten? Die ihr Leben nicht nach ihren eigenen Vorstellungen führen konnten? Was muss enden?

Hören und sehen Sie sich mit entspannter Aufmerksamkeit bei Ihrer systemischen Arbeit zu. Seien Sie eher neugierig als zielstrebig, wenn Sie sich auf die Suche nach einem Muster begeben. Ärger, Frustration, Traurigkeit – anhaltende Gefühle welcher Art auch immer – deuten darauf hin, dass Sie fündig geworden sind. Sie liefern einen wichtigen Hinweis. Ignorieren Sie ihn nicht. Nähern Sie sich dem Problem, Konflikt oder Thema behutsam und mit der Bereitschaft, es von allen Seiten zu betrachten. Sie selbst entscheiden, ob Sie den Himmel oder die Hölle auf Erden erschaffen, wie andere Menschen seit Jahrhunderten, deren Verhalten Sie spiegeln. Diese Muster, die sich ihren Weg durch Generationen gebahnt haben, auf der Suche nach einem Ausgleich innerhalb und zugunsten des Systems, warten darauf, dass jemand sie aufdeckt und den Absprung wagt. Sie haben den Weg auch in Ihr Leben gefunden, in der Hoffnung, dass Sie sie wahrnehmen und erkennen, dass *Sie* der Treiber des Wandels sind.

Die entscheidende Frage

Symptome des Musters, das zur Ruhe kommen möchte, sind oft mit einschneidenden Ereignissen in Ihrer Vergangenheit oder im Leben Ihrer Vorfahren verbunden. Das Muster enthält vermutlich eine Fülle von Geboten und Verboten, Warnungen und unbewussten Loyalitäten. Sie haben dafür gesorgt, dass es bis heute überlebt hat und lebendig ist. Mit einer einzigen Frage gelangen Sie jedoch zum Kern des Problems und decken die Relevanz des Musters auf. Sie lautet: »Ist mir das heute noch von Nutzen?« Sie ist noch nicht der Weisheit letzter Schluss, aber ein Türöffner. Wenn ein Muster nicht länger zweckdienlich oder angemessen ist, lautet die nächste logische systemische Frage: »Was *wäre* mir heute von Nutzen?« Und im Anschluss: »Was muss passieren, damit die Situation endet oder sich etwas ändert? Was fehlt oder muss geändert werden?«

Oft geht es bei der Lösung des Problems um eine bestimmte Einstellung: um Überzeugungen oder Deutungen bestimmter Ereignisse, die fehlgeleitet, einengend oder ihrer Zeit geschuldet sind. So auch bei Laura und ihren Geschwistern. Ich bin immer wieder aufs Neue verblüfft und fasziniert von dem tiefen Bedürfnis vieler Menschen, sich zu fügen, ohne Fragen zu stellen, auf Kosten ihrer Zufriedenheit und Entwicklung ihres *eigenen* Potenzials. Zahllose Klienten erklärten, dass »man am besten keine Fragen stellt«, wenn sich Eltern, Lebenspartner oder Vorgesetzte eigentümlich äußerten oder verhielten. Stattdessen zogen sie daraus vorschnelle Schlussfolgerungen und hatten sich selbst die Schuld daran zugeschrieben. Doch mit der einen oder anderen systembezogenen Frage erkannten sie plötzlich, dass sie die Situation falsch gedeutet und jahrelang ohne triftigen Grund gelitten hatten.

Manche Frauen werfen ihren Männern vor: »Wenn du mich wirklich lieben würdest, wüsstest du auch so, was ich brauche!« Sie zwingen ihre Partner geradezu, Mutmaßungen anzustellen – wie verrückt ist das? Oder: »Du weißt schon, was du falsch gemacht hast!« Ähm, nein, weiß ich nicht. Aber in Anbetracht deines Gesichtsausdrucks würde ich gerne darauf verzichten, es herauszufinden!

Mutmaßungen sind einer Beziehung oft unzuträglich, aber gang und gäbe. Keith, einer meiner Klienten, litt unter hartnäckigen Verdauungsproblemen, zurückzuführen auf Stress, der sich aufgestaut hatte. Auf meine Frage, warum er nie mit jemandem über das Problem geredet hatte, sah er mich an, als sei ich nicht ganz bei Trost. »Darüber spricht man nicht. Das Thema ist in unserer Familie tabu.«

Als Kind war er von den Eltern belohnt worden, wenn er bildlich gesehen alles »schluckte«, nie aufbegehrte oder eigene Wünsche geltend machte. Keiths Vater hatte ebenfalls versucht, es *seinem* eigenen Vater immer recht zu machen, einem Mann mit eiserner Selbstdisziplin, der von seinen Kindern das Gleiche verlangte und sie ständig ermahnte, ihre Bedürfnisse unter Kontrolle zu halten. Alle Emotionen und Bitten wurden als Zeichen übermäßiger Bedürftigkeit betrachtet – eine bequeme Methode, alle zu zwingen, sich zu fügen, zu spuren. Tiefgründige Diskussionen waren tabu. Alle glaubten zu wissen, was die anderen dachten. Ein einziges Chaos, und niemand war glücklich. Keith musste auf der körperlichen Ebene dafür büßen!

Zermürbt von seinem permanenten Verdauungsproblem, war er bereit, alle Ausflüchte beiseitezulassen und einen Blick auf das Muster zu werfen, das sich dahinter verbarg und enden oder verändert werden musste. »Was würde schlimmstenfalls passieren, wenn Sie offen für Ihre Wünsche und Bedürfnisse einstehen?« fragte ich.

Er war sprachlos. Ihm wurde mit einem Mal bewusst, dass seine Eltern ihn deswegen nicht enterben und ihre Missbilligung vermutlich irgendwann überwinden würden. Ihm war von Kindesbeinen an eingebläut worden, Gefühle wie Frustration schweigend hinzunehmen und zu unterdrücken; nun wurde ihm bewusst, dass sie in seinem Fall ein wichtiger, aufschlussreicher Hinweis waren. Er erkannte, dass es Raum sowohl für Rücksichtnahme und gute Manieren gegenüber anderen Menschen als auch für die Verwirklichung der eigenen Wünsche und Bedürfnisse gab. Er sah, dass sich das alte Muster der eisernen Selbstdisziplin eine Zeit lang als nützlich erwiesen hatte und räumte ihm einen Platz in seinem Herzen und in seinem Bewusstsein ein, während ihm gleichzeitig klar wurde, dass es andere Optionen gab und es seine Aufgabe war, seinen Platz als Treiber des Wandels im Familiensystem einzunehmen.

Keith erkannte auch, dass es sich lohnte, Teile dieses Musters zu bewahren. Zum einen hatte ihn das erzwungene Schweigen befähigt, anderen aufmerksam zuzuhören. Und zum anderen hatte die Aufdeckung dazu beigetragen, sich von der erlernten Unfähigkeit zu verabschieden, für sich selbst einzustehen (eine Eigenschaft, die er inzwischen auch bei seinem jüngsten Sprössling beobachtete) und offen zur Sprache zu bringen, was ihm wirklich wichtig war. Er stellte fest, dass er sich eine Menge im Leben wünschte, und diese neue Denkweise aktivierte neue neuronale Netzwerke in seinem Gehirn. Er begann, seine Gedanken, Gefühle und Verhaltensweisen darauf zu fokussieren, was er erreichen und was für ein Mensch er sein wollte. Da er seine Ängste, Vorlieben, Ideen und Bedürfnisse nicht länger unter Verschluss hielt, ließen seine Magen-Darm-Probleme innerhalb weniger Monate nach. Auch die Mitglieder seines Teams am Arbeitsplatz gewannen an Sicherheit, weil er als Führungskraft seine Erwartungen und Anweisungen nun klar zum Ausdruck brachte. Was die Familie betraf, in der noch das alte Muster der Selbstdisziplin herrschte, reagierten seine Kinder zunächst verwundert, fühlten sich dann aber wie befreit. Sie stellten Fragen, bis ihm der Kopf rauchte, und hatten so viele Wünsche, dass er sie bremsen musste. Doch es war offensichtlich, dass sich eine Tür geöffnet hatte und das alte systemische Muster durchbrochen war.

Der umsichtige Einsatz der systemischen Arbeit

Für Systemaufstellungen gilt dasselbe wie für jede andere Methode, die einen tiefgreifenden Transformationsprozess einleitet: Sie können Schuld- und Schamgefühle hervorrufen oder den Lebensfluss und das Wachstum fördern. Je mehr Sie sich mit dieser Arbeit vertraut machen und sie zunächst für sich selbst nutzen, desto mehr Erkenntnisse gewinnen Sie. Sie sind ein Mensch, der nach Möglichkeiten sucht, sich weiterzuentwickeln. Gehen Sie umsichtig mit den

Mustern um, die Sie aufdecken und ablegen wollen, genauso umsichtig wie mit denjenigen, die Sie auf den Weg bringen wollen.

Der erste Schritt besteht darin, zu verstehen, dass Ihre Symptome Gold wert und Teil eines Musters sind, das aufgelöst, aber als Bestandteil des Systems akzeptiert und respektiert werden sollte. Das Aufdecken von Mustern kann ein wenig kniffliger sein, als es scheint. Die Symptome, die auftauchen, ermöglichen nicht immer eine klare Diagnose. Die tatsächlichen Probleme, in die Sie verstrickt sind, werden oft erst in einem vielschichtigen Prozess offenkundig. Manchmal ist das Problem, das mit einem Symptom in Verbindung gebracht wird und auf der Hand zu liegen scheint, nicht die primäre Ursache. Manchmal gleicht das Geschehen dem Häuten einer Zwiebel – ein Offenlegungsprozess, der tiefer und tiefer in die Psyche hinabführt, eine Antwort hervorbringt, die zu neuen Fragen und Antworten führt, von einer Ebene zur nächsten. Im folgenden Kapitel befassen wir uns eingehender mit diesen Schichtungen, wenn wir in die expliziten und impliziten Ebenen der Suche eintauchen, um die zentralen Themen in Ihrem Leben zu identifizieren.

6
Auf Schatzsuche – Teil 1: Ihr Thema ans Licht bringen

Die meisten von uns sehen nicht, dass alles in unserem Leben fortwährend mit uns zu kommunizieren versucht, uns Hinweise gibt, was falsch läuft und sich korrigieren ließe oder gut läuft und verstärkt werden könnte. Vielleicht empfinden Sie jeden Morgen, wenn Sie die Augen öffnen, ein leises Gefühl des Unbehagens. Vielleicht sind Sie am Ende eines Arbeitstages zutiefst deprimiert. Vielleicht leiden Sie unter diffusen Ängsten oder schwerwiegenden Panikattacken. Vielleicht gibt es in Ihrem Leben eine Beziehung, die Ihrem Selbstwertgefühl nicht guttut. Wie leicht oder akut die Symptome auch sein mögen, die meisten Betroffenen sind überzeugt, dass es keinen Ausweg aus den negativen Gefühlen und aus den Problemen gibt, auf die sie hinweisen. *So ist das im Leben, das ist nun mal unser Schicksal,* reden wir uns ein. Und dann schauen wir zu, wie andere den Durchbruch aus diesem Muster schaffen, um als Fernseh- oder Medienstar Karriere zu machen, und wünschen uns, wir wären an ihrer Stelle. Wie haben *sie* es geschafft, so glücklich und erfolgreich zu werden?

Leider wurde uns nicht beigebracht, in unserem eigenen Leben nach Hinweisen Ausschau zu halten. Stattdessen hat man uns ein ganzes Bündel gesellschaftlicher Gebote und Verbote oder religiöse Vorschriften mit auf den Weg gegeben, die wir befolgen sollen und die uns angeblich Glück und Zufriedenheit bescheren. Und wenn beides ausbleibt, denken wir, es sei allein unsere Schuld. Wir haben nicht gelernt, dass unser gegenwärtiger Platz im Leben auf das Zusammenwirken von alten Mustern und persönlichen Lebensereignissen zurückzuführen ist, die wir erkennen und verändern müssten, um voranzukommen. Wir halten an eingeschliffenen Gedanken und Gefühlen fest, die immer wieder dasselbe Verhalten hervorbringen, sodass sich die Probleme und Ereignisse im weiteren Verlauf unseres Lebens ständig wiederholen und uns zu Fall bringen. Und dann? Aufstehen, Krönchen richten, weitermachen …

Klingt das vertraut?

Wenn Ihnen bewusst wird, dass Sie in eine Sackgasse geraten sind, wenn die Symptome sich zunehmend verstärken und Sie weder die Ursache ausmachen können noch wissen, wie Sie mit ihnen umgehen sollen, wenn Sie keinen Ausweg aus einem sich ständig wiederholenden Muster oder einer heiklen Situation sehen, kann ich nur sagen, herzlichen Glückwunsch! Das Leben drängt mit aller Macht darauf, Ihnen die Augen zu öffnen, Ihnen klarzumachen, dass sich etwas ändern muss. Es zeigt Ihnen, dass Sie ihm tief in Ihrem Innern eine andere Richtung geben möchten und für etwas Neues offen sind. Sie haben die Aufgabe, herauszufinden, was genau Sie in Ihrer augenblicklichen Situation hält und warum sich diese Verstrickung gerade jetzt so beharrlich und allgegenwärtig in Ihrem Leben bemerkbar macht. Dieser Schritt ist für den Transformationsprozess unerlässlich.

Die Spitze des Eisbergs

Im letzten Kapitel haben wir den Blick auf die Symptome gerichtet, die Gold wert sind. Sie wecken Ihre Aufmerksamkeit und weisen darauf hin, dass irgendetwas aus dem Lot geraten ist. Der knifflige Teil besteht darin, das *tatsächliche* Problem aufzudecken.

Manchmal verdeckt ein scheinbar offenkundiges Problem die primäre Ursache, die auf einer tieferen Ebene verwurzelt und auf ein systemisches Ungleichgewicht zurückzuführen ist. Einfacher ausgedrückt: Das Problem besteht aus mehreren Schichten. Das *explizite* Problem, das sich nach außen hin präsentiert, ist lediglich die Spitze des Eisbergs, der Teil, der an der Oberfläche sichtbar wird und das eigentliche Problem verdeckt. Darunter liegt die wahre Ursache, die tief in Ihrem Innern und in Ihrem System verankert ist. Schärfen Sie Ihren Blick, dann werden Sie dieses *implizite* oder ursächliche Problem entdecken, das Kernproblem, das Ihre persönliche Entwicklung verhindert. Sobald Sie die Nuss geknackt haben und sehen, was sich darin verbirgt, begreifen Sie, was wirklich vor sich geht – eine Erkenntnis, die auf alle Schichten durchschlägt und zur Folge hat, dass Sie in Bewegung geraten. An späterer Stelle erfahren Sie, wie Sie dieses Kernproblem nutzen, um Ihre eigene, individuelle Bestimmung, Erfüllung und Ihren persönlichen Weg zum Erfolg zu finden. Doch zuerst gilt es, dem Kernproblem auf die Spur zu kommen.

Die folgende Geschichte veranschaulicht den Unterschied zwischen expliziten und impliziten Problemen. Carol kam mit der Bitte zu mir, einen Vorfall an ihrem Arbeitsplatz zu klären, der sie beunruhigte und deprimierte. Ihr Chef war vor kurzer Zeit verstorben und hatte ihr eine Lampe vermacht. Die Geschäftsleitung betrachtete die Lampe als Firmeninventar, obwohl sie ihr im Testament zugesprochen worden war, und verlangte die Rückgabe. Die Situation eskalierte und verwandelte sich in ein Kräftemessen; man erklärte ihr, ein Geschäftspartner brauche die Lampe mehr und es sei »nur recht und billig«, auf sie zu verzichten. Carol sperrte ihr Büro abends ab, damit niemand sie entwenden konnte, und war inzwischen so weit, dass sie eine Kündigung in Erwägung zog.

Unangemessene Reaktionen auf eine Situation – Carol war bereit, ihren Job wegen einer Lampe aufzugeben – sind aufschlussreich, wie Sie wissen. Da muss mehr dahinterstecken, richtig? Genau. Das explizite Problem ist das »Gerangel« um den Besitz der Lampe. Das implizite Problem musste erst aufgedeckt werden.

Als sie ihre Geschichte erzählte, brach Carol in Tränen aus und ballte die Fäuste. Mir fiel außerdem auf, dass sie die Schultern hochgezogen hatte und zwischen den Sätzen die Luft anhielt. Sie hatte die Beine verschränkt und die Füße nach innen gedreht, wie man es manchmal bei Kindern beobachten kann – eine verkörperte Antwort auf einen systemischen Trigger (Auslöser). Deshalb fragte ich: »Gab es schon einmal eine ähnliche Situation in Ihrem Leben?«

»Ständig«, erwiderte sie gereizt. »Immer muss ich anderen den Vorrang lassen. So geht das nicht weiter!«

Aha! Wir waren auf der richtigen Spur. »Können Sie mir ein wenig mehr darüber erzählen?«, bat ich.

»Ich bin viel zu großzügig.«

»Warum das?«

»Weil es sich so gehört.« Sie seufzte. »Ich weiß, dass man nicht selbstsüchtig sein soll, aber kann ich nicht auch einmal meinen eigenen Bedürfnissen folgen?«

Hören Sie alle Gebote, Verbote und Werturteile aus ihren Worten heraus? Gebote gehen mit der Neigung einher, den Regeln eines Systems einen höheren Stellenwert beizumessen als dem Wunsch, zu wachsen und sich weiterzuentwickeln. Mit diesen Regeln werden wir wirksamer unserer Bewegungsfreiheit beraubt als in einer Zelle mit rostigem Vorhängeschloss, dessen Schlüssel verlorengegangen ist! Ich wollte wissen, warum sie glaubte, immer großzügig sein zu müssen, und warum sich das »gehörte«. Wem gegenüber fühlte sie sich zu Loyalität verpflichtet? Auf wessen Akzeptanz legte sie so großen Wert?

»Ich durfte nie etwas behalten, was mir gefiel«, gestand sie. »Ich muss immer teilen und abgeben. Ich möchte *nur ein einziges Mal* etwas für mich alleine haben dürfen.«

Jetzt waren wir auf einen wichtigen Aspekt gestoßen. Die Worte, die sie benutzte, wiesen auf die Vorgeschichte, das Muster und den Wunsch oder das Bedürfnis hin. Der letzte Teil der Aussage offenbarte einen ersten Anflug von Widerstand, die Erkenntnis, dass die Situation (die sie mit ihrem Blick in die Vergangenheit ergründet hatte) nicht ihren Vorstellungen entsprach.

»Na ja, ist ja nur eine Lampe«, fuhr sie fort und ließ die Schultern hängen. »Dann bleibt sie eben in Firmenbesitz.«

»Sie denken also, Sie sollten wieder einmal anderen den Vorrang geben?«, fragte ich.

Sie nickte. Dann schüttelte sie den Kopf. »Nein. Dieses Mal will ich nicht. Ich weiß, das wäre moralisch das Richtige, aber ich will nicht, und das ist das Problem. Ich habe keine Ahnung, wie ich das Richtige tun und großzügig sein kann, wenn ich etwas unbedingt behalten will. Ich sehe, dass anderen dieser Spagat gelingt, und frage mich, ob sie sich aus moralischer Sicht falsch und ich mich richtig verhalte.«

Sie haben gewiss das Hin und Her in ihren Bewertungen bemerkt. Das Tauziehen zwischen den eigenen Wünschen und denen, die andere Angehörige des Systems offenbar haben. Ich bekomme dieses Spannungsfeld zwischen persönlichem Gewissen und der Loyalität gegenüber dem »Gewissen des Systems« häufig zu sehen. Natürlich trägt das systemische Gewissen zumeist den Sieg davon, weil es um ein Vielfaches größer ist und Regeln hat, denen zu folgen wir uns angewöhnt haben, um unsere Zugehörigkeit nicht aufs Spiel zu setzen. Deshalb stecken viele Menschen in den Verstrickungen dieses Spannungsfelds fest. Wie oft haben Sie beschlossen, sich einen Wunsch zu erfüllen und Ihren eigenen Weg zu gehen, nur um sich dann dem Konsens der Gruppe anzuschließen? Auch hier hat das systemische Gewissen schlussendlich die Oberhand gewonnen.

»Wie wertvoll ist die Lampe denn?« hakte ich nach.

Sie zuckte die Schultern. »Ich denke, sie war nicht teuer. Aber für mich besitzt sie einen großen Erinnerungswert.« Ihre Augen füllten sich mit Tränen. »Sie stand auf seinem Schreibtisch und war abends immer eingeschaltet, wenn Frank und ich bis spät in die Nacht Überstunden gemacht haben, ich kann gar nicht sagen, wie oft!«

Sie erklärte, Frank sei ihr Mentor gewesen. Obwohl die Beziehung rein platonisch und beruflich war, hatte er sie ein paar Mal zu Geschäftsessen in teure Restaurants und ein- oder zweimal auf Geschäftsreisen mitgenommen, wo er ihr eine Welt gezeigt hatte, die sich von ihrer eng begrenzten total unterschied.

»Ich mochte und respektierte ihn. Er war ein echt netter Mann. Es gab nur eins, was mich bei ihm störte.«

»Und was war das?«

»Nun, er hatte eine Menge Geld. Und alles, was man sich nur wünschen kann.«

»Warum hat Sie das gestört?«

»Ich konnte mir nicht erklären, wie jemand so viel Besitz anhäufen und trotzdem moralische Werte hochhalten oder seinem Gewissen treu bleiben kann.« Sie hielt inne, dachte offensichtlich an die Vergangenheit. »Einmal hat er mir gesagt, ich hätte seiner Meinung nach eine Menge Potenzial, aber auch einige Lasten im Gepäck.«

Achten Sie auf die Aussagen, die Moral und Besitz in Zusammenhang bringen. Carol brachte damit eine weitverbreitete Fehlauffassung in Bezug auf Geld zum Ausdruck, die viele Menschen daran hindert, eine gesunde Beziehung zum Thema Geld zu entwickeln. Alles wies eindeutig darauf hin, dass es bei dem Problem im Grunde nicht um die Lampe ging, sondern um Moral und Besitz, die »andere Welt«, die es da draußen offenbar gab, und »ihren Chef, der trotz seines Wohlstands nett« war. Das zeigte mir, dass wir die explizite Ebene des Problems verlassen hatten, in das Spannungsfeld zwischen zwei Mustern geraten waren und die ersten Schritte machten, die uns dem impliziten Problem näherbrachten.

Ich stellte probeweise Repräsentanten für ihre Mutter, ihren Vater, sie selbst und die Lampe – ihr Anliegen – auf. Der Stellvertreter ihres Vaters wandte sich ab und interessierte sich nicht im Geringsten für die Lampe. Die Stellvertreterin der Mutter rückte näher an sie heran, musterte sie interessiert, dann verschränkte sie die Hände auf dem Rücken und sah sich um, als hielte sie nach jemandem Ausschau. Carols Stellvertreterin starrte die Lampe an und bewegte sich auf sie zu, dann blieb sie abrupt stehen und sah ihre Mutter an.

»Carol, erinnern Sie sich an das erste Mal, als Sie etwas abgeben mussten, woran Ihr Herz hing?« fragte ich.

»Ja! Ich war fünf, und meine Mutter eröffnete mir, dass ich meine

Lieblingspuppe einem kleinen Mädchen schenken sollte, das überhaupt kein Spielzeug besaß. Die Kleine lebte mit ihrer Mutter und zwei Schwestern in einem Flüchtlingslager. Ich weinte mir wegen der Puppe die Augen aus dem Kopf, aber meine Mutter schimpfte mit mir und meinte, Geben sei seliger als Nehmen, und dass viele Menschen nicht einmal das Nötigste haben und viele Dinge dringender brauchen als ich. Deshalb sei es richtig und gut, zu teilen.«

Das war der Augenblick, als Carol zu der Schlussfolgerung gelangte, dass sie keinen moralischen Anspruch auf ihre Besitztümer hatte. Sie war *fünf Jahre alt*, als sie beschloss, ihr Herz nie mehr an materielle Dinge zu hängen, sie sich nicht einmal mehr zu wünschen. Später weigerte sie sich sogar, einen Hund anzunehmen, den ihre Mutter anschaffen wollte, wohl wissend, dass sie ihn lieben würde und auch er ihr jederzeit weggenommen werden könnte.

Als ich sie nach ihren Eltern fragte, sagte sie, ihre Familie mütterlicherseits sei sehr arm gewesen. Als sie noch Kinder waren, hatten ihre Mutter und deren Geschwister Weihnachtsgeschenke von wohlhabenden Verwandten geschickt bekommen, die sie der Großmutter geben mussten. Sie verpackte sie neu und gab sie an einen anderen Familienzweig weiter. Die Mutter bestand darauf, die Kinder durften nie etwas für sich selbst behalten, auch wenn es ihnen noch so sehr gefiel; die Familie wurde zur Geschenke-Tauschzentrale.

Plötzlich begriff Carol. »Natürlich! Wir mussten immer teilen, auch wenn es uns schwerfiel, weil es aus moralischer Sicht richtig und gut war.«

Das war das implizite Problem, das systemische Programm, in dem sie großgeworden war und das sie im Erwachsenenalter als Einschränkung empfand. Es schürte ständig Verlustängste. Es versagte ihr das Bedürfnis, etwas für sich selbst zu haben oder zu behalten, sogar Geld, weil es immer Leute gab, die etwas dringender benötigten. Kein Wunder, dass der Streit um die Lampe das Fass zum Überlaufen brachte. Kein Wunder, dass sie sogar bereit war, wegen einer scheinbaren Geringfügigkeit zu kündigen.

Als Carol tiefer schürfte, erkannte sie, dass dieses Muster bei ihrer Großmutter begonnen hatte, die darin eine Möglichkeit sah, in ihrer Familie das Gesicht zu wahren, weil sie Weihnachtsgeschenke für andere hatte und nicht als mittellose Versagerin abgestempelt wurde. Das Muster war von einer Generation zur nächsten weitergegeben worden und hatte sich in einen stillschweigenden Ehrenkodex verwandelt. Carols Mutter hatte die Tradition des Teilens fortgesetzt und ihren Kindern gepredigt, zu geben statt zu nehmen, weil es richtig und gut sei. Carol hatte das Muster wiederholt, weil es ihr Lob von der Mutter und Großmutter eintrug. Aus moralischer Sicht war sie ohne Fehl und Tadel, aber auch ohne Freude im Leben.

Ihr wurde bewusst, dass die Lampe lediglich eine Wiederholung und die Aussage, wunschlos glücklich zu sein, eine Schutzbehauptung war. Sie begriff, dass sie in Wirklichkeit das Bedürfnis hatte, sich ein Leben aufzubauen, das sie erfüllte, und einige Dinge zu haben, die ihr Freude bereiten, ohne sich schuldig oder zu eigennützig zu fühlen.

Als ich von Carol wissen wollte, was ihr bei dem Gedanken an eine Veränderung am meisten Angst mache, erwiderte sie spontan: die Vorstellung, in den Augen der Mutter und Großmutter nicht länger das »brave Mädchen« zu sein. »Und was passiert, wenn Sie das alte Muster fortsetzen?«, fragte ich.

Sie begann zu lachen. »Ich werde irgendwann einmal eine Tochter haben, die Puppen hasst.«

Carol hatte den Wendepunkt erreicht. Dieses Mal war ihr Wunsch, etwas für sich zu behalten, an dem ihr Herz hing, größer als das Bedürfnis, etwas zu verschenken. Die Wut, die sich aufgestaut hatte, war ein Hinweis darauf, dass ein Muster enden musste. Die Mitglieder der Geschäftsleitung waren ebenfalls Autoritätspersonen, die von ihr verlangten, auf etwas zu verzichten, was ihr gefiel. Im Grunde schuldete sie ihnen Dank dafür, dass sie den Bogen überspannt hatten!

Damit kommen wir zu einem weiteren wichtigen Punkt. Manchmal sind gerade diese offenkundigen Störenfriede in unserem Leben diejenigen, die uns die Augen dafür öffnen, dass es in unserem Leben ein ungelöstes Problem gibt – eine unheilvolle Verstrickung, aus der wir uns befreien müssen. Fokussieren Sie sich auf Menschen in Ihrem Umfeld, die Ihnen auf die Nerven gehen, und fragen Sie sich: »Warum tauchen sie ausgerechnet jetzt in meinem Leben auf? Was lösen sie bei mir aus?« Höchstwahrscheinlich sind sie es, die ein Problem ins Rampenlicht rücken, in das Sie verstrickt sind, sodass es von Ihnen wahrgenommen und gelöst werden kann.

Sobald Carols implizites Problem aufgedeckt war, konnte sie klar zum Ausdruck bringen, was sich eingeschliffen hatte, in ihrer aktuellen Situation aber nicht länger annehmbar war. Der Prozess der Demaskierung und Wahrheitsfindung war schmerzhaft. Aber er stellte auch einen Wendepunkt dar. Sie erkannte, dass es sich bei dem Verhaltensmuster um ein systemisches Programm handelte, an das sie nicht länger gebunden sein wollte; es stand ihr frei, eine andere Entscheidung zu treffen und ihrem Herzenswunsch zu folgen. Und sie begann ihre Selbstbestimmungsreise mit der Aussage: »Die Lampe geht nicht zurück. Ich hänge an ihr und sie gehört mir.«

Aufmerksamkeit

Die meiste Zeit stecken wir in einem systemischen Muster fest, weil die Verstrickung stärker ist als der Wunsch, uns zu befreien. Wenn Symptome und die Themen auftauchen, auf die sie hindeuten, sollten Sie das als Segen betrachten. Darin zeigt sich eine höhere Version Ihres Selbst, das Sie mit einem Weckruf darauf aufmerksam macht, dass es an der Zeit ist, etwas grundlegend zu verändern.

Dass wir im Begriff sind, aus dem Dornröschenschlaf zu erwachen und die Möglichkeiten zu erkennen, die uns offenstehen, kommt oft in Reizbarkeit, Traurigkeit, Wut und anderen starken Emotionen zum Ausdruck. Wenn Sie merken, dass Sie wütend, aufgebracht und verärgert sind, *lassen Sie es zu!* Diese Gefühle bereiten unbewusst Ihren

Transformationsprozess vor. Manchmal mag es sich so anfühlen, als wären Sie an einen Tiefpunkt Ihres Lebens gelangt. Doch den Tiefpunkt zu erreichen bedeutet, dass Ihr Körper weiß: Es ist an der Zeit, nach vorne zu blicken und sich neu auszurichten. Es ist wichtig, diesem Weckruf Aufmerksamkeit zu schenken, gleich in welcher Form er auch erfolgt. Er enthält eine Handlungsaufforderung. Wenn Sie ihr nachgehen, überwinden Sie die Gründe, im alten Trott zu verharren, und gelangen auf den Weg, der direkt zu Ihrem Ziel führt: wo, was und wer Sie sein wollen.

Systemischer Meilenstein #10: **Das verborgene Problem aufspüren**

Wenn Sie das Gefühl haben, dass Sie festgefahren, unglücklich oder unzufrieden sind, fragen Sie sich: Was genau passt nicht? Und dann hören Sie in sich hinein. Überlegen Sie: Was ist es, das Sie unzufrieden macht? Ihre finanzielle Situation, Ihre Beziehungen, Ihre berufliche Laufbahn, bestimmte Gewohnheiten? Da haben Sie das »explizite« Problem. Schreiben Sie es auf.

Machen Sie sich bewusst, dass Sie weder »verkorkst« noch dumm oder wertlos sind, weil Sie ein Problem haben. Es macht Sie auf etwas aufmerksam. Es bedeutet, dass Sie über Ihren derzeitigen Platz im Leben hinausgewachsen sind und bereit sind, noch weiter zu wachsen. *Beginnen Sie, Ihren Problemen ungeteilte Aufmerksamkeit zu widmen; sie stellen keine Bankrotterklärung, sondern eine Handlungsaufforderung dar.*

Sie sind an einem Wendepunkt angekommen, und gleich werden Sie wie Aladdin die Wunderlampe reiben, sobald Sie das verflixte Ding mit den Zauberkräften aufgespürt haben. Es befindet sich direkt vor Ihnen. Mitten im Kern Ihres Problems.

Wir haben von Kindesbeinen an gelernt, dass Jammern nichts bringt, weil es uns nur herunterzieht. Das stimmt auch, wenn wir es ohne Bewusstheit tun und uns übermäßig im Selbstmitleid suhlen. Doch Sie jammern nicht, wenn Sie Kummer und Leid als Wegweiser zu impliziten, verborgenen Problemen betrachten. Sie handeln.

Nachdem Sie aufgeschrieben haben, was nicht mehr in Ihr Leben passt, ohne es zu bewerten, fragen Sie sich: »Wann habe ich begonnen, nach diesem Muster zu denken, zu fühlen oder zu handeln? Was ist in meinem Leben oder in meinem sozialen Umfeld zu diesem Zeitpunkt geschehen? Was habe ich empfunden, und welche Entscheidungen habe ich deswegen getroffen?«

Zensieren und bewerten Sie nicht, was auftaucht. Notieren Sie genau die Sätze, die Ihnen durch den Kopf gehen. Worte enthalten wichtige Hinweise. Wir Menschen kommunizieren oft ziemlich ausdrucksstark, auch wenn es uns nicht immer bewusst ist. Welche Abneigungen oder Vorbehalte haben Sie in Bezug auf das Problem entwickelt? Wen oder was bewerten Sie in diesem Zusammenhang? Wem geben Sie die Schuld?

Sobald Sie diese Fragen beantwortet haben, markieren oder kreisen Sie alle auffälligen Formulierungen, Wiederholungen, Emotionen und Themen ein. Notieren Sie alle Muster, die Sie entdecken, und finden Sie heraus, welche sich unmittelbar auf Ihr *heutiges* Problem auswirken könnten. Danach überlegen Sie, ob das in Zusammenhang mit der Situation stehen könnte, in der das Problem zum ersten Mal aufgetreten ist.

Im Anschluss fragen Sie sich, ob es sich um ein Muster handelt, das sich bei Ihnen oder einem anderen Familienmitglied ständig wiederholt. Was macht Ihnen daran am meisten Angst? Wie würde Ihr weiteres Leben verlaufen, wenn alles beim Alten bliebe? Ist dieses Muster überhaupt auf Sie zurückzuführen? Hat es mit Ihnen begonnen, oder hat es sich schon vor Generationen in Ihrem System abgezeichnet? Empfinden Sie bisher unbewusste Loyalitäten, die das System zusammenhalten?

Der Prozess, ein Problem zu erforschen, verläuft ähnlich, als hätte man beim Stricken eine Masche verloren und würde das Muster bis zu der Stelle »aufribbeln«, an der sie fallengelassen wurde. Das heißt, Sie müssen zuerst wahrnehmen, was in Ihrem Innern vor sich geht, und den Hinweisen nachgehen, sie Reihe für Reihe zurückverfolgen, um ein neues Leben mit einem neuen, intakten Muster zu beginnen. Sie werden merken, dass Sie auf das tatsächliche Problem stoßen, aber wie! Der Blitz der Erkenntnis wird Sie treffen und aus Ihrer Komfortzone reißen.

Sobald Sie die Stelle, sprich das ursächliche Problem entdeckt haben, das mit den stärksten Gefühlen und Empfindungen befrachtet ist, sollten Sie sich trauen, einer letzten Frage auf den Grund zu gehen: »Was wäre in meinen Augen ein wirklich gutes Ergebnis, wenn sich hier etwas ändert?«

Diese Frage leitet die Wende ein.

Wenn das Muster bei Ihnen beginnt

Manchmal sind *wir* diejenigen, die unbeabsichtigt ein Muster anlegen und eine emotionale DNA erzeugen, die an nachfolgende Generationen weitergegeben wird. Damit können wir positive oder negative Auswirkungen in Gang setzen. Eine positive emotionale DNA entsteht, wenn wir Entscheidungen treffen, die über das einengende »Gewissen« oder »kollektive Bewusstsein« eines Systems hinausgehen. Manchmal haben wir dann das Gefühl, auf wackligem Boden zu stehen oder Betrüger zu sein, aber in Wirklichkeit leisten wir Pionierarbeit. Wir erweitern den Horizont des Systems.

Eine negative emotionale DNA ist auf ein so überwältigendes Ereignis zurückzuführen, dass wir dabei unsere Gedanken, Gefühle und Entscheidungen einengen. Angenommen, Sie waren in einen schlimmen Autounfall verwickelt. Daraus entwickelt sich irgendwann eine Phobie, die sich auf Autos bezieht. Sie schaffen es nicht einmal mehr, in ein Auto einzusteigen. Die Angst wächst sich zu einer generellen

Angststörung aus, die nun auch Reisen und jede Art von Ortswechsel betrifft, sodass Sie mehr und mehr ans Haus gebunden sind. Das beeinträchtigt nicht nur Ihre berufliche Laufbahn und Ihr Lebensgefühl, sondern setzt sich auch in Ihrer Familie fort, überträgt sich von einer Generation zur nächsten, wenn Ihre Kinder beginnen, dieses Muster zu wiederholen.

Unter dem Strich bleibt die Verwandlung der Muster uns überlassen – ganz gleich, ob sie auf uns oder auf unsere Vorfahren zurückzuführen sind. Wir sind am Steuer. Ja, emotionale Trigger können heftig und unangenehm sein. Oft ist die Rede davon, dass man sich vor ihnen in Acht nehmen sollte, weil sie traumatische Erinnerungen heraufbeschwören. Es gibt jedoch auch eine andere Deutungsmöglichkeit. *Emotionale Trigger können hilfreich sein.* Sie zeigen uns, was in uns nach Veränderung und Heilung strebt – und diese Informationen können wir für unsere Gesundheit und für ein Leben nach unseren eigenen Vorstellungen nutzen. Solche Trigger sind eine Einladung, über Angst und Stress hinauszuwachsen und unser eigenes schöpferisches Potenzial zu entdecken.

Alles beginnt bei Ihnen. Ein Bibelvers sagt: »Arzt, heile dich selbst!« Wenn Sie bereit sind, Angst, Ärger, Frustration, Wut und Ungeduld zu akzeptieren, ohne sie zu bewerten, werden Sie erkennen, was Ihr Körper Ihnen sagen will, und ebenso die Systeme, deren Teil Sie sind. Sie haben sie jederzeit zur Verfügung. Wenn Sie Ihre Aufmerksamkeit darauf richten, werden Sie die Bedeutung dieser Blockaden verstehen und überwinden. Und damit leiten Sie den Transformationsprozess und eine Zeitenwende in Ihrem Leben ein.

7
Auf Schatzsuche – Teil 2: Das Problem erforschen

Bevor wir in die Problemanalyse eintauchen, möchte ich Sie an eine wichtige Tatsache erinnern: Das Spiel des Lebens hat keine Grenzen, und Sie sind nicht auf der Welt, um zu leiden. Sie sind hier, um Erfahrungen zu machen, zu lernen, zu wachsen, zu lieben und Freude zu empfinden – sodass Sie die *ganze* Fülle des Lebens genießen, ausstrahlen und mit anderen teilen können.

Ihr Leben ist, wie immer es auch beschaffen sein mag, beachtenswert, und es gibt keine Einschränkungen, wer oder was Sie werden können. Es spielt keine Rolle, ob Sie Geringverdiener sind oder sogar als »Bodensatz der Gesellschaft« bezeichnet wurden. Es spielt keine Rolle, ob Sie Milliarden scheffeln und scheinbar alles haben, was das Herz begehrt. Niemand ist außerstande, seinem Leben eine Wende zum Besseren zu verleihen, in welcher Hinsicht auch immer.

Alles, was Sie bisher getan haben, hat seinen Nutzen. Alle Vorkommnisse in Ihrem Leben hatten, genau wie Ihr Familiensystem, einen bestimmten Sinn und Zweck. Alles ist ein Teil Ihres Lebens, alles zählt. Alles, was Sie entschieden, erlebt oder versäumt haben, hat Sie an diesen Punkt Ihres Lebenswegs gebracht, an dem Sie sich derzeit befinden. Verzichten Sie auf Bewertungen. Nutzen Sie das, was Ihnen das Leben beschert hat. Wenn Menschen sich nicht von Ereignissen und Erfahrungen lösen können, die sie bedauern oder bereuen, ist das Leben ein fortwährender Kampf. Wer sie dagegen als Quelle der Erkenntnis und des persönlichen Wachstums betrachtet, findet Weisheit und Erfüllung im Leben.

Denken Sie daran: Wenn Sie der Mensch werden, der Sie wirklich sind, leiten Sie nicht nur Ihre eigene Weiterentwicklung, sondern auch die Ihrer Kinder und Ihrer sozialen Gemeinschaft ein. Wenn Sie beschließen, sich aus einem Muster zu befreien und in Ihrem Leben etwas zu verändern, bahnen Sie anderen den Weg. Je stärker das Zielbewusstsein und die Zielorientierung, desto schneller gelangen Sie über die einengenden Grenzen Ihrer ererbten emotionalen DNA hinaus, gelingt der Aufbruch zu neuen Ufern, in ein Land der unbegrenzten Möglichkeiten.

Eine Abenteuerreise

Die meisten Menschen verbringen ihr Leben damit, ihre Wunden zu lecken oder ihre Verletzungen, Einschränkungen und emotionalen Trigger auszublenden. Persönliche Probleme aufzudecken und zu erforschen erfordert Mut und gleicht einer Abenteuerreise, die viele abschreckt. *Der Transformationsprozess muss aber nicht schmerzhaft sein.* Der Schlüssel ist die Erkenntnis, dass sich in allem, was sich in Ihrem Leben ereignet hat, eine positive Seite verbirgt, die Sie als Geschenk betrachten sollten. Alles ist wichtig. Sobald Sie das verinnerlicht haben, wird die Exploration – das Erkunden bestimmter Sachverhalte und einschneidender Erfahrungen – zu einem Prozess, dem Sie mit Freuden entgegensehen, und der mit den alten, belastenden Mustern beladene Rucksack, den Sie mit sich herumschleppen, wird zunehmend leichter.

Wird es unangenehme Momente geben? Ja. Aber sie müssen nicht einengend wirken. Lassen Sie alle Gefühle und Empfindungen zu, die auftauchen. Gestatten Sie den systemischen Glaubenssätzen, die im Unbewussten vergraben sind, an die Oberfläche zu gelangen. Sie haben Ihnen allerhand zu erzählen. Lassen Sie jede Art von Widerstand zu, die in Ihnen auftaucht. Verzichten Sie auf Bewertungen. Nehmen Sie wahr, wohin die Reise führt. Hören Sie aufmerksam zu, achten Sie auf jedes einzelne Detail. Es sind die Brotkrumen, die aus dem Labyrinth der althergebrachten Muster herausführen, in die Sie unglücklich verstrickt sind. Halten Sie sich von Werturteilen und Gedanken fern, mit denen Sie in einer Sackgasse landen, zum Beispiel »Wie konnte ich *so etwas machen*? Ich bin ein Volltrottel!« und fragen Sie sich stattdessen: »Warum um Himmels willen habe ich das gemacht und was kann ich daraus lernen?«

Arbeiten Sie daran, die Zusammenhänge zu erfassen. Stellen Sie sich die Fragen der Art, die in diesem Buch beschrieben wurde: »Was erreiche ich, wenn ich – (mich abschotte, vor Wut schäume, mich aufrege, kämpfe, streite, mich selbst hasse … was auch immer, füllen Sie die Leerstellen). Wer in meiner Familie reagiert ähnlich? Ist das für sie von Vorteil (oder nicht)? Möchte ich das künftig anders handhaben?«

Was könnten Sie ändern, wenn die Antwort auf die letzte Frage »Ja« lautet? Das sind die grundlegenden Aspekte, an denen Sie sich bei der Erforschung Ihres Problems orientieren können, um eine innere Einstellung in den Explorationsprozess einzubringen, die lohnenswert und effektiv ist.

Eine Vorlage zur Selbsterforschung

Hier ist ein weiteres Fallbeispiel, das als »Explorationsvorlage« dienen könnte. Catherine war Ende sechzig, als sie mit ihrem Anliegen zu mir kam. Nach dreizehn Jahren als überzeugter Single dachte sie darüber nach, doch noch einmal einem Mann Einlass in ihr Leben zu gewähren. Aber sie war sich unsicher. War das wirklich eine gute Idee? Jede ihrer drei Ehen war relativ kurz und unbefriedigend gewesen. Ihre drei Männer hatten sie geliebt, die Trennung war immer von ihr ausgegangen. Die Zeit des Alleinseins zwischen den Beziehungen waren jedes Mal länger gewesen als die Zeit zu zweit.

»Warum suche ich mir immer Männer aus, die ich irgendwann satthabe?«, überlegt sie. »Anfangs bin ich Feuer und Flamme, und am Ende langweile ich mich. Und dann ziehe ich einen Schlussstrich.«

Ich erkundigte mich nach ihrer Kindheit und Familiengeschichte. »Als ich vier Jahre alt war, ließ sich meine Mutter von meinem Vater scheiden. Das war Mitte der 1950er-Jahre«, sagte sie. »Ich hatte keine Ahnung, was sie dazu bewogen hat, denn als ich später wieder mit meinem Vater in Kontakt kam, stellte ich fest, dass er total liebevoll, ein richtiger Schatz war. Ich habe nie verstanden, warum meine Mutter ihn verließ, nur um ein paar Jahre später einen Alkoholiker zu heiraten, der zu Gewaltausbrüchen neigte. Sie blieb bei meinem Stiefvater, wie schlimm die Situation auch sein mochte. Und sie wurde oft ziemlich schlimm.«

Der Hang, Gewalt in einer Liebesbeziehung zu erdulden, war möglicherweise ein generationsübergreifender roter Faden, den wir nachverfolgen konnten. Doch zuerst mussten wir herausfinden, ob es in der Familie ihrer Mutter ein fortlaufendes Muster gab, die Ehemänner zu verlassen. »Stimmt es denn, dass Ihre Mutter an der zweiten Ehe festgehalten hat?« wollte ich wissen. »Und was ist mit Ihrer Großmutter mütterlicherseits?«

Catherine dachte nach, dann schnappte sie nach Luft. »Meine Mutter zog sich in ihrer zweiten Ehe total zurück, verbrachte den größten Teil des Tages und die Abende im Bett, wo sie historische Romane las und Bourbon trank.«

Die Mutter hatte also zwei Männer verlassen, die sie liebten, und übermäßiger Alkoholkonsum deutet aus der systemischen Perspektive oft auf Realitätsflucht hin, den Wunsch, sich einem bestimmten Leben oder Muster zu entziehen, dem wir uns nicht stellen können. Als Nächstes erforschten wir die Ehe ihrer Großmutter. Bei Catherines Geburt war sie für alle anderen Familienangehörigen nicht wirklich erreichbar, ihr Ehemann eingeschlossen, weil sie mit Anfang vierzig an Parkinson erkrankte. »Sie kam mir vor wie eine Salzsäule«, sagte Catherine. »Starr, stumm, in sich selbst zurückgezogen.«

Ich wies sie darauf hin, dass sowohl die Großmutter als auch die Mutter ihre Ehemänner im Grunde verlassen hatten.

»Wow. So habe ich das noch nie gesehen«, erwiderte Catherine mit großen Augen. »In meinen Augen waren sie immer krank. Doch in Wirklichkeit haben sie sich von ihnen getrennt ... auf ihre eigene Weise! Sie haben sich beide abgeschottet!«

Angesichts dieser Erkenntnis bat ich sie, das Klärungsanliegen genauer zu umreißen: »Ich verlasse Männer, die liebevoll sind.«

Als Nächstes galt es, das Problem mithilfe einer Reihe systemischer Fragen tiefgründiger zu erforschen; benutzen Sie diese als Vorlage, um sich ein genaueres Bild von *Ihrem eigenen* Problem oder Anliegen zu machen.

Hier sind Fragen der Art, die in Catherines Fall zur Klärung beitrugen:

- Wie ist Ihre Einstellung zu Männern?
- Wie ist Ihre Einstellung zur Liebe?
- Wie ist Ihre Einstellung zu intimen Beziehungen?
- Wie ist Ihre Einstellung zu Trennungen?
- Warum haben Sie das Gefühl, sich trennen zu müssen?
- Gibt es noch andere Frauen in Ihre Familie, die ihren Partner verlassen haben? (Das deutet auf eine unbewusste Loyalität hin.)
- Was könnte geschehen, wenn Sie dieses Muster beibehalten?
- Was könnte geschehen, wenn Sie dieses Muster ändern?
- Was für ein Ergebnis würden Sie sich wünschen?
- Gibt es einen Aspekt, den Sie in Ihren Sprachgewohnheiten, Gedanken, Gefühlen und Verhaltensweisen ändern müssten, um das erhoffte Ergebnis zu erzielen?

Es reicht nicht aus, es bei den Fragen bewenden zu lassen, die den Explorationsprozess einleiten. Sobald Sie diese beantworten können, taucht in der Regel ein ganzes Arsenal weiterer Fragen auf, das dazu beiträgt, tiefer in das Problem einzudringen. Hier ein Beispiel aus der Liste der Fragen an Catherine.

Ihre spontane Antwort auf die Frage »Wie ist Ihre Einstellung zu Männern« war vielsagend. »Die meisten Männer sind Idioten«, erwiderte sie. »Sie sind langweilig, gehen mir irgendwann auf den Geist.« Und lachend fügte sie hinzu: »Na ja, das erklärt wohl, warum ich derzeit keine Beziehung habe.«

In der Tat.

Nachdem sie alle oben aufgelisteten Fragen beantwortet hatte, war es an der Zeit, tiefer zu schürfen. Ich legte ihr die nachfassenden Fragen im Anschluss an ihre Aussage »Die meisten Männer sind Idioten« vor.

- Wer war der erste »Idiot«, für den alle anderen büßen mussten?
- Wenn Ihr Filter und Ihre persönliche Wahrheit auf der Einstellung beruhen, dass die meisten Männer Idioten sind, besteht dann auch nur die geringste Chance, dass sich Ihre Sichtweise irgendwann ändert?
- Wie könnten Sie dem »ursprünglichen Idioten« einen Platz in Ihrem Herzen einräumen? Gibt es einen positiven Aspekt, den Sie ihm verdanken? Selbst wenn Sie nur sagen können »Er hat mich ein Stück weit auf meinem Lebensweg begleitet«, sollten Sie versuchen, etwas Positives darin zu entdecken.
- Erweisen Sie Ihrer Großmutter und Mutter einen guten Dienst, wenn Sie ihre Unfähigkeit wiederholen, einen Mann um sich zu haben, der liebevoll ist?
- Welche Eigenschaften sollte der Mann haben, mit dem Sie Ihr Leben teilen würden?
- Was müssten Sie beenden, und womit müssten Sie beginnen?

Catherine wusste zu wenig über ihre Familiengeschichte, um all diese Fragen zu beantworten. Sie hatte keine Ahnung, in welchen familiären Verhältnissen ihr genetischer Vater aufgewachsen war, und die Informationen über die Familie mütterlicherseits beschränkten sich auf die vage Erinnerung, dass der Vater ihrer Großmutter ein »Mistkerl« gewesen sei. Aha! Offenbar gehörte nicht nur der ‚Stiefvater zu den Männern, die ihre Frauen schlecht behandelt hatten.

»War Ihr Großvater gewalttätig?«, wollte ich wissen.

»Nein«, erwiderte sie. »Er war Arzt und sehr fürsorglich.«

»Aber Ihr Stiefvater war übergriffig?«

»Und wie«, sagte sie. »Er hat nie zugeschlagen, aber er hat uns verbal fertiggemacht.«

Wenn ein Kind in einem von körperlicher oder seelischer Gewalt geprägten Elternhaus aufgewachsen ist, kommt es häufig vor, dass sie Gewalt als eine Form der Zuwendung betrachten und mit Liebe verwechseln. Ein weltweit verbreiteter, gesellschaftlicher Glaubenssatz lautet: »Eltern lieben ihre Kinder«. Wenn Eltern übergriffig werden, können Kinder folglich die Vorstellung entwickeln, dass Liebe und Gewalt zusammengehören.

»Hat Ihre Mutter Ihnen jemals erzählt, warum sie ihren ersten Mann, Ihren leiblichen Vater, verlassen hat?«, fragte ich.

»Sie hat einmal etwas Seltsames gesagt: ›Er hat mich zu sehr geliebt, und das hat Schuldgefühle bei mir ausgelöst.‹«

Mit anderen Worten, Catherines liebevoller Vater und liebevoller Großvater entsprachen nicht dem Muster der Gewalt, das unter Umständen mit ihrem Urgroßvater begonnen hatte. Obwohl es keine Möglichkeit gab, mehr darüber herauszufinden, war es denkbar, dass Catherines Großmutter das Gleiche gegenüber *ihrem* Mann empfand. Der liebevolle, fürsorgliche Arzt, von dem sie sich durch Rückzug in ihre Krankheit trennte, entsprach nicht der ursprünglichen emotionalen DNA, der Grundformel für das Muster »Gewalt = Zuwendung = Liebe«.

Catherines Mutter verhielt sich *ihrer* Mutter gegenüber loyal, indem sie den Mann verließ, der sie liebte, und einen übergriffigen Alkoholiker heiratete. Catherine hatte dieses Muster der unbewussten Loyalität durchbrochen und als Gegenentwurf Partner bevorzugt, die liebevoll waren und nicht zu Gewalt neigten. Aber liebevolle Beziehungen kamen ihr langweilig vor nach all den Dramen, die sie in der schmerzorientierten Beziehung ihrer eigenen Mutter miterlebt hatte.

Wer war also der ursprüngliche Idiot, für den alle anderen den Preis zahlen mussten? Ihr Urgroßvater? Einer seiner Vorfahren? Ihr Großvater? Ihr Stiefvater?

»Über die anderen weiß ich nichts, aber auf meinen Stiefvater passt die Beschreibung hundertprozentig. Er hatte an allem etwas auszusetzen, fand ständig ein Haar in der Suppe, geradezu absurd, und wollte immer recht haben, obwohl allen schmerzlich bewusst war, dass er sich irrte. Ich erinnere mich, dass ich als Kind immer dachte: ›Merkt er nicht, dass er für mich der Inbegriff eines schlechten Beispiels ist? Wann wird dieser Idiot endlich erwachsen?‹«

»Wäre es denkbar, dass Männer nicht generell Idioten sind, sondern auch gute Seiten haben?«, fragte ich.

Während sie über die Frage nachsann, wurde ihr klar, dass ihre Zuschreibung nicht auf das gesamte männliche Geschlecht zutraf. »Ich habe viele wunderbare Männer in meinem Leben kennengelernt, zu denen auch meine Ex-Ehemänner gehören, die klug, warmherzig und anständig waren.«

»Und was ist mit Ihrem Stiefvater? Könnten Sie sich vorstellen, ihm einen Platz in Ihrem Herzen einzuräumen? Hat er vielleicht auch einmal etwas Gutes bewirkt?«

»Hm, er hat dafür gesorgt, dass ich auf einer Farm aufgewachsen bin«, erwiderte sie lächelnd. »Er hatte sich in den Kopf gesetzt, dass eine ländliche Umgebung für Kinder das einzig Wahre ist, deshalb verdanke ich ihm dreizehn unbeschwerte Jahre, die ich in der freien Natur verbringen durfte, hatte ein eigenes Pferd und eine wirklich gute Zeit. Auf einer Farm aufzuwachsen war meine Rettung und sollte sich als Weichenstellung für meinen weiteren Lebensweg erweisen.«

Na also, ein Punkt für den »Idioten«.

Das bewusste Eingeständnis, dass die meisten Männer, die sie kannte, klug und liebenswert waren, ermöglichte Catherine die Erkenntnis, dass ihr reflexartige Neigung, alle Männer als Idioten abzustempeln – die ursprüngliche Bewertung ihres Stiefvaters –, einen starken Sog ausgelöst hatte, der zu einer tiefen systemischen Trance führte. Sie stützte sich auf ein Muster, das in der Vergangenheit entstanden war, aber in der Gegenwart keine Gültigkeit mehr besaß. Als Catherine begriff, dass sie das Muster ihrer Mutter nachgeahmt hatte, die ihre Männer verließ, weil das »Feuer« in der Ehe fehlte, wurde sie offen für die Vorstellung, eine neue Beziehung einzugehen, die eine echte Bindung zuließ; und sie begann darüber nachzudenken, welche Eigenschaften ein Mann mitbringen musste, der sie interessieren und halten könnte. Ihr wurde mit einem Mal klar, dass sie beides haben konnte, Feuer und liebevolle Zuwendung ohne Gewalt.

Mit solchen systemischen Fragen können Sie auch Ihr Problem oder Anliegen erforschen. Als Catherine mit dem Problem »Warum suche ich mir immer Männer aus, die ich irgendwann satthabe?« zu mir kam, war der offenkundige Ausgangspunkt für solche Fragen ihre Einstellung zu Männern, zu Beziehungen und zu den damit verbundenen Themen. Der nachfolgende Fragenkomplex, der tiefer schürfte, baute wie von selbst auf den Informationen auf, die im Erstbild an die Oberfläche gelangt waren.

Bei einer systemischen Arbeit an einem Problem, Anliegen oder Lebensthema ohne professionelle Begleitung sollten Sie bei der Entwicklung Ihrer Fragen so präsent und umsichtig wie möglich sein und sie so freimütig wie möglich beantworten. Es ist hilfreich, Ihre Eindrücke aufzusprechen statt aufzuschreiben, weil wir beim Sprechen dazu neigen, spontaner und »unzensierter« auf Fragen zu reagieren. Hören Sie sich Ihre Antworten an, und fassen Sie mit weiteren Fragen nach. Stellen Sie tiefgründige Nachforschungen an. Sie werden es merken, wenn Sie fündig geworden und auf Gold gestoßen sind.

Halten Sie Ausschau nach dem Positiven

Wichtig ist auch, auf die Geschenke zu achten, die Sie auf Ihrer Forschungsreise entdecken, die positiven Aspekte Ihres Problems oder Klärungsanliegens. Catherine konnte sich schwer vorstellen, dass in ihrer Kindheit in einer von Alkoholismus und Gewalt geprägten Familie irgendein Geschenk verborgen sein könnte. Sie hing an dem Gedanken, warum es ihr nicht vergönnt war, bei ihrem leiblichen Vater aufzuwachsen – in einem freundlicheren und wärmeren Zuhause. Doch nach eingehendem Nachforschen wurde ihr klar, dass es zwar hart war, mit einem »Idioten« als Familienoberhaupt aufzuwachsen, in ihr dadurch aber der Antrieb entstanden war, über sich selbst nachzudenken und unglaublich eigenverantwortlich, bedacht und kompetent zu handeln. Wäre sie bei ihrem Vater in einem intakten Elternhaus aufgewachsen, wäre sie vermutlich selbstgefälliger geworden und hätte vielleicht nie so viele Abenteuer in ihrem Leben erlebt, wie seit der Zeit auf der Farm.

Und es gab noch weitere Geschenke.

Das von ihrer Mutter gewählte Schicksal, in die Falle häuslicher Gewalt zu geraten, hatte Catherine in ihrem Entschluss bestärkt, in die Welt hinauszuziehen, eine berufliche Laufbahn beim Fernsehen einzuschlagen, zu reisen und ein erfülltes, freudvolles Leben zu führen … mit oder ohne Ehemann. Als sie endlich ihrem Thema »Warum suche ich mir immer Männer aus, die ich irgendwann satthabe?« und seinen systemischen Wurzeln auf die Spur gekommen war, entwickelte sie neue Glaubenssätze, an denen sie ihr Leben ausrichtete.

»Liebe Mom! Liebe Großeltern! Seht ihr, was für Möglichkeiten mir offenstehen? Ich kann Antworten finden. Ich kann glücklich sein und die guten und schönen Momente genießen, die das Leben zu bieten hat. Ich kann den Platz, der mir zusteht, einnehmen und ausfüllen, ich kann dazu beitragen, nicht nur meinem Leben, sondern auch dem Leben anderer Menschen eine positive Richtung zu verleihen, damit die Welt ein besserer Ort wird, und ich kann eine Beziehung haben, die von Liebe und Leidenschaft geprägt ist. Männer sind fabelhaft und willkommen!«

Was für eine Kehrtwende!

Aufstellungen in Eigenregie

Der erste Schritt bei der Erkundung eines Problems, Lebensthemas oder Klärungsanliegens sind systemische Fragen. Doch bei der Arbeit an einem komplexen System kann es vorkommen, dass die Dynamik der Zusammenhänge zwischen den Teilen des Systems nicht vollständig erkannt wird; deshalb greifen wir zu einer Systemaufstellung, bei der sie durch die dreidimensionale szenische Darstellung anschaulich werden.

Das kann auch Ihnen passieren. Wenn Sie dieses Buch lesen und die Explorationsarbeit in eigener Regie in Angriff nehmen, kann es sein, dass Sie in eine Sackgasse geraten oder mit Ihren systemischen Fragen an Grenzen stoßen. In diesem Fall ist eine Systemaufstellung ratsam; nehmen Sie Objekte, die Sie gerade zur Hand haben, als Stellvertreter der verschiedenen Bestandteile des Klärungsanliegens, das Sie erforschen möchten – so wie die beschrifteten Zettel im systemischen Meilenstein #4, die Sie in räumlichen Bezug zueinander gesetzt haben.

Das A und O bei der Systemaufstellung ist die dreidimensionale Darstellung des Klärungsanliegens; dadurch entsteht ein Erstbild, das durch die Stellvertreter lebendig wird und alle Sinneswahrnehmungen einbezieht – sehen, berühren, hören, sich auf den eigenen Platz stellen und die Dynamik spüren, die von diesem Beziehungsgeflecht ausgeht. Es ist vorteilhaft, die Objekte, die die einzelnen Mitglieder des Systems repräsentieren, auf dem Fußboden aufzustellen. Auf diese Weise wird die Situation aus mehreren Perspektiven *erfahrbar gemacht*, sodass neue Gedanken, Gefühle und Handlungsoptionen auf der physischen und psychischen Ebene erfasst, vom Gehirn verarbeitet und Neuverdrahtungen erfolgen können. Denken Sie daran, dass Körper und Geist *nicht* voneinander getrennt sind. Bei einer Systemaufstellung werden die Erfahrungen in einen neuen Bezugsrahmen gestellt, der sich auf Körper, Geist und Seele auswirkt. Die neue Sichtweise kann auf Anhieb Ihre gesamte innere Einstellung und damit Ihre Realität verändern.

Die Schwierigkeit bei dem Versuch, Probleme durch reine Kopfarbeit systemisch zu lösen, besteht darin, dass wir dabei die Blick- und Körperausrichtung der relevanten Personen, die Einbettung in vielfältige soziale Bezüge, ihre emotionale Nähe oder Distanz, ihr persönliches Engagement und die Beziehungen zwischen den einzelnen Teilen des Systems nicht wahrnehmen können. Außerdem lässt sich das System auf diese Weise nicht aus verschiedenen Blickwinkeln betrachten. All die Teile des Systems bieten wichtige Erkenntnisse. Sie laden dazu ein, Fragen zu stellen und achtsam das ursprüngliche auslösende Ereignis zu betrachten – und unsere Gedanken, Gefühle und Verhaltensreaktionen darauf neu zu bewerten.

Bei einer Systemaufstellung entstehen verkörperte Erfahrungen mit einer ganz eigenen Dynamik, die Sie Ihrem Ziel näherbringt. Sie stellt eine Informationsquelle dar, die jedem Menschen zugänglich ist. Ich habe in Catherines Fall auf eine Aufstellung verzichtet, weil die Grundstruktur ihres Problems bereits im Zuge der systemischen Fragen offenkundig wurde. Doch wenn sie eine Aufstellung in eigener Regie durchgeführt hätte, hätte ich ihr die folgenden Aufstellungskonstellationen empfohlen, die auch Sie in Erwägung ziehen können, wenn Sie ein Problem oder Klärungsanliegen ergründen möchten:

Das Klärungsanliegen: Warum suche ich mir immer Männer aus, die ich irgendwann satthabe?
Das gewünschte Ergebnis: Eine Beziehung, die Nähe zulässt und mich auf lange Sicht glücklich macht.
Die Spurensuche: Zu wem gehört dieses Muster der Unzufriedenheit, wo hat es begonnen und wie lässt es sich verändern?

- Stellen Sie Stellvertreter für alle Männer auf, die in Ihrem Leben eine wichtige Rolle gespielt haben. Vergessen Sie nicht, einen Repräsentanten für sich selbst aufzustellen. Achten Sie auf Muster und Beziehungsgefüge.
- Stellen Sie Stellvertreter für sich, die Mitglieder Ihrer Familie und alle Männer in Ihrem Leben auf. Achten Sie auf das Beziehungsgeflecht zwischen Frauen und Männern, aber auch zwischen Frauen und Frauen sowie Männer und Männern in dem generationsübergreifenden Muster, in das Sie verstrickt sind.
- Falls genug Informationen vorhanden sind, stellen Sie eine Systemaufstellung mit Repräsentanten für Ihre Mutter und alle Männer auf, die in ihrem Leben eine wichtige Rolle gespielt haben.

Sobald Sie die Teile des Systems aufgestellt haben, achten Sie auf die Beziehungen, in die sie eingebettet sind. Wer steht wem nahe, wer ist weiter entfernt (auf der räumlichen und emotionalen Ebene)? Dieses Erstbild, das Sie vor sich sehen, bietet Ihnen erste Erkenntnisse über die Dynamik der Systembeziehungen und trägt zur Erhellung des Problems oder Konflikts bei. Bezüge und Muster tauchen auf, mit unseren lästigen kleinen Gefängniswärtern im Schlepptau, den unterschwelligen Loyalitäten.

Einige meiner Klientinnen, die mir erzählt hatten, dass ihre Beziehungen jedes Mal von den Männern beendet wurden, stellten fest, dass sich irgendwann einmal ein Mann in ihrem eigenen Familiensystem getrennt hatte oder der Kontakt abgebrochen war. Die Frau, die diese Situation als Erste ihrer Abstammungslinie erlebte, sagte sich vielleicht: »Auf Männer ist kein Verlass, sie verschwinden alle.« Dann verinnerlichten die nachfolgenden Frauengenerationen diese Einstellung und hielten daran fest, fühlten sich zu Loyalität verpflichtet. Der verinnerlichte systemische Glaubenssatz lautete vielleicht: »Liebe Mutter. Mir wird es genauso wenig gelingen wie dir, die Beziehung zu einem Mann auf Dauer aufrechtzuerhalten.« Und dann übernahmen alle Frauen unbewusst den dominierenden Leitsatz im Familiensystem.

Es ist wichtig, sich klar zu machen, dass Männer in einem solchen System keine Chance haben.

Und falls Sie glauben, es gäbe in Ihrem Leben keine unbewussten Loyalitäten, fragen Sie sich einmal, warum Sie zum Beispiel nur Tee ohne Zucker trinken oder ein Faible für bestimmte Süßigkeiten haben, warum Sie immer wieder die gleiche Partei wählen oder manche Dinge wunderbar und andere inakzeptabel finden.

Wenn Sie Ihre unbewussten Muster und Loyalitäten aufdecken, können Sie entweder entscheiden, die bewusst gewordenen Loyalitäten beizubehalten, weil die Alternative zu unbequem oder unerfreulich wäre. In diesem Fall überlassen Sie es der nächsten Generation, sich damit auseinanderzusetzen, und Sie bleiben weiterhin in Ihre alten Muster verstrickt. Die Alternative wäre, dem Problem bewusst auf den Grund zu gehen und damit das Tor zu neuen Erkenntnissen, Handlungsmöglichkeiten und Transformationsprozessen zu öffnen.

Systemischer Meilenstein #11: **Eine Do-it-yourself Systemaufstellung**

Wenn der Platz begrenzt ist, der für eine Aufstellung zur Verfügung steht, können Sie Schachfiguren oder Haftzettel benutzen, die Sie auf einer Tischplatte anordnen – jedes Setting, das Ihnen ein Raumgefühl und Orientierung verleiht, ist geeignet. Wenn Sie mehr Platz haben, legen Sie A4-Papier auf dem Fußboden aus.
Mit dem vierten systemischen Meilenstein (siehe Kapitel 2) haben Sie einen ersten Eindruck von einer Systemaufstellung gewonnen. Nun werden wir Schritt für Schritt weitere Aspekte hinzunehmen und Ihr Problem an einem der drei Grundprinzipien festmachen: Zugehörigkeit, Rangordnung und dem Ausgleich von Geben und Nehmen. Wenn Sie herausgefunden haben, mit welchem Prinzip Ihr Problem verbunden ist, haben Sie einen Hinweis darauf, was er-

forderlich ist, um es zu lösen und damit für Ordnung im System zu sorgen. Statt »Ich gehöre nicht hierher« heißt es nun »Ich fühle mich zugehörig«. »Ich bin immer diejenige, die gibt« wird zu »Ich nehme dankbar etwas an«. Und das Muster »Ich muss mich ständig darum kümmern, dass es allen gut anderen geht« könnte ersetzt werden durch »Ich lasse zu, dass sich andere auch mal um mich kümmern«.

Schreiben Sie jede Person und jede Komponente Ihres Anliegens auf ein eigenes Blatt Papier. Zeichnen Sie jeweils einen kleinen Pfeil an eine der Kanten, um die Aus- oder Blickrichtung der »Stellvertreter« zu markieren. Ordnen Sie die Objekte auf dem Schachbrett oder die Blätter auf dem Fußboden so an, wie es sich für Sie richtig anfühlt. Denken Sie nicht lange nach. Dieses intuitive erste Bild spiegelt meistens ziemlich genau die Realität wider, wie sie sich Ihnen darstellt. Bleiben Sie dabei, und achten Sie auf das, was sich daraus entwickelt.

Denken Sie daran, dass Sie im Moment nur versuchen, Ihrem Problem oder Anliegen auf den Grund zu gehen. Dabei richten Sie Ihren Fokus auf unbewusste Loyalitäten (wem gegenüber fühlen Sie sich zur Treue verpflichtet) und halten nach Gedanken, Gefühlen, Verhaltensweisen und Mustern Ausschau, in die Sie verstrickt sind. *Es geht noch nicht darum, Probleme zu lösen!* Im Augenblick sind Sie nur wach, präsent und darauf bedacht, neue Erkenntnisse zu sammeln.

Um in das Geschehen einzusteigen, fragen Sie sich, welches der drei systemischen Grundprinzipien – Zugehörigkeit, Rangordnung, Ausgleich von Geben und Nehmen – betroffen ist (siehe Kapitel 1). Nehmen Sie bei Bedarf weitere Merkmale oder Personen mit in Ihre Aufstellung.

Bevor Sie Umstellungen vornehmen, treten Sie einen Schritt zurück und betrachten das entstandene System. Machen Sie ein Foto oder eine Zeichnung davon. Wenn Sie das Erstbild dokumentieren, können Sie es später mit dem Schlussbild vergleichen und Veränderungen auf den ersten Blick erkennen.

Konzentrieren Sie sich auf Ihr Klärungsanliegen. Wenn Sie ein Schachbrett benutzen, versuchen Sie sich in jede Figur, die Sie bewegen, emotional hineinzuversetzen. Wenn Sie einen ganzen Raum zur Verfügung haben, pendeln Sie zwischen den Teilen hin und her, sobald Sie ein inneres Bedürfnis dazu verspüren, und achten Sie dabei auf Ihre Gefühle und Empfindungen.

Notieren Sie, welche Aussagen, Gedanken und Gefühle bei diesen Erfahrungen auftauchen. Sobald Sie die systemischen Glaubenssätze, Muster und Wechselwirkungen aufgedeckt haben, versuchen Sie festzustellen, woher sie stammen und mit welchen Personen Sie dadurch verbunden sind. Wenn Sie das Bedürfnis verspüren, Stellvertreter umzustellen, tun Sie das, und zwar so lange, bis Sie das Gefühl haben, jetzt stimmt das Bild. Bei jedem einzelnen Schritt notieren Sie Ihre Gedanken, Gefühle, Verhaltensweisen und Erkenntnisse.

Positionieren Sie sich in unmittelbarer Nähe zu den Stellvertretern, über die Sie mehr erfahren möchten; versetzen Sie sich in sie hinein, und achten Sie darauf, was Sie dabei empfinden. Beobachten und verfolgen Sie die weitere Entwicklung. Während Sie die einengenden oder unbewussten Loyalitäten erforschen, fragen Sie sich, welchen Preis Sie dafür zahlen mussten, und achten Sie darauf, wie Ihr Körper und Ihr Gehirn darauf reagieren. Fragen Sie sich: »Wem gegenüber fühle ich mich zur Loyalität verpflichtet, auf eine Weise, die … (Kummer, Stress, Verhaltensmuster wie ›den Ball flach halten‹ oder was auch immer) verursacht?«

Während der Reise zum Kern Ihres Selbst werden Sie mehrere Generationen in den Blick nehmen. Dabei werden Sie auf Hindernisse stoßen, die Ihre Entwicklung gehemmt haben, und den Goldschatz aufspüren, der die ganze Zeit in Ihrer Reichweite war. Sie werden den Weg zu dem Menschen entdecken, der Sie in Ihrem Inneren sind. Diese systemische Arbeit ist imstande, Ihre innere Welt und danach Ihre Außenwelt zu verändern. Sprengen Sie die Ketten, und setzen Sie Ihre innere Stärke frei.

8
Die Wende: Ein völlig neuer Ausblick

Wie bereits erwähnt, hat das Überleben für jedes System oberste Priorität. Doch das höchste Ideal, das es anstrebt, ist ein gedeihliches Wachstum. Oft hört Systemaufstellungsarbeit mit der Entdeckung eines Problemlösungskonzepts auf. Das Muster ist vervollständigt. Die Veranstaltung ist beendet. Die Klienten kehren nach Hause zurück und lassen das alte Muster ruhen, während sich die neuen Informationen ihren Weg in die Psyche und Seele bahnen. Doch viele haben mich nach einer Systemaufstellung gefragt: »Und was jetzt?« Ich ging der Sache auf den Grund und stellte fest: »Moment mal! Wir sind schöpferische Wesen. Wir wollen es nicht bei ›Problem gelöst‹ bewenden lassen. Wie geht die Geschichte weiter?« Mir wurde klar, dass die Beendigung eines alten Musters den Keim eines neuen Musters in sich trägt. Ohne Ablegen des alten wäre kein Platz für ein neues Muster vorhanden, und ohne das Auftauchen des neuen Musters wüssten wir nicht, wohin die Reise führt. Deshalb wurde offenkundig, dass es zwischen zwei Mustern, dem alten und dem neuen, einen Wendepunkt gibt, an dem sich die Blickrichtung ändert.

Wenn Sie eine Wende einleiten, bewegen Sie sich *von* A *nach* B. Sie ändern die Richtung, die Sie einschlagen, die Erkenntnisebene und die Perspektive. Aus systemischer Sicht bedanken Sie sich bei Ihren Wurzeln und heißen Ihre Flügel willkommen.

Zu Anfang ist das *»Von«* Ihre Orientierungshilfe – was Sie nicht mehr wollen, Ihre Ausgangsposition. Sie führt zum *»Nach«* – was Sie auf tiefstem Herzen anstreben. Das heißt, Sie müssen sich über Ihre

Wünsche und Bedürfnisse klar werden. Es ist weder erforderlich, alles auf eine Karte zu setzen noch das Endergebnis in vollem Umfang vorauszusehen. Doch das Ziel sollte klar und erreichbar sein, sonst bleibt es auf ein schemenhaftes Kopfkino beschränkt. Ich wünsche mir mehr Spaß im Leben, mehr Zeit für mich, mehr Geld, mehr Unabhängigkeit, mehr Kreativität und so weiter, das könnte Ihre Startrichtung sein. Doch den Landebereich gilt es genauer zu definieren, in Form messbarer, auf Sie zugeschnittener Ziele: »Ich möchte zwei Mal im Jahr einen Strandurlaub machen. Ich will 10 000 Euro ansparen. Ich wünsche mir eine gesunde, harmonische Beziehung.«

Im Kapitel 4 schreibe ich, dass ein Transformationsprozess magisch erscheint. Man hat die Zauberformel entdeckt und Simsalabim, schon ist der Bann gebrochen. Alles verändert sich, das Leben wird nie mehr so sein, wie es war. Doch der Transformationsprozess vollzieht sich nicht im Handumdrehen, er erfordert Durchhaltevermögen, aktives Engagement und bewusste Arbeit. Erkenntnisse gewinnt man vielleicht im Bruchteil von Sekunden, und sie können sich als Gamechanger erweisen. Doch Sie sind die Person, die sich mit den Erkenntnissen im Gepäck auf den Weg machen muss, um sie in Ihrem Leben umzusetzen und Ihre emotionale DNA umzuwandeln, indem Sie lernen, anders zu entscheiden, anders zu denken, anders zu reden und anders zu handeln – Schritt für Schritt, einen Gedanken, ein Gefühl, eine Aussage und eine Verhaltensweise nach der anderen.

Barrieren für den Vollzug einer Wende

Manchmal sind wir tief und *unbewusst* mit unseren Problemen verbunden, trotz aller gegenteiligen Behauptungen. Wir sind in die systemische Familiengeschichte verstrickt, haben die gleichen Gefühls- und Denkmuster wie die Generationen vor uns entwickelt. Der systemische Trancezustand hat eine so hypnotisierende Wirkung, dass wir fremdgesteuerte Verhaltensmuster übernehmen, obwohl wir wissen, dass sie schlecht für uns sind, aber sie fühlen sich so vertraut (und somit »richtig«) an, dass wir dem Reiz am Ende erliegen. Wir sehnen uns danach, dem Gefängnis zu entfliehen, doch wir sollten uns vorab klar machen, welchen Weg wir einschlagen müssen, damit der Ausbruch gelingt. Wir müssen wissen, wie wir uns auf unser Ziel zubewegen wollen, und uns in *diesem* systemischen Kraftfeld so stark aufstellen, dass wir dem Sog des einengenden systemischen Überzeugungsmusters entkommen.

Eine der unterschwelligen Blockaden für Fortschritte ist das Verharren im Wunschdenken. Wir behaupten, dass wir uns von ganzem Herzen eine Veränderung, einen Neuanfang wünschen. Doch wir tun nichts, um diesen Wunsch zu verwirklichen. Der Grund kann lediglich einem falschen Zeitpunkt oder, wahrscheinlicher, einer unbewussten Loyalität geschuldet sein, in die wir verstrickt sind. Körper, Geist und Seele ziehen nicht an einem Strang. Sie möchten sich zwar das wünschen, was Sie sich wünschen, aber Ihnen fehlt die Energie und Leidenschaft, um die Blockaden zu beseitigen und sich aktiv auf Ihr Ziel zuzubewegen. In diesem Zustand bekomme ich von meinen Klienten oft zu hören: »Ich möchte nur noch raus aus dieser festgefahrenen Situation.« Doch das alte Muster nimmt nach wie vor so viel Kraft in Anspruch, dass keine mehr bleibt, um sie in die Entwicklung eines neuen Musters zu investieren.

Der systemische Ausweg aus diesem Dilemma besteht darin, schrittweise vorzugehen: Halten Sie sich als Erstes vor Augen, was genau Sie verändern wollen; dann entwickeln und verinnerlichen Sie *einen* neuen konkreten Gedanken, der Sie Ihrem Ziel näherbringt. Im Anschluss spüren Sie *einem* neuen Gefühl nach, das sich einstellen würde, wenn Sie Ihr Ziel erreicht haben. Erfassen Sie es mit allen Sinnen und weisen Sie ihm seinen Platz zu. Nehmen Sie danach *eine neue Verhaltensweise* in den Blick, mit der Sie eine Wende herbeiführen. Und zum Schluss setzen Sie das neue Konzept in die Praxis um. Wie bereits gesagt, es muss sich nicht um eine große Sache handeln. Denken Sie an das Buch, das Sie schon immer schreiben wollten (oder an irgendeinen anderen Traum, der Ihnen am Herzen liegt oder eine starke Anziehungskraft auf Sie ausübt). Gemeint ist damit, *tiefgründig* darüber nachzudenken. Wie würde es sich *anfühlen*, wenn Sie Ihrem Herzenswunsch tatsächlich näherkommen und das Buch Seite um Seite zu Papier bringen? Und wenn Sie Ihren Traum verwirklicht haben? Wie würde sich *das* anfühlen? Mit diesem Abenteuer im Hinterkopf beschließen Sie, an fünf Tagen in der Woche eine Viertelstunde früher aufzustehen, um an der Realisierung des Buches zu arbeiten, das Ihnen vorschwebt. Die Antriebskraft, die Sie entwickelt haben, wirkt laut den Newton'schen Grundsätzen der Bewegungslehre beschleunigend, gleich ob es sich um persönliche Aktivitäten oder einen Felsbrocken handelt, der sich gelöst hat und zu Tal rollt. Die Antriebskraft, die Sie entwickeln, wenn Sie einen neuen Gedanken denken, ihn als richtungsweisend auswählen und ihn durch eine neue Emotion bekräftigen, verleiht selbst dem kleinsten Veränderungsschritt eine neue Dynamik, stärkt das Gefühl, »Das schaffe ich« und beschleunigt die Loslösung von den Mustern der Vergangenheit. Mit jedem weiteren Schritt nehmen Sie Fahrt auf, und irgendwann stellen Sie fest, dass Sie in einem ganz neuen Leben angekommen sind.

Eine weitere Barriere für den Wandel ist der Glaube, Sie müssten jeden Schritt Ihres Weges und jedes Endziel auf einer Karte verzeichnen, bevor Sie sich auf die Reise begeben. Vergessen Sie es. Sie bringen sich selbst zu Fall, bevor Sie auch nur den ersten Schritt tun. Der Transformationsprozess ist ein vielschichtiger Vorgang, der (wie beim Besteigen eines Berges) von einer Ebene zur nächsthöheren führt. Nehmen Sie immer nur einen Schritt in Angriff, machen Sie sich bewusst, was Sie bereits erreicht haben, und feiern Sie den Fortschritt, wie geringfügig er auch erscheinen mag. Manchmal haben Sie vielleicht nur das Bedürfnis, noch eine Weile still dazusitzen und die Tatsache zu begrüßen, dass Sie sich einen anderen Verlauf Ihres Lebens wünschen und dass Veränderung möglich ist. Ob Sie diese Erkenntnis fünf Minuten oder fünf Monate reifen lassen, bevor Sie damit beginnen, die Vorfreude und all die anderen Gefühle aufzubauen, die den Weg zum Ziel, zur Realisierung des Transformationsprozesses ebnen, spielt keine Rolle. Allein das Bewusstsein, dass es andere Möglichkeiten gibt, ist eine riesige systemische Veränderung.

Ein anschauliches Beispiel ist Catherine aus dem vorherigen Kapitel. Ihre Pauschalurteile über Männer und Liebesbeziehungen waren seit Jahrzehnten fest verankert. Wenn sie geglaubt hätte, ihr Leben über Nacht verändern zu können, wenn sie sich spontan bei Partnerportalen wie Tinder oder Parship angemeldet oder ein Online-Profil mit dem Ziel einer Heirat aufgebaut hätte, wäre sie angesichts all der Zwischenschritte, die ein solches Vorhaben erfordert, vielleicht wie gelähmt gewesen. Denken Sie daran, dass ein Einstellungswandel im Bruchteil von Sekunden stattfinden kann, aber der Abbau der einzelnen Schichten, aus denen ein Muster besteht, und das Neuverdrahten brauchen ihre Zeit. Statt ihre neuen Erkenntnisse umgehend in die Tat umzusetzen, gestattete Catherine sich das Eingeständnis, dass nicht alle Männer »Idioten« waren, sondern auch ihre guten Seiten hatten; auf diese Weise trug sie langsam, aber sicher zur Aktivierung neuer neuronaler Netze und zum Anlegen neuer systemischer Pfade bei. Sie legte den Selbstverteidigungsmodus ab und wurde nach und nach aufgeschlossener für das andere Geschlecht und die Idee, dass mit ihrer positiveren Einstellung zu Männern eine neue Beziehung möglich sein könnte. Und innerhalb weniger Wochen nach der ersten Sitzung wurde sie von einem überaus intelligenten Arzt aus ihrem Bekanntenkreis zum Abendessen eingeladen!

Ein kleiner Tipp für alle Perfektionisten und Planfetischisten: Macht euch locker! Gönnt euch eine Pause. Atmet tief durch. Denkt daran, die erste Veränderung ist nur der Auftakt. Gebt ihr Raum und sorgt dafür, dass sie sich entfalten kann.

Viele Leute blockieren den Transformationsprozess, indem sie den Wert des Leidens und Kämpfens zum Credo erheben. Auf der gesellschaftlichen Ebene gibt es einige systemische Glaubenssätze, die beides unterstützen. »No pain, no gain« (Danke, Fitness-Ikone Jane

Fonda), »Ohne Fleiß kein Preis«, »Erfolg kommt nicht von ungefähr« oder »Leben heißt Leiden« (Danke, Friedrich Nietzsche). Manchmal erkennen wir ein Problem und seine schädlichen Auswirkungen ganz klar, halten aber beharrlich daran fest, weil wir auf einer tiefen Ebene unseres Bewusstseins überzeugt sind, dass wir es verdient haben zu leiden oder dass Leid eine läuternde Wirkung hat oder dass wir dadurch lernen, Mit-Leid zu empfinden. Oder wir blenden die leidvollen Erfahrungen aus, die uns an den Punkt in unserem Leben gebracht haben, an dem wir uns derzeit befinden.

Christina ist ein anschauliches Beispiel. Sie strebte eine Karriere als Schauspielerin an, war aber der Überzeugung, dass sie es nicht verdient hatte, in einer Hauptrolle besetzt zu werden. Sie litt unter lähmenden Schuldgefühlen, die sie mit sich herumgetragen hatte, seit sie als junge Nachwuchsdarstellerin eine Hauptrolle in einer lokalen Theaterproduktion ergattert hatte. Ihre größte Rivalin im Wettbewerb um die Rolle war wenige Monate danach gestorben. Niemand hatte geahnt, dass sie krank war, aber Christina fühlte sich im Nachhinein schuldig, weil sie ihr nicht die Rolle überlassen hatte, die sie sich so sehnlich gewünscht hatte.

Später feierte Christina in jeder Rolle und in jedem Schauspielensemble, das sie engagierte, beeindruckende Erfolge, doch sie übernahm nie mehr die Hauptrolle in einem Theaterstück. Obwohl ihr klar war, dass sie nicht für den Tod ihrer Konkurrentin verantwortlich war und Kummer und Schuldgefühle weder ihr noch ihrer Karriere guttaten, kam sie nicht darüber hinweg. In der Systemaufstellung, bei der wir mit Stellvertretern für Christina, ihre verstorbene Konkurrentin und für das Problem – das Schuldgefühl – arbeiteten, zeichnete sich kein Lösungsansatz ab. Es lag auf der Hand, dass noch etwas anderes im Spiel sein musste, deshalb fügte ich Repräsentanten ihrer Mutter und ihres Vaters hinzu. Und prompt rückte die Stellvertreterin der Schuldgefühle näher an Christinas Mutter heran.

»Warum stehen die Schuldgefühle in so engem Bezug zu Ihrer Mutter?«, fragte ich.

Christina brach in Tränen aus. Sie war ein Einzelkind, aber sie hatte immer das Gefühl gehabt, ihre Mutter sei emotional extrem distanziert. Eines Tages hörte sie zufällig mit, wie ihre Mutter zu ihrem Vater sagte: »Ich verdiene es nicht, ein Kind zu haben!« Als Christina ihren Vater fragte, was das zu bedeuten habe, erklärte er ihr, dass ihre Mutter am Steuer saß, als eine angetrunkene Teenagerin direkt vor ihrem Auto auf die Straße rannte und tödliche Verletzungen erlitt. Obwohl ihre Mutter freigesprochen wurde, hatte sie sich vollkommen abgeschottet und den Unfall mit keiner Silbe erwähnt. Es war, als wäre sie zusammen mit dem Mädchen gestorben.

»Ich erinnere mich an den Bibelspruch, den sie gerne zitierte: ›Auge um Auge, Zahn um Zahn‹«, sagte Christina.

Ich wies sie darauf hin, dass wir bei Bindungsproblemen in der Herkunftsfamilie manchmal einen Weg finden, die Bindung an einen Elternteil unbewusst zu festigen – was Christina mit ihrem unausgeschöpften beruflichen Potenzial und ihren Schuldgefühlen nach dem Tod ihrer Rivalin getan hatte. Ihre Mutter war nicht bereit, ihre eigenen Schuldgefühle loszulassen, und die Frage war, ob es Christina gelingen würde. Waren die blinde Liebe und einseitige Bindung an eine emotional unerreichbare Mutter zu stark, um sie aufzugeben?

Es war auch nicht besonders hilfreich, dass Schuldgefühle gesellschaftlich akzeptiert sind und manchmal sogar als lobenswert gelten. Die Lösung bestand in Christinas Fall darin, dem Mädchen, das gestorben war, einen Platz im Familiensystem zu geben – und einen Weg zu finden, sich achtsam an ihren Tod zu erinnern. Damit konnten die Schuldgefühle abklingen und Platz machen für ihren übergeordneten Gegenspieler: den Sinn leidvoller Erfahrungen.

Eine weitere Barriere für eine echte Wende sind Schuldgefühle, die in der Überzeugung wurzeln, nicht gut genug zu sein oder ein anderes, besseres Leben nicht verdient zu haben. Solche Hindernisse kommen in Gedanken und Aussagen zum Ausdruck, wie: »Ich bin es nicht wert.«, »Ich habe Angst, Menschen zurückzulassen, wenn ich meinen Weg gehe.«, »Wenn ich Erfolg habe, gebe ich anderen möglicherweise das Gefühl, Versager zu sein.« Oder: »Ich könnte feststellen, dass ich recht hatte und den Ansprüchen nicht genüge!«

Eine unbewusste Abhängigkeit von Schmerz, Leid und Schuld kann auch eine Möglichkeit sein, sich einem größeren globalen System zugehörig zu fühlen, das Leiden als unvermeidlich und sogar als bewundernswert betrachtet. Man denke an Christentum, Judentum, bestimmte Traditionen im Buddhismus, Frauen generell, an die schwarze, hispanische oder native Bevölkerung in den USA und neuerdings auch an den Club der alten weißen Männer, die das Land beherrschen. Wenn man in eines dieser Systeme eingebettet ist, kann man leicht zu der Schlussfolgerung gelangen, dass ein Transformationsprozess den Verlust der »Stammeszugehörigkeit« zur Folge haben könnte.

Um solche Denk- und Verhaltensmuster zu überwinden, sollte man im Hinterkopf behalten, dass man das Herkunftssystem nicht verliert, wenn man sich dagegen auflehnt. Ganz im Gegenteil, man *erweitert* den Blickwinkel des gesamten Systems und sollte sich darüber freuen, zur Lösung der Verstrickungen beizutragen. Sobald etwas in Bewegung geraten ist, erhalten *alle Angehörige* des Systems die Chance, ihre eigenen Muster und Einstellungen auf einer höheren Entwicklungsebene zu verorten. Falls Sie es nicht schaffen, die Veränderung bei sich selbst in Angriff zu nehmen, denken Sie an die anderen, die ebenfalls davon profitieren.

Das Zögern, sich über etablierte Muster und Einstellungen hinauszubewegen, ist oft mit der Angst vor den Folgen verbunden. »Ich könnte scheitern. Ich könnte verletzt werden! Wenn ich die Verantwortung übernehme, bin ich am Ende der Sündenbock!« Wenn sich solche inneren »Stimmen« bemerkbar machen, hilft es, sich das schlimmstmögliche Ergebnis vorzustellen und nachzuforschen, ob es jemals bei irgendeinem Angehörigem des Systems eingetreten ist. Hat sonst noch jemand in der Familie Verantwortung für eine Veränderung übernommen und ein Chaos angerichtet? Und welchen Nachhall hat diese Zäsur in Ihrem Leben gefunden? Nachdem Sie das ursprüngliche einschneidende Ereignis ermittelt haben, geht es jetzt noch darum, starke Argumente aufzubauen, die für den Wandel und gegen den Stillstand sprechen.

Eine letzte erwähnenswerte Barriere ist die Überzeugung, dass man die Erlaubnis braucht, etwas zu verändern oder zu bewegen. In Systemaufstellungen gelangen wir oft an den Punkt, an dem Klienten Anstalten machen, ihre Position zu verlassen, doch dann halten sie inne und schauen mich oder einen der Stellvertreter an, als wollten sie um Erlaubnis bitten. Hier stellt sich die Frage: »Wessen Erlaubnis brauche ich, um etwas zu bewegen oder zu verändern? Wer ist frustriert oder enttäuscht, wenn ich mich ändere (oder es lasse)? Warum zögere ich? Wovor habe ich am meisten Angst, wenn ich diesen Schritt wage (oder alles beim Alten lasse)?«

Wenn die unbewusste Loyalität gegenüber einem Mitglied oder Element des Systems stark ist, merken Sie, dass Sie im Dialog mit sich selbst alle möglichen Ausflüchte und lahmen Entschuldigungen vorbringen: »Weißt du was? Ich komme gut mit meinem Leben zurecht, warum sollte ich etwas ändern?«, »Das ist gerade nicht so wichtig.«, »Jetzt nicht. Ich bin zu müde, zu traurig, zu wütend, habe derzeit alle Hände voll zu tun. Vielleicht irgendwann einmal.« Machen Sie sich bewusst, dass der Sog im Kielwasser der unterschwelligen Loyalität stärker ist als das Bedürfnis, sich zu befreien und zu neuen Ufern aufzubrechen. Entweder ruft die derzeitige Situation nicht genug Kummer und Leid hervor, um Sie zu einer Veränderung zu motivieren (die sprichwörtliche Peitsche), oder Ihre Argumente oder Zielsetzungen (das Zuckerbrot) sind nicht stark genug, um verborgene Muster und unbewusste Loyalitäten zu überwinden.

Unterm Strich gilt: Der Transformationsprozess hat eine magische Wirkung – sie entsteht jedoch nicht durch eine Zauberformel, sondern durch Inspiration und Motivation, Geduld und Durchhaltevermögen. Das A und O ist die Bereitschaft, etwas unter die Lupe zu nehmen, sich bewusst zu machen, was einer Änderung bedarf, und im Anschluss zu handeln. Und wenn Sie Ihre systemischen Muster fünfzig-, hundert- oder tausendmal in den Blick nehmen müssen, schauen Sie hin! Wenn Sie tausend und mehr Fragen stellen müssen, um Aufschluss zu gewinnen, sei's drum! Und haben Sie niemals Angst, zu träumen. Leid ist ein wirkmächtiger Motivationsfaktor, der imstande ist, Veränderungsprozesse in Gang zu setzen. Doch leidenschaftliche, positive Träume und Bedürfnisse bringen Sie auf Ihrem Weg erheblich weiter voran und führen Ihnen höher gesteckte Ziele vor Augen. Haben Sie keine Angst, zu träumen, haben Sie keine Angst vor dem großen Wurf. Und haben Sie keine Angst davor, das Zuckerbrot zu wählen und zu genießen.

Nehmen Sie den Fuß von der Bremse

In dem Augenblick, in dem Sie erkannt haben, welches Muster verschwinden und welches auftauchen möchte, beginnen Ihr Gehirn und Ihr gesamtes Körpersystem sich neu zu verdrahten. Es ist nicht möglich, jemals wieder der Mensch zu sein, der Sie waren. Sie können sich wehren, den Prozess verzögern oder hinausschieben, doch früher oder später wird der Wandel stattfinden – ausgelöst durch Sie oder ein anderes Mitglied des Systems. Und was Widerstände angeht: Was ist mit den Menschen, die den Weg vom Problem zum Ziel mühelos bewältigen? Was machen sie anders?

Sie haben den Fuß von der Bremse genommen. Ihnen sind die Argumente dafür ausgegangen, etwas weiter aufzuschieben, oder sie verfolgen ihren Traum von Veränderung mit solcher Leidenschaft, dass sie sich mit voller Kraft dafür einsetzen. Sie *wissen genau,* was sie wollen. Sie stellen Fragen, unumwunden und ohne Ausflüchte. Sie erlauben sich, dem Fluss der Gedanken freien Lauf zu lassen und tatsächlich zu *spüren,* wie ihre Zukunft beschaffen sein könnte. Sie pflegen ihren Tagtraum und haben ein klares Ziel vor Augen. Sie lieben das, was sie anstreben, und lassen sich nicht entmutigen.

Selbst wenn die Stimmen der Vergangenheit oder des Systems sie mit Nachdruck warnen oder umstimmen wollen: Sie setzen ihren Weg fort. Wenn sie zurückblicken, dann nur im Verlauf ihrer Suche nach Weisheit und neuen Erkenntnissen, die ihnen als Orientierungshilfe dienen. Sie sagen stets »Ja!« zu ihrem Traum und allem, was sie seiner Verwirklichung näherbringt. Sie bewegen sich auf einer Route, die von Ängsten und Zweifeln zu Klarheit, Entschlossenheit und Engagement führt. Sie nehmen ihre »Aber« zur Kenntnis, jedoch ohne sich in sie zu verstricken, und fragen sich: »Was muss ich anders machen?«

Vermutlich haben Sie schon einmal einen Vortrag von Motivationsexperten und spirituellen Lehrern gehört, die darüber reden »loszulassen«, aber – verwirrend genug – nicht genau sagen, *was* man loslassen sollte. Um diesen Begriff zu entmystifizieren: Damit ist gemeint, sich von allen Ausreden, einengenden Ansichten und hinderlichen Umständen zu verabschieden und etwas Neues willkommen zu heißen. Ich benutze zu diesem Zweck gern die Frage, ob der jetzige Zustand noch funktioniert und zu mir passt. Wenn nicht, notiere ich meine Ausreden, meine Ideen und Ansichten dazu, lese sie noch einmal durch und gebe mir die Erlaubnis, meine Gedanken, Gefühle und Verhaltensweisen zu ändern. *Beziehungen können sehr wohl funktionieren; wer Geld hat, ist nicht zwangsläufig gierig; ich bin klug genug, eine Lösung zu finden.* Dann erinnere ich mich daran, dass die neue Antwort gefunden werden will. Ich schließe einen stillschweigenden Vertrag mit mir, all die gewohnten Gedanken, Gefühle und Verhaltensweisen eine Woche lang auf Eis zu legen. Ich lasse alle alten Muster los. Und das ist der Punkt, an dem der systemische Transformationsprozess beginnt. Wenn ich mich ändere, ändert sich auch meine Welt.

Ein Transformationsprozess muss kein harter Einschnitt sein. Sie gelangen auch ans Ziel, wenn Sie einen Schritt vor den anderen setzen. Die gute Nachricht ist: Wenn Sie dieses Buch lesen, haben Sie bereits gespürt, dass ein Leben mit mehr Facetten und einem weiteren Horizont möglich für Sie ist. Sie müssen nur fest entschlossen sein, die Wende einzuleiten.

Die Wende

Die Wende ist der zentrale Punkt des Veränderungsprozesses – der Dreh- und Angelpunkt. Die erste Regel der Wende lautet: Lassen Sie sich von niemandem vorschreiben, wie Ihre Ziele, Bestrebungen oder Ihr Lebensweg aussehen sollten. Die Entscheidung darüber liegt ganz allein bei Ihnen. Wenn Sie klein anfangen wollen, ist das völlig in Ordnung. Wenn Sie auf der Schnellspur unterwegs sind und eine weitere Strecke vor sich haben, um Ihr Ziel zu erreichen, lassen Sie sich nicht aufhalten. Es ist Ihr Leben, Ihr Traum und Ihre Reise. Wenn Sie die Meinung anderer Leute hören wollen, auch gut. Aber das letzte Wort sollten immer, ohne Ausnahme, Ihr Herz, Ihre Intuition und Ihr eigener Verstand haben. Lassen Sie nicht zu, dass jemand Sie von Ihrem Vorhaben abbringt.

Zweitens bedeutet der feste Entschluss, zu neuen Ufern aufzubrechen, dass Sie kein Opfer der bestehenden Verhältnisse mehr sein wollen. Sobald Sie Ihr Problem klar erkannt und sich für eine andere Option entschieden haben, übernehmen Sie die Rolle des Autors, der ein neues Drehbuch für Ihr Leben gestaltet. Sie nehmen Ihre Macht an, Ihre wahren Wünsche zu entdecken, zu bejahen, zu äußern und sie zu erfüllen, Schritt für Schritt. Das bedeutet nicht, dass nicht auch Augenblicke des Zweifels, der Unsicherheit oder das Gefühl zu scheitern auftauchen können. Solche Empfindungen sind Teil jeder Reise, die ins Ungewisse führt. Sie werden nur nicht mehr die Opferrolle einnehmen und zulassen, dass uralte, generationsübergreifende Gefühle Sie aufhalten.

Klingt das ein bisschen beängstigend? Allerdings! Ist es möglich, die alten Bindungen loszulassen und sich mit Leichtigkeit vorwärtszubewegen? Allerdings! Hannah ist ein gutes Beispiel.

Sie kam verärgert in die Aufstellungsgruppe und machte ihrem Unmut lautstark Luft. Sie kritisierte den gesamten Verlauf und beschwerte sich über jede Übung, bei der sie mitmachen sollte. Sie erklärte ständig: »Mit mir nicht!« oder »Wozu habe ich eine Stimme, wenn ich sie nicht benutzen darf?«. Nach den Pausen eilte sie unüberhörbar den Flur entlang und bedrängte die anderen Teilnehmenden mit Schilderungen, was sie bei ihnen beobachtet hatte. Fortwährend auf Krawall gebürstet, war sie kurz davor, zu gehen, als sie an der Reihe war, systemische Arbeit zu leisten. Nach langem Hin und Her erklärte sie sich einverstanden, zu bleiben und ihre Familie aufzustellen, *wenn* sie den übrigen Teilnehmenden den Rücken zukehren durfte.

Ihr Problem? Hannah hatte das Gefühl, seit ihrer Kindheit aus dem Familiensystem ausgeschlossen zu sein. Die Mitglieder ihrer Familie straften sie mit Missachtung und nahmen sie nicht in ihren Kreis auf. Jeder war freundlich, ruhig und höflich, aber ständig auf der Hut. Sie fühlte sich schuldig, weil sie aus der Art geschlagen war und oft fluchte. Auf den Workshop hatte sie sich eingelassen, weil sie verzweifelt nach einer Möglichkeit suchte, eine Verbindung zu ihren vier Geschwistern und ihrer Mutter herzustellen und sich zugehörig zu fühlen. »Meine Mutter erklärt mir ständig: ›Reden ist Silber und Schweigen ist Gold, und wohlerzogene Frauen wissen, wann Schweigen geboten ist‹. Sie hält mir dauernd vor, dass es mir erheblich besser ginge, wenn ich öfter mal den Mund halten würde!«

Doch Schweigen war nicht Hannahs Sache, dagegen wehrte sie sich vehement. »Wenn jemand etwas zu sagen hat, ist es absolut und ohne jeden Zweifel notwendig, den Mund aufzumachen«, erklärte sie. Sie gestand, dass andere sie ein bisschen zu angriffslustig fanden, womit sich der Zustand der sozialen Isolation auch außerhalb der Familie fortsetzte und verhinderte, dass sie sich anderen zugehörig fühlte.

Ihre Sprachmuster weckten meine Aufmerksamkeit, weil sie zu hundert Prozent ihrem Verhaltensmuster entsprachen. Ich fragte sie, was es mit dem Schweigen auf sich hatte, und sie erzählte, dass ihre Mutter und ihre Verwandten nie ihre Meinung sagten, wenn es darauf ankam. Es war allgemein bekannt, dass ihr Onkel sich nicht zur Wehr gesetzt hatte, als jemand das Familienunternehmen mit üblen Machenschaften hinterging und fast in den Ruin getrieben hätte.

Das erklärte bis zu einem gewissen Grad die Verbissenheit, mit der sich Hannah Gehör verschaffte, aber nicht ihr lautes, forderndes, aggressives Naturell. Wir stellten Repräsentanten für sie, ihre Eltern, ihre Geschwister, besagten Onkel und das Familienunternehmen auf. Der Stellvertreter des Familienunternehmens legte sich auf den Boden; ihre Onkel und Tanten gingen zu ihm hinüber und stellten sich neben ihn, dann setzten sie sich direkt zu ihm hin. Nach einer Weile legte sich der Vater auf den Fußboden, und umgehend setzte sich die Stellvertreterin der Mutter zu ihm. Hannahs Geschwister gruppierten sich um die beiden. In diesem Augenblick berichtete Hannahs Repräsentantin, bei dem Anblick werde ihr schlecht und sie würde den Raum am liebsten verlassen.

Hannah wurde blass, schwieg und brachte eine Zeitlang kein Wort heraus. »Verdammte Stimme!« rang sie sich schließlich ab. »Es geht immer wieder um die verdammte Stimme! Und die verdammten Manieren!« Ich wollte wissen, was sie damit meinte. Und dann kam die ganze Geschichte ans Tageslicht.

Hannah war fünf, und ihr Vater behandelte sie wie eine kleine Prinzessin. Alles war in bester Ordnung. Eines Nachmittags saß sie mit ihm im Wohnzimmer, während der Rest der Familie eine der Tanten besuchte, die auf der gegenüberliegenden Straßenseite wohnte. Plötzlich griff sich ihr Vater an die Brust und fiel zu Boden. Erschrocken rannte sie über die Straße zum Haus der Tante, um Hilfe zu holen. »Papa braucht Hilfe!«, wollte sie schreien, als sie ins Wohnzimmer stürmte, doch ihre Mutter legte den Finger an die Lippen – das unmissverständliche Zeichen in ihrer Familie, dass gute Manieren und Schweigen geboten waren. Es dauerte eine Viertelstunde, bis die Mutter ihr erlaubte, den Mund aufzumachen.

Ihr Vater war tot, als die Familie zuhause ankam. Nach der Beisetzung verschanzte sich die Mutter in ihrem Schlafzimmer und tauchte erst nach einem Monat wieder auf. Die Geschwister fragten ständig, warum Hannah nichts gesagt hatte. Danach wurde das Thema nie wieder erwähnt. Als ihre Mutter und ihre Geschwister gemeinsam trauerten, gelangte Hannah zu der Schlussfolgerung, dass es ihre Schuld war, und schloss sich aus dem Familiensystem aus.

Als Erwachsene wurde ihr klar, dass Schweigen keine Option mehr war: Es hatte den Tod des Vaters verursacht. Und so machte sie nicht nur gegen den Verhaltenskodex ihrer Familie, sondern gegen alles und jeden lautstark Front. Da Schweigen in ihrer Familie aber weiterhin oberstes Gebot war, fühlte sie sich ausgeschlossen – in doppelter Hinsicht, denn sie hatte schließlich auch den Verlust des Vaters verschuldet. Sie wusste nicht, wie sie den Schicksalsschlag und die veränderten Lebensumstände verkraften sollte, und deshalb störte, schrie und rebellierte sie ständig, immer auf Konfrontationskurs. Das System versuchte wieder und wieder, sich durch sie Gehör zu verschaffen, aber sie hatte keinen blassen Schimmer, was es ihr sagen wollte. Hier machte sich ein altes Muster bemerkbar, das durchbrochen und durch etwas Neues ersetzt werden sollte.

Einige Jahre nach dem Tod des Vaters vertraute der Coroner, der amtliche Leichenbeschauer, ihrem älteren Bruder an, ihr Vater sei auf der Stelle tot gewesen und niemand hätte etwas tun können, um ihn zu retten. Ihr Bruder ließ kein Wort darüber verlauten, bis Hannah erheblich älter war; doch zu diesem Zeitpunkt hatten sich die Gedankenmuster der Schuld und Ausgrenzung bereits in ihr verankert. Sie fühlte sich schuldig, mit einem Fluch beladen, nirgendwo zugehörig.

Ich stellte einen Repräsentanten für den Coroner neben ihren Bruder und bat die beiden, Hannah zu sagen, dass es nicht ihre Schuld war. Hannah brach in Tränen aus und hörte so aufmerksam zu, als würde man ihr die Information zum ersten Mal zukommen lassen. Ihre Stellvertreterin setzte sich neben ihre Eltern, doch nach einer Weile stand sie wieder auf und schüttelte den Kopf. Hannah nickte und erklärte, dass sie bewusst entschieden hatte, sich nicht wie ihre Mutter und ihre Geschwister in den Kokon der schweigenden Trauer zurückzuziehen, obwohl die Situation so belastend gewesen war.

Als wir das Bild vor uns betrachteten, erkannte sie, dass ihre Geschwister damit beschäftigt waren, die Mutter nicht aus den Augen zu lassen, die ihren Blick auf den Vater gerichtet hatte, sodass sie Hannah nicht sehen konnten. Die ganze Familie war in dieses Muster verstrickt. Hannah war nicht diejenige, die sich mit ihrem Verhalten ausgegrenzt hatte; die anderen hatten sich in ihrer Trauer verschanzt und sich auf die Mutter fokussiert. Hannah war sprachlos. Die Schlussfolgerungen, die sie ein Leben lang mit sich herumgetragen hatte, lösten sich auf wie Nebel vor ihren Augen. Seit der Coroner das Thema zur Sprache gebracht hatte, war auch kein Platz mehr für ihre Schuldgefühle.

»Ich war lange traurig und voller Schuld, und das alles wegen nichts und wieder nichts«, sagte sie, als ihr bewusst wurde, wie ihre Ausgrenzung wirklich entstanden war. Ich wollte wissen, was passiert wäre, wenn sie sich ihrer Mutter und ihren Geschwistern in ihrer tiefen, endlosen Trauer angeschlossen und sich weiterhin an das Schweigegebot gehalten hätte.

»Ich wäre vermutlich auch gestorben«, erklärte sie sichtlich bewegt. »Stattdessen stand es mir frei, mich für eine andere Option zu entscheiden. Ich war überzeugt, dass sie mich ablehnen, deshalb war ich wütend und habe mich auf meine eigene Art gewehrt. Das hat mir geholfen, am Leben zu bleiben.«

Fällt Ihnen auf, wie sich Hannahs Schlussfolgerungen an diesem Punkt zu ändern beginnen? Während wir die Anordnung der Familienmitglieder im Raum betrachteten, wollte ich wissen, wie ein gutes Ergebnis für sie beschaffen sein müsste, und ihre Augen weiteten sich. »Ich möchte keine Angst mehr haben, der Wahrheit ins Gesicht zu blicken«, erwiderte sie. »Ich möchte keine Angst mehr haben, jemandem offen zu sagen, was Sache ist oder wer ich wirklich bin.«

Ich erkundigte mich, ob wir etwas an ihrer Position verändern sollten, sodass sie den anderen nicht mehr den Rücken, sondern das Gesicht zuwandte, und sie nickte. Wir ordneten die Repräsentanten wie zuvor im Kreis an. Sie hatte den Wendepunkt erreicht, war aber noch darauf fokussiert, was sie *nicht wollte;* deshalb wiederholte ich die Frage: »Was wäre in Ihren Augen ein gutes Ergebnis? Was wünschen Sie sich?«

»Ich möchte meine Mutter und meine Geschwister nicht mehr anschreien, wenn mir etwas nicht passt.« Sie hielt inne. »Ich möchte mich von meinem Vater verabschieden, was ich nie geschafft habe. Ich habe das Bedürfnis, meinen Weg fortzusetzen. Ich will meine Meinung sagen, wenn es darauf ankommt, aber nicht ständig darauf bestehen. Das ist anstrengend.« Die Tränen flossen.

Wir gesellten uns zu ihrem Vater. Sie sagte ihm, wie sehr sie ihn vermisste und sich wünschte, sie hätte ihn retten können, aber inzwischen sei ihr klar, dass es nicht in ihrer Macht lag. Sie verabschiedete sich von ihm, und der Stellvertreter ihres Vaters trat ein paar Schritte zurück. Dann gab er ihr einen einfachen Satz mit auf den Weg: »Nutze deine Stimme, aber achtsam, denn dann kannst du dich zugehörig fühlen.«

»Wie war Ihr Vater, Hannah?« wollte ich wissen.

Sie wischte die Tränen weg und schniefte. »Mein Vater? Er war laut, stolz und scherte sich nicht um die Meinung anderer.« Alle Anwesenden im Raum lachten, Hannah eingeschlossen.

»Der Apfel fällt bekanntlich nicht weit vom Stamm.« Wieder lachten alle, doch dann wurde sie ernst. »Ich bin *genau* wie mein Vater. Ich liebe das Leben, genau wie er. Er sagte seine Meinung, mit Nachdruck, und als ich klein war, erklärte er mir, dass mich die Wahrheit frei machen würde. Ich hielt ihn für verrückt, aber so war es!«

Sie ließ den Blick über die anderen Stellvertreter ihrer Familie schweifen und sagte: »Ich gehöre zu euch, genau wie Dad.«

Ihre Stellvertreterin rückte näher an die Familie heran.

Ich fragte sie nach ihrer beruflichen Laufbahn, und sie lachte unter Tränen. »Ich bin Pressereferentin. Ich habe meine Nische gefunden, setze mich für Menschen ein, die keine Stimme haben. Ich bin für mehrere große Teilbereiche der Öffentlichkeitsarbeit zuständig und dafür bekannt, dass ich kein Blatt vor den Mund nehme, wenn ich verborgene Wahrheiten und bewusstes Verschweigen aufdecke.«

Die Anwesenden brachen in schallendes Gelächter aus.

Sie lachte mit. »Mir war nicht klar, dass ich mir selbst die größten Lügen erzählt habe. Ich wurde nie wirklich ausgegrenzt, ich habe nur einen anderen Weg gewählt. Durch das Schweigen meiner Familie habe ich meine Bestimmung im Leben gefunden. Nun bieten sich mir andere Möglichkeiten, diese Erkenntnis umzusetzen.« Nach einem Moment der Stille fügte sie hinzu: »Es ist irgendwie seltsam. Ich wollte schon seit geraumer Zeit etwas verändern.«

Sehen Sie, wie Hannah mit sich selbst zu Rate geht, um ihr Vorhaben voranzubringen? Wie sie die neuen Wahrheiten, auf die sie gestoßen war, akzeptiert, offen anspricht und an ihre aktuelle Situation anpasst?

An diesem Punkt legte sie ihre Hand aufs Herz und stand einige Minuten gedankenverloren da. Die Repräsentanten ihrer Eltern nahmen hinter ihr Aufstellung und legten ihr die Hände auf den Rücken, sodass sie eine aufrechte Körperhaltung einnahm. Sie hob den Kopf und sagte lächelnd: »Ich möchte anderen beibringen, ihre eigene Stimme zu benutzen. Ihre Meinung zu sagen, wenn es erforderlich ist, mit der nötigen Eloquenz … und Manieren!«

Ihre Aussage war klar. Nicht lange nach der Systemaufstellung rief Hannah *Next Door Strategies* ins Leben, ein Trainingsprogramm, und profilierte sich als Coach, Referentin und Mentorin für Top-Führungskräfte.

Eine klassische Wende

So aggressiv, schrill und unkooperativ Hannah anfangs auch war, als sie sich bereit erklärte, ihre Familie aufstellen zu lassen, hatte ihr Wunsch nach Veränderung bereits auf ihrer Agenda gestanden. Obwohl sie sich zunächst dagegen sperrte, der Gruppe ins Gesicht zu sehen, war sie bereit, systemisch zu arbeiten. Sie gab zu, dass sie gespannt auf das Ergebnis der Aufstellung, aber zugleich nervös gewesen war. Ihre starken Emotionen drängten offenbar auf einen Wandel zum Besseren, und das Erahnen neuer Möglichkeiten faszinierte sie. Das hatte sie zur Teilnahme an der Systemaufstellung bewogen, und in ihrem Verlauf hatte sie ihre Abwehrmechanismen zurückgefahren und sich auf den Prozess eingelassen. Sie legte ihre alten Denkmuster ab und gab sich die Erlaubnis, ihre Situation aus einer ganz neuen Perspektive zu betrachten. Sie schreckte weder vor dem Moment der Wahrheit zurück noch weigerte sie sich, genau hinzuschauen. Während der Aufstellung trug sie aktiv dazu bei, Wissenslücken zu füllen und einen Wandel herbeizuführen.

Bei Systemaufstellungen halte ich stets nach physischen Anzeichen für den Wandel bei meinen Klienten Ausschau: Veränderungen im Nervensystem, die sich bei Hannah bemerkbar machten, als sie neue Einblicke in ihre Situation gewann. Später berichtete sie, dass sie spüren konnte, wie sich ihr Körper entspannte und aus den alten Verstrickungen löste, die dafür gesorgt hatten, dass Anspannung und Wut erhalten blieben. An diesem Punkt wurde der Körper zu einem Freund und Verbündeten, der noch während der Aufstellung gemeinsam mit ihrem Gehirn damit beschäftigt war, die alten, einengenden Muster loszulassen.

Als die neu gewonnenen Erkenntnisse Gestalt annahmen, konnte Hannah sie akzeptieren, benennen und verinnerlichen. Ihre Gedanken und Gefühle wurden neu verdrahtet, neue neuronale Netze, neue Wahrheiten und neue, positive Schlussfolgerungen entstanden. Hannah ging die innere Verpflichtung ein, ihrem Zugehörigkeitsbedürfnis zu entsprechen, und sah, wie wichtig es war, ihre überschießenden Emotionen zu regulieren. Sie begrüßte die neue Version ihres Selbst und die neuen Ziele, die sie sich gesetzt hatte, und nach der systemischen Arbeit machte sie sich unverzüglich daran, das gewonnene Wissen im beruflichen und privaten Bereich anzuwenden.

Was Hannah geschafft hat, gelingt Ihnen auch!

Systemischer Meilenstein #12:
Ihr Anliegen transformieren

Sie wissen, was Ihr Problem oder Anliegen ist. Notieren Sie es auf einem Blatt Papier, das Sie an einem Ende des Raumes auf den Fußboden legen. (Wenn Ihnen wenig Platz zur Verfügung steht, können Sie auch Klebezettel, die Sie auf einem Tisch anordnen, und verschiedene Objekte als Stellvertreter verwenden.) Nehmen Sie nun Ihre Wünsche oder Herzensbedürfnisse in den Fokus. Notieren Sie sie auf einem Blatt Papier, das Sie am entgegengesetzten Ende des Raumes platzieren, und zwar so, dass Sie rundherum gehen können. Achten Sie auf die Gedanken und Gefühle, die auftauchen, wenn Sie Ihre Träume und Wünsche umrunden und von allen Seiten betrachten. Unterscheiden sie sich von denjenigen, die sich in der Nähe Ihres Problems einstellen? Können Sie die neuen Gefühle und Empfindungen benennen? Können Sie sie zulassen, ohne sie zu leugnen oder zu bewerten? Probieren Sie, ob sie »passen«, wie neue Kleidungsstücke, deren Sitz Sie in Augenschein nehmen. Lassen Sie Ihr *Gefühl* dabei die Führung übernehmen. Die Einleitung des Wendemanövers ist bereits geschafft: Sie sind offen für neue Möglichkeiten. Erlauben Sie ihnen, Gestalt anzunehmen.
Gehen Sie jetzt zu dem Zettel am entgegengesetzten Ende des Raumes zurück; stellen Sie sich auf das Blatt Papier mit dem problematischen Muster, das zur Ruhe kommen möchte – auf den Platz, den Sie derzeit im Leben einnehmen. Von hier aus richten Sie den Blick auf das Muster, das aufzutauchen versucht. Bewegen Sie sich Schritt für Schritt darauf zu. Richten Sie Ihre Aufmerksamkeit dabei auf Ihre Gedanken. Spüren Sie den Gefühlen und Empfindungen nach, die aufkommen. Achten Sie darauf, an welcher Stelle des Körpers sie sich bemerkbar machen. Nehmen Sie Ihre Reaktionen und Ihr Verhalten wahr. Durchqueren Sie zügig den Raum? Bleiben Sie irgendwo stehen? Kehren Sie um? Zögern Sie?
Wenn ein vertrauter Satz in Ihren Gedanken auftaucht, notieren

Sie ihn und legen das Blatt Papier direkt vor sich auf den Boden: Haben Sie das Gefühl, dass es Ihre Bewegungsfreiheit einschränkt oder sie eher fördert? Wenn Sie das Bedürfnis verspüren, umzukehren oder seitwärts auszuweichen, erkunden Sie, warum Sie diesen Weg wählen. Fehlt etwas, das Sie brauchen, um ans Ziel Ihrer Wünsche zu gelangen? Gehen Sie nur dann weiter, wenn Ihre Gedanken und Gefühle uneingeschränkt »Ja« sagen. Halten Sie sich vor Augen, dass Ihr Körper bei dieser Aufstellung Ihres Anliegens oder Problems ein hilfreicher Kompass ist und Ihr Gehirn die kognitiven Hinweise beisteuert, die Aufschluss darüber geben, was in Ihrem Innern vor sich geht.

Während Sie sich auf Ihr Ziel zubewegen, achten Sie darauf, ob Sie Unterstützung brauchen, um voranzukommen. Vielleicht träumen Sie davon, Ihre eigene Firma zu gründen, und Ihnen fällt gerade ein, dass Ihr Onkel Philipp hervorragend geeignet wäre, Ihnen dabei zur Seite zu stehen. Notieren Sie seinen Namen und legen Sie das Blatt Papier vor sich auf den Fußboden. Hören Sie in sich hinein und nehmen Sie wahr, ob sich dadurch etwas ändert. Wenn es sich hilfreich anfühlt, behalten Sie die Idee. Wenn nicht, legen Sie das Blatt zur Seite. Vielleicht können Sie es später noch brauchen, oder es ist mit einem alten Konflikt befrachtet, der erst eine Lösung braucht. Gehen Sie weiter, und nehmen Sie weitere Ressourcen und Ideen auf, die Ihnen einfallen. Erlauben Sie, dass sich Ihre Sprache, Ihre Denkweise und Ihre Art zu gehen dadurch verändern.

Wenn Sie feststellen, dass Sie sich überfordert fühlen, gehen Sie einfach einen oder zwei Schritte zurück, bis Sie an eine Stelle gelangen, an der Sie wieder tief durchatmen können. Das hat nichts mit Scheitern zu tun. Sie haben bereits einige wichtige Schritte gemacht. Versuchen Sie zu ergründen, was Sie ausbremst, an welcher Stelle des Körpers sich diese Empfindung bemerkbar macht, und schließen Sie damit ab. Wenn Sie wieder in der Lage sind, Ihren Weg fortzusetzen, leiten Sie den nächsten Schritt ein. Seien Sie geduldig und nachsichtig mit sich selbst. Es zahlt sich aus. Vielleicht entpuppt sich das sogar als ein weiterer neuer Schritt auf Ihrem Weg ans Ziel. Notieren Sie »Geduldig und nachsichtig mit mir sein« auf einem Blatt Papier, das Sie neben sich auf den Fußboden legen.

Sie müssen sich die neuen Gedanken, Vorgehensweisen oder Gefühle vermutlich immer wieder bewusst machen, damit sie sich verankern. Wunderbar! Wie oft haben Sie sich eingeredet, dass Sie ein schlechter Mensch oder nichts wert sind? Vermutlich so lange, bis Sie es geglaubt haben!

Wenn Sie das Ziel erreicht haben, spüren Sie den Gefühlen nach, die sich nun bemerkbar machen. Wenn sich Ihre Freude in Grenzen hält, ist das Ziel vielleicht zu klein oder es fehlt noch etwas. Legen Sie eine kurze Verschnaufpause ein, dann überprüfen Sie noch einmal den Weg, den Sie genommen haben. Müssen Sie vielleicht irgendwo Anpassungen vornehmen? Machen Sie sich keine Sorgen, wenn sich noch nicht alles ganz richtig anfühlt. Verändern Sie den aufgestellten Weg so lange, bis Sie das Gefühl haben, nun stimmt alles. Sobald mit der neuen Anordnung neue Gedanken und Gefühle auftauchen, fragen Sie sich: »Wie könnte der nächste Schritt aussehen, der mich meinem Ziel näherbringt?« *Dann leiten Sie diesen Schritt ein.* Der neue Impuls kann zu einer Kette weiterer neuer Gedanken und Gefühle führen. Auf diese Weise lösen Sie nicht nur Ihre Probleme, sondern bauen gleichzeitig an der Erfüllung Ihrer Träume.

Teil III

Die Macht der verborgenen Sprachmuster

9
Verstrickungen entwirren: Lösungssätze als Wegweiser

Sie glauben, dass die Worte, die Sie von sich geben, ausschließlich von Ihnen stammen. Doch in Wirklichkeit bringen Sie dabei oft typische Gedanken Ihres Systems zum Ausdruck, auch wenn Sie es nicht immer merken. Die Worte und Glaubenssätze Ihrer Vorfahren wurden unverdrossen weitergegeben, von Mund zu Mund, von einer Generation zur nächsten. Wenn wir sie aussprechen, liegt darin die Chance, dass unser Gehirn sie in der Tiefe umwandelt und wir zu neuer Erkenntnis gelangen. Der Schlüssel zu dieser Schatzkammer verbirgt sich in den Sprachmustern, die wir übernommen haben; diesen Code müssen wir knacken, um an unser wahres Selbst heranzukommen.

Unsere ausgesprochenen und unausgesprochenen Worte wirken sich nicht nur auf unsere täglichen Interaktionen aus, sondern prägen unser gesamtes Leben. Sie gestalten unsere Realität, individuell und global, sie haben maßgeblichen Einfluss auf Krieg und Frieden, gesellschaftliche und religiöse Überzeugungen, Hoffnung und Verzweiflung, Freud und Leid. Ganze Denk- und Verhaltenssysteme lassen sich mit einem einzigen kurzen Satz entschlüsseln: Der Krieg ist vorbei. Ich habe die Krankheit überwunden. Wir haben das Recht, zu wählen. Und ein einziges Wort – »Schuldig!« – kann ein Leben beenden.

Menschen, die besondere Leistungen erbringen, setzen bestimmte Worte ein, um sich ihren Zielen näherzubringen. Sie haben sich den Gebrauch von Affirmationen – positiven Zuschreibungen – als Akt der Selbstbestätigung zur Gewohnheit gemacht. »Ich bin mutig, brillant und schön«, erklärt Curvy Model Ashley Graham. »Es gibt keine Fehler, nur Lernchancen«, sagt Schauspielerin Tina Fey. »Ich bin der Größte«, verkündete Boxlegende Muhammad Ali. »Man kann alles erreichen, was man will, wenn der Wille stark genug ist«, beteuerte Abraham Lincoln.

Hören Sie einmal bewusst darauf, was unzufriedene, erfolglose Menschen an destruktiven Aussagen und Glaubenssätzen von sich geben. »Habe ich doch gleich gesagt, dass ich das nicht kann. Ich mache nur Mist. Ich kriege nichts auf die Reihe. Ich bin immer das Schlusslicht. Offensichtlich bin ich zu blöd, um das zu kapieren.« Sie füttern dauerhaft Scham-, Wut- und Schuldgefühle mit solchen destruktiven Zuschreibungen und verdammen sich dazu, ein Leben zu führen, das zutiefst unbefriedigend ist. Äußerungen mit destruktiver Wirkung sind aber nicht nur auf Selbstabwertung beschränkt. *Alle systemischen Aussagen und Glaubenssätze, die Sie herunterziehen, sind verhängnisvoll, weil sie die Verstrickung in die immer gleichen destruktiven Muster vorprogrammieren.*

»Geduld ist eine Tugend« kann Sie zum lebenslangen Abwarten verdammen. »Ohne Fleiß kein Preis« ist die perfekte Anleitung für chronische Überlastung. Mit Aussagen wie »Um Hilfe zu bitten ist ein Zeichen von Schwäche« bürden wir uns ein Schicksal als Einzelkämpfer auf. Die gute Nachricht ist, dass destruktive Aussagen und Glaubenssätze auch den Anstoß zur Befreiung geben können. Denn sie tragen den Keim der Erkenntnis in sich und befähigen uns, einengende Muster als solche wahrzunehmen und auf der Stelle zu beenden.

Doch bis wir sie aufspüren und ihre Wirkung auf uns eingestehen, sind destruktive Aussagen und Glaubenssätze wirklich mächtige Saboteure. Ihre Existenz aufzudecken und zu bestätigen, dass sie massiven Einfluss auf uns haben, ist ein Akt der Selbstermächtigung – keine Bankrotterklärung, sondern die Wahrnehmung und Akzeptanz einer Realität, *so wie sie ist.* Diese Aussage deckt das Problem auf und nennt es beim Namen. Sie bietet die Chance zu ergründen, wie es entstanden ist, und auch, wie es gelöst und transformiert werden kann.

Geisterjagd

Glaubenssätze, die Sie Ihr Leben lang ständig wiederholt haben, verlieren die Macht über Sie, sobald Sie sie einmal identifiziert und ausgesprochen haben. Das Muster ist aufgespürt und wahrgenommen worden, die »Geisterjagd« war erfolgreich.

Kevin ist ein perfektes Beispiel. Er redete sich jeden Tag ein, dass nur unermüdliche Arbeit zu wirtschaftlichem Erfolg führt. Und jeden Tag kam er so geschafft nach Hause, dass er erst eine halbe Stunde lang schlafen musste, bevor er den Abend mit seiner Familie verbringen konnte. Sein Motto lautete: »Ein Mann, der etwas auf sich hält, arbeitet bis zum Umfallen, damit es seiner Familie gutgeht.« Diesen Glaubenssatz hatte er von seinem Vater und von seinem Großvater übernommen, die sich beide erst mit über achtzig Jahren zur Ruhe setzten. Sie nahmen sich selten einen Tag frei und starben beide an einem Herzinfarkt.

Sein Großvater hatte in der Großen Depression, der schweren Wirtschaftskrise in den USA, die Ende der 1920er begann und bis in die 1930er-Jahre andauerte, sein gesamtes Vermögen verloren, hatte sich aber in einem schier unglaublichen Kraftakt wieder hochgearbeitet und seiner Familie ein sorgenfreies Leben beschert. Kevins Vater hatte im Vergleich ein gutes Auskommen, aber er lebte in der ständigen Angst, alles, was er sich erarbeitet hatte, wieder zu verlieren. Kevin konnte seiner Familie ein Leben im Wohlstand bieten. Dank seiner umsichtigen Vorsorge hätte er jederzeit in den Ruhestand gehen können, doch der destruktive Glaubenssatz, den er wie einen Staffelstab übernommen hatte, verurteilte ihn dazu, das Schicksal seines Vaters und Großvaters zu teilen. Er stand ständig unter Anspannung, und sein Hausarzt warnte ihn, dass Stress und Überarbeitung ihn umbringen würden, wenn er so weitermachte.

»Ich habe Angst, alles zu verlieren! Ich muss so lange wie möglich arbeiten, um vorzusorgen!«, erklärte Kevin mit geballten Fäusten und Schweiß auf der Stirn. Er hatte es klar erkannt. Vor-Sorge, genau das war sein Problem.

»Wie sieht Ihre finanzielle Situation Stand heute aus?«, hakte ich nach.

»Meine Finanzberater meinen, ich hätte genug auf der hohen Kante, um in den Ruhestand zu gehen und das Leben zu genießen, ohne dass wir uns einschränken müssten; das Geld würde noch lange reichen. Genauer gesagt, bis zu meinem 110ten Lebensjahr«, fügte er lachend hinzu. Dann brach er in Tränen aus, als ihm klar wurde, dass er den Glaubenssatz seines Vaters und Großvaters übernommen hatte, der für ihn längst nicht mehr relevant war. Die Devise »Ein Mann, der etwas auf sich hält, arbeitet bis zum Umfallen« hatte sich als Antriebskraft für seine Arbeitsmoral und seinen Wohlstand erwiesen, und dafür war er aufrichtig dankbar. Doch sie gehörte der Vergangenheit an. Sie war obsolet, entsprach nicht mehr seiner Realität.

Oft gleichen die Glaubenssätze, die sich in uns eingenistet haben und uns in bestimmten Gefühlen festhalten, Schreckgespenstern, die nachts polternd ihr Unwesen treiben und uns zu ängstlichen Gefangenen unserer eigenen Vergangenheit machen. In den richtigen Kontext gerückt und laut ausgesprochen, klingen diese Aussagen nicht ganz so logisch, wie wir denken – oder ergeben überhaupt keinen Sinn.

»Können Sie mir sagen, wie Sie Ihre derzeitigen Lebensumstände und die harte Arbeit, die Sie leisten, verkraften?«, fragte ich.

»Ich bin erschöpft«, gestand er. »Genau wie alle Männer in meiner Familie.« Er seufzte, schloss die Augen und ließ die Schultern hängen. Einen Moment lang dachte ich, er sei kurz davor, einzuschlafen. Doch dann öffnete er die Augen und sagte: »Das bringt mich um.«

Aha! Ein weiterer wichtiger Einblick in die Realität *außerhalb* seines systemischen Trancezustands. Von ganz allein entwickelte Kevin nun sogenannte »Lösungssätze«.

»So geht das nicht weiter. Ich werde nicht auch noch bis zum Umfallen arbeiten. Meine Familie hat ein gutes Leben. Wir müssen uns keine Sorgen machen.« Er schüttelte den Kopf angesichts der Wahrheit, die er gerade ausgesprochen hatte. Damit gelang es ihm, das übernommene Muster, die Bürde der lebenslangen Angst und Plackerei, abzulegen. Der destruktive Glaubenssatz, der für seinen Vater und Großvater eine Problemlösung gewesen war, erwies sich in Kevins Leben als nicht länger notwendig.

Lösungssätze

Wie wir gerade gesehen haben, sind Lösungssätze relevant, aufschlussreich und problemlösend; während einer Systemaufstellung erfolgen sie oft dann, wenn ein Muster aufgedeckt und erkannt wurde, dass es beendet werden muss. Sie leiten das Wendemanöver ein und tragen dazu bei, dass ein vollständiger Richtungswechsel vollzogen wird und Körper und Geist aus der Verstrickung gelöst werden können. Die Wende wird normalerweise von bahnbrechenden Erkenntnissen begleitet, wie bei Kevin, dem klar wurde: »Wir müssen uns keine Sorgen machen.«

Lösungssätze sind Grundsatzerklärungen, zum Beispiel:

- So geht das nicht weiter.
- Ich werde mich nicht trennen wie alle anderen in meiner Familie.
- Ich lege die Bürde der Verantwortung ab. Sie ist zu schwer für mich.
- Ich will nicht mehr so leiden, wie sie es getan haben.
- Dieser ewige Kampf muss ein Ende haben.
- Immer wieder das Gleiche zu tun, bringt mich nicht weiter. Damit ist jetzt Schluss.

- Ich mache nicht mehr mit bei diesem Drama!
- Ich will nicht bis an mein Lebensende unglücklich sein.
- Ich werde nicht mehr dazu beitragen, dass sich das überlieferte Muster … (Schwermut, Suchtverhalten, Angst, Wut, Gewalttätigkeit) fortsetzt.
- Ich werde das Geld nicht mehr mit vollen Händen ausgeben, als gäbe es kein Morgen.

Diese konstruktiven Aussagen veranschaulichen die Beendigung eines Musters, das möglicherweise generationsübergreifend oder auf ein mehrfach aufgetretenes Ereignis zurückzuführen ist. Wenn Sie Ihr Problem erforschen und unter dem Strich wie Kevin zu einer Einsicht gelangen (»Das bringt mich um«), taucht der Lösungssatz oft mühelos auf und spiegelt gewöhnlich das verborgene Muster wider (»Ein Mann, der etwas auf sich hält, arbeitet bis zum Umfallen. Ich habe Angst, alles zu verlieren«). In Kevins Fall entwickelte sich der Lösungssatz (»So geht das nicht weiter. Ich werde nicht auch noch bis zum Umfallen arbeiten.«) eindeutig aus seinem destruktiven Glaubenssatz.

Oft brechen die Klienten in Tränen aus oder seufzen, wenn sie zu der Aussage gelangen, mit der die Loslösung aus der systemischen Verstrickung beginnt. Ihnen wird bewusst, dass damit das Ende des alten Zustands eingeläutet ist. Diese *individuellen,* konstruktiven Aussagen offen zum Ausdruck zu bringen, vermittelt ein Gefühl der Befreiung. Sie können durchatmen! Oft erkennen wir nicht einmal, dass uns ein negatives Muster fest im Griff hat, bis uns die inneren Dialoge bewusst werden, die alles andere als hilfreich sind. Wenn wir in uns hineinhören und die schrecklichen Dinge wahrnehmen, die wir uns über uns selbst, andere und unser soziales Umfeld einreden, wird uns klar, wohin sie uns geführt haben. Wir erwachen aus dem systemischen Trancezustand. Wenn wir das Muster aufdecken, das uns so fest im Griff hat, und es klar benennen, tauchen die Lösungssätze wie von selbst auf, wie eine Welle der Energie, die uns durchströmt.

Wir müssen nicht lange nach Worten suchen. Sie warten nur darauf, freigesetzt zu werden.

Und was bedeutet *individuelle*, konstruktive Aussagen? Jeder Mensch hat seine eigenen Sprachmuster. Sie sind charakteristisch für Sie und Ihr Familiensystem. Kevins Sprache war durch das Thema »Arbeiten bis zum Umfallen« geprägt. Bestimmte Redewendungen haben sich in Ihren Körper und Geist eingeprägt, vielleicht schon seit Generationen. Wenn Sie die richtige Sprache benutzen, um Mustern und destruktiven Glaubenssätzen auf die Spur zu kommen, stellen sich Erleichterung, Seelenfrieden, überschäumende Freude oder andere tiefgreifende Emotionen ein. Vielleicht seufzen Sie laut oder gähnen. Viele Aufstellungsteilnehmer sagen: »Das fühlt sich richtig an.« Sie bringen tiefe Empfindungen oder das Gefühl des inneren Friedens zum Ausdruck, weil das aufgestellte Thema zum Abschluss gebracht werden konnte. Alle Ungewissheiten sind ausgeräumt. Sie befinden sich in einem Zustand absoluter Klarheit, denn Herz, Kopf und Intuition haben über jeden Zweifel hinaus begriffen, dass sie ein bestimmtes Muster, das in ihnen fortlebt, nicht mehr fortsetzen wollen.

Wenn Sie Ihre Lösungssätze entwickeln, stellen Sie sicher, dass Sie dem alten Muster eine klare Absage erteilen, und zwar mit Worten, die Ihnen sowohl Ihr Gehirn als auch Ihr Körper wirklich abnehmen. Bringen Sie unmissverständlich zum Ausdruck: »Damit ist jetzt Schluss«. Auf diese Weise ebnen Sie den Weg, der Ihnen Kraft und eine klare Richtung gibt.

Der halbe Wortschatz

Bevor wir solche Sätze genauer in Augenschein nehmen, sollten wir uns bewusst machen, dass die meisten Menschen von Kindesbeinen an nur eine Hälfte des Wortschatzes benutzen – den Teil nämlich, der mit Unzufriedenheit, Angst, Armut, Kummer, Hoffnungslosigkeit oder Beschränkung zu tun hat. Viele bekommen schon im Elternhaus negative Zuschreibungen aller Art zu hören – dass sie dumm oder unattraktiv sind, dass es ihnen an gutem Benehmen, Charme oder Humor mangelt. Wir werden mit anderen verglichen, und man redet uns ein, dass wir ihnen nicht das Wasser reichen können oder die geborenen Verlierer sind. »Du wirst es nie zu etwas bringen«, bekommen wir zu hören oder »Du bist ein Versager, genau wie dein Vater.«

Man bläut uns ein, dass wir alle Egoisten und »selbstsüchtig« sind, wenn wir an unser eigenes Wohl denken. Wir halten uns an das Verbot, mit einem Stock in der Hand herumzurennen, weil wir hinfallen und uns die Augen ausstechen könnten. Wir hören auf, neugierig die Welt zu erforschen, denn die Welt ist schließlich voller Gefahren. Wir lernen, den Teller leer zu essen, weil andere Kinder in der Welt Hunger leiden. Wir werden darauf gedrillt, anständig und altruistisch zu sein, ja nicht am Status quo zu rütteln, die Regeln zu befolgen und nicht aus der Reihe zu tanzen.

Die andere Hälfte des menschlichen Wortschatzes kommt seltener zur Anwendung. Gleich ob in englischer, französischer, deutscher, spanischer oder chinesischer Sprache, wie oft werden wir ermutigt, positive Worte zu benutzen, wenn wir über uns nachdenken? Wie oft bekommen wir zu hören: »Du kannst alles erreichen, wenn du es wirklich willst!« oder »Alles wird gut, du wirst schon sehen!« oder »Du bist klasse!«? Brillant? Schön? Klug? Mutig? Eine echte Bereicherung? Wie oft bekommen wir zu hören, dass die meisten Menschen freundlich, liebevoll, großzügig und rücksichtsvoll sind?

Und wie reagieren wir auf Komplimente oder positive Zuschreibungen? Wir neigen dazu, uns selbst kleinzureden. Das Lob mit leeren Phrasen beiseitezuschieben. Wir zucken die Schultern und antworten: »Das war doch nicht der Rede wert!« oder »Das ist nett gemeint, aber Sie übertreiben.« Mit anderen Worten, wir lassen die positive Hälfte des Wortschatzes nicht an uns heran. Sie überrumpelt uns und droht unser negatives Selbstbild aus dem Gleichgewicht zu bringen. Wir hören die Worte, aber wir glauben ihnen nicht wirklich – können es nicht. Und was ist mit den abträglichen Bemerkungen? Den negativen Kommentaren? Den rassistischen Ausrutschern? Den gehässigen, diskriminierenden Äußerungen? Wir nehmen sie uns umgehend zu Herzen. Und wenn diese verbalen Giftpfeile von den Eltern und anderen uns nahestehenden Personen abgefeuert werden, dringen sie umso tiefer in unser Herz ein.

Was folgt also daraus? Wenn wir die machtvolle »zweite Hälfte« des menschlichen Wortschatzes nicht von anderen zu hören bekommen, müssen wir zwangsläufig aus unseren eigenen Quellen schöpfen. Und diese positiven Affirmationen sind für den Transformationsprozess ein *absolutes Muss.*

Gewinner oder Verlierer

Nehmen Sie sich einen Moment Zeit, um darüber nachzudenken, ob Sie sich in Situationen, in denen es darauf ankommt, eher als »Gewinner« oder als »Verlierer« betrachten. Neigen Sie dazu, tief- oder hochzustapeln? Sehen Sie neuen oder schwierigen Situationen eher mit Hoffnung und gespannter Erwartung oder mit Angst, Unzufriedenheit und Selbstzweifeln entgegen? Ziehen Sie sich zurück oder bringen Sie sich ein? Wie fühlen Sie sich, wenn Sie sich als Gewinner betrachten? Wie fühlen Sie sich, wenn Sie sich als Verlierer abstempeln?

Die meisten Menschen neigen, zumindest ansatzweise, zu Schwarzmalerei, weil unser Gehirn darauf programmiert ist, den negativen Erfahrungen mehr Aufmerksamkeit zu schenken als den positiven. In der Psychologie wird das als Negativitätsverzerrung bezeichnet. Diese Programmierung ist der Tatsache geschuldet, dass unser Gehirn fortwährend nach potenziellen Bedrohungen Ausschau hält. Es handelt sich um einen Überlebensinstinkt – eine Gewohnheit, an der wir so lange festhalten, bis wir sie entlarvt haben. Oft genug wiederholt, können diese negativ verzerrten Gedanken und Gefühle einengende Muster hervorbringen, die sich im ganzen System verbreiten, als wären sie die ultimative Wahrheit schlechthin. Aus dieser subjektiven »Wahrheit« speisen sich generationsübergreifende Glaubenssätze, die häufig zu unangemessenen persönlichen Erwartungen führen und uns das Leben vergällen.

Eine Klientin, die wegen einer generalisierten Angststörung zu mir kam, hatte ihre systemischen Glaubenssätze von ihrem perfektionistischen Großvater, einem Chirurgen, und ihrer Mutter, einer Krankenschwester, gehört. Sie besagten: »Wenn du etwas machst, mach es richtig!« und »Man sollte sich nur mit den Besten vergleichen.« Im medizinischen Bereich entschied die Fähigkeit, »etwas richtig zu machen« buchstäblich über Leben und Tod. Die ursprünglichen Glaubenssätze hatten sich für beide als hilfreich und wichtig erwiesen. Doch meine Klientin hatte beruflich nichts mit Medizin zu tun. Dennoch wurde sie von diesen Sätzen darauf programmiert, jede Situation in ihrem Leben als einen Kampf auf Leben und Tod zu betrachten und geradezu besessen nach Perfektion zu streben. Im Lauf der Zeit hatten sich diese familieninternen Glaubenssätze so sehr in ihre Psyche eingegraben, dass sie immer und überall die Beste sein wollte – sei es in Wissensfragen, bei Sport, Beruf, Sex oder Kochen. Sie war gnadenlos, wenn es galt, sich selbst anzutreiben.

Sobald sie erkannte, was sie antrieb und wie diese Gedanken ihr Leben steuerten, ließen ihre Ängste nach. Ein echter Durchbruch gelang jedoch erst einige Monate später, als sie ihre neue Denkweise bewusst *in die Praxis umsetzte.* Sie hatte einen Umzug ans andere Ende des Landes geplant und eine zeitlich begrenzte Stellung als Teamassistenz angenommen, um die Zeit zu überbrücken. Sie hatte noch nie in einem Büro gearbeitet, war keine ausgebildete Schreibkraft und nur leidlich mit der Software vertraut, die in dem Unternehmen benutzt wurde. Wie dem auch sei, am Ende der ersten Arbeitswoche ging sie hart mit sich ins Gericht, weil sie bei der Dateneingabe viel zu langsam war.

»Ich saß am Schreibtisch und machte mich selbst fertig«, sagte sie. »Doch plötzlich fiel mir ein: Halt. Ich weiß, was da gerade passiert!« Sie wechselte bewusst zu einem affirmativen inneren Dialog über, nahm das eigentliche Problem zur Kenntnis: »Ich falle wieder einmal in das alte Muster zurück, immer perfekt sein zu wollen. Etwas richtig zu machen ist mir wichtig. Ich mache diese Arbeit zum ersten Mal, und zwar richtig, wenngleich noch ein bisschen langsam. Aber immerhin, ist doch auch schon was!« Dann griff sie auf einen ihrer Lösungssätze zurück: »Ich weigere mich, mich weiter mit anderen zu vergleichen!« Von diesem Zeitpunkt an hörte sie auf, sich selber unter Druck zu setzen, und alles war gut.

Systemischer Meilenstein #13: **Der selbstermächtigende Spaziergang**

Ein systemisches Wendemanöver besteht aus drei Teilen, die im nächsten Abschnitt zusammengefügt werden; aber hier vorab noch ein paar nützliche Hinweise. Sie beginnen Ihre Reise von einem alten Muster, das ausgedient hat, zu einer neuen Möglichkeit, die sich bereits abzeichnet. Beginnen Sie diese Reise mit einer Einladung an sich selbst, an jedem einzelnen Tag voll präsent in dem zu sein, was Sie erleben. So tauchen Sie in Ihre Gegenwart ein und finden den Weg auf Ihr Ziel zu. Mit der folgenden Übung markieren Sie den Tag, an dem Sie den ersten Schritt auf Ihrer Selbstbestimmungsreise und damit die Wende zum Besseren einleiten.

Um ein Gefühl für diesen wichtigen Teil des Wendemanövers zu bekommen, machen Sie einen Spaziergang, am besten in der freien Natur, oder halten Sie nach einem Ort Ausschau, an dem Sie ungestört Selbstgespräche führen können. Und zwar *laut*.

Denken Sie an Ihr Problem, Ihre Situation oder bestimmte Lebensumstände – Dinge, die Sie wirklich nerven oder einengen –, und diskutieren Sie das Thema mit sich selbst aus. Beschreiben Sie mit Ihren eigenen Worten die grundlegende Angst oder Einschränkung. Versuchen Sie nicht eloquent zu sein oder sich zu zensieren. Bringen Sie Ihre tiefsten Regungen und Gefühle zum Ausdruck, mit genau den Worten, die Sie auch sonst benutzen. Hier einige Beispiele:

- Ich gehöre immer zu den Verlierern.
- Ich mache nie etwas richtig.
- Ich fühle mich absolut wertlos, machtlos oder hoffnungslos.
- Ich habe ständig Angst und Sorgen.
- Alle kommen voran, außer mir.
- Alle sind gegen mich.

Solche Aussagen machen sichtbar, was wir für die Wahrheit in unserem Leben halten. Achten Sie darauf, wie Sie Ihre Situation wahrnehmen. Fragen Sie sich:

- Betrachte ich mich als geborenen Gewinner oder Verlierer?
- Oder jemand anderen?
- Teilen andere meine Denkweise – in meiner Familie, meinem Unternehmen oder einem anderen Organisationssystem?
- Handelt es sich um Gedanken oder Aussagen, die ich ständig wiederhole?
- Wann hat dieses Muster bei mir begonnen? Welche Situation oder welches Ereignis hat dazu geführt?
- Gibt es einen bestimmten Trigger, der es immer wieder aufs Neue in Gang setzt?
- Steht dieser Auslöser mit einer bestimmten Zeit des Tages, der Woche, des Monats oder Jahres in Verbindung?
- Wo schleichen sich Formulierungen, mit denen ich das Problem oder die Situation beschreibe, sonst noch in meinen Wortschatz ein?
- Zu welchen Einschränkungen oder Frustrationen führen sie? In welchem Ausmaß bestimmen sie meinen Alltag?

Denken Sie daran, dass Sie alles, was Ihnen in den Sinn kommt, *laut* aussprechen. Setzen Sie Ihren Spaziergang und Ihr Selbstgespräch so lange fort, bis Ihnen nichts mehr einfällt. Es ist völlig in Ordnung, wenn Sie das, was Sie sich zu sagen haben, ein Dutzend Mal auf ein Dutzend unterschiedliche Arten zum Ausdruck bringen. Lassen Sie alles zu, was auftaucht. Ihr Körper merkt anhand Ihrer Worte und Gefühle, ob Sie sich auf dem richtigen Weg befinden, und zeigt Ihnen mit einem »Weiter so« an, dass die Richtung stimmt. Und Sie merken, wann Sie die Suche nach Ihrem wahren Selbst abschließen können.

Halten Sie nun einen Augenblick inne. Suchen Sie sich einen Platz, and dem Sie sich bequem hinsetzen können; lehnen Sie sich an einen Baum oder vergraben Sie Ihre Füße im Sand, was immer Sie möchten. Seien Sie wach und präsent. Fragen Sie Ihr erschöpftes, wütendes, trauriges, frustriertes oder ängstliches Selbst, was es zu den gerade angesprochenen Gedanken, Gefühlen oder Verhaltensweisen zu sagen hat. Was *möchten* Sie *wirklich* empfinden? Wandeln Sie die destruktiven Aussagen wie im folgenden Beispiel in konstruktive Aussagen um.

Destruktive Aussagen – Glaubenssätze	**Konstruktive Aussagen – Lösungssätze**
Ich bin immer der Verlierer.	Ich kann dafür sorgen, dass ich gewinne.
Ich mache nie etwas richtig.	Ich bin kompetent und in der Lage, kluge Entscheidungen zu treffen.
Ich fühle mich absolut wertlos.	Ich habe einiges zu bieten und freue mich darauf, es mit anderen zu teilen.
Ich bin dauernd der Sündenbock.	Ich werde mir die Last anderer nicht länger aufbürden.
Ich habe ständig Angst und Sorgen.	Ich muss keine Angst haben und kann auf mich selbst achtgeben.
Ich habe es satt, mich ständig hoffnungslos, traurig oder machtlos zu fühlen.	Es ist an der Zeit, all das Gute zu erkennen, das ich habe und das ich bin.

Und hier einige weitere Lösungssätze:

- Das hat mich zu viel gekostet. Es ist an der Zeit, in mich zu investieren.
- Das muss ich anders machen.
- Es ist in Ordnung, wenn ich damit beginne ... (glücklich zu sein, Hoffnung zu schöpfen, mich auf etwas zu freuen).

Wiederholen Sie Ihren Lösungssatz, und zwar so lange, bis Sie *spüren*, dass er wahr ist, oder verändern Sie den Wortlaut so lange, bis er passt. Sie werden es merken, denn Ihr Gefühl sagt es Ihnen.

Ich kann nicht oft genug betonen, wie wichtig es ist, Ihre Selbstaussagen zu *fühlen*. Das tun Sie ja schon mit den negativen Zuschreibungen, also sollte es Ihnen auch mit den positiven gelingen. Lassen Sie die Worte tief einsinken. Achten Sie darauf, ob Ihre Gedanken abschweifen – ein Versuch, Sie vom Thema abzulenken. Die destruktiven Aussagen sind noch nicht aufgelöst, und vielleicht hören Sie zum ersten Mal aufmerksam hin und sehen Ihre Gefängnismauern von innen. Manchmal begeben sich unsere Gedanken auch deshalb auf Wanderschaft, weil wir uns angesichts dessen, was wir aufdecken, überfordert fühlen!

Sie sind fündig geworden, wenn der Körper auf Ihre Aussagen zu reagieren beginnt. Achten Sie auf das, was in Ihrem Körper geschieht. Was zeigt sich? Gefühle? Empfindungen? An welcher Stelle des Körpers machen sie sich bemerkbar? Die physischen Reaktionen können sanft und fließend oder stark und quälend sein. Akzeptieren Sie alles, was auftaucht, während Sie den konstruktiven Aussagen nachspüren.

Wenn Sie weinen müssen, lassen Sie Ihren Tränen freien Lauf. Wenn Sie sich hinlegen möchten, nur zu. Gleich ob Sie hin- und herschaukeln, schreien, lachen, tanzen, mit geballter, drohend erhobener Faust Ihren Widerstand bekunden oder mit dem nächstbesten Gegenstand um sich werfen möchten, *folgen* Sie Ihrem inneren

Impuls. Manchmal sind solche systemischen Bewegungen auf der Körperebene erforderlich, um ein Muster zu durchbrechen. Manche Leute können nicht aufhören zu weinen, weil sie ihre Tränen stellvertretend für Generationen vergießen, die es nicht *konnten.* Wenn Ihr Körper nach einer bestimmten Bewegung verlangt, folgen Sie der Aufforderung. Horchen Sie in sich hinein, denn er hat Ihnen etwas zu sagen, in der einzigen Form, die er kennt. Wenn sich keine Gefühle einstellen, ist auch das okay. Das Gefühl der Leere oder Widerstand deuten darauf hin, dass Sie sich auf der Zielgeraden befinden.

Bei einigen verläuft dieser Prozess ruhig und ohne starke Emotionen oder Körperbewegungen. Wichtig ist, achtsam für Worte oder Sätze zu bleiben, die in Ihnen auftauchen. Wie ein Magier haben Sie Ihre selbst geschaffenen Dämonen oder die Ihrer Ahnen heraufbeschworen und ihnen ins Auge geblickt, damit sie endlich Ruhe geben und Sie in Frieden lassen.

Wenn Sie sich im Verlauf dieses Prozesses an irgendeinem Punkt überfordert fühlen, machen Sie bitte eine Pause. Vertrauen Sie darauf, dass Sie bereits einige Schritte zurückgelegt haben und vielleicht nur noch wenige kontemplative Spaziergänge oder Sitzungen erforderlich sind, um die Verstrickungen zu lösen. Das bedeutet nicht, *dass Sie maßlos mit sich selbst beschäftigt sind!* (Wer hat in seinem Repertoire destruktive Glaubenssätze, die davor warnen, »zu emotional« oder »melodramatisch« zu werden?) Lassen Sie sich nicht beirren. Sie versuchen nur zum Ausdruck zu bringen, was gesehen und gehört werden muss. Es ist der Beginn eines Veränderungsprozesses und unerlässlicher Bestandteil einer Wende, die auf den Weg der Heilung und Transformation führt.

Wenn Sie sich Ihr Problem bewusst machen und Lösungssätze aus Ihrem tiefsten Innern aufsteigen lassen können, ohne Ausflüchte oder Rechtfertigungen, dann sind Sie schlussendlich bereit, sich aus Ihrem selbst errichteten Gefängnis zu befreien. Wenn Sie auch den schlimmsten Situationen oder Mustern ins Gesicht sehen können, liegt die Lösung schon in Ihrer Hand. Sie haben die Lähmung überwunden, sich von der Stelle bewegt, haben den Schritt gewagt, der von der Blindheit zur Weisheit führt.

Und wieder: Finden Sie Worte, die anerkennen, dass all das in Ihnen gelebt hat, und machen Sie eine klare Aussage, in der Sie ganz eindeutig spüren: *Es ist geschafft!*

Sobald sich die Aufregung gelegt hat, kehren Sie noch einmal zum alten Muster zurück, um es zu benennen, seinen Platz im System zu würdigen und Ihren Entschluss zum Ausdruck zu bringen, es endgültig ruhen zu lassen. Hören Sie in sich hinein, während Sie sprechen. Spüren Sie Reaktionen in Ihrem Körper nach, die noch einen Widerhall erzeugen. Und dann ... ruhen Sie sich aus. Bitte keine Panik, wenn Ihre Beine zittern oder Ihr Herz schneller schlägt als sonst. Ich bin überzeugt, dass David nach seinem Sieg über Goliath ebenfalls weiche Knie hatte.

Ich gratuliere! Dieser tiefgreifende Augenblick des Erwachens aus dem Zustand der systemischen Trance ist es wert, erinnert zu werden! Legen Sie die Hand auf Ihr Herz. Atmen Sie tief durch und danken Sie Ihrem Herzen für seine Bereitschaft, von Ihnen zu lernen, wie man sich für neue Gefühle und Empfindungen öffnet. Legen Sie die Finger an die Schläfen und danken Sie Ihrem Gehirn für seine Fähigkeit, einen neuen Gedanken zu denken. Legen Sie Ihre Hände auf den Bauch und bedanken Sie sich bei ihm für das Verlassen des Überlebensmodus und das intuitive Gespür für Ihre höheren Ziele. Und schließlich sollten Sie nicht vergessen, auch ein Dankeschön an das Problem oder das alte Muster zu richten, das sich nun im Ruhestand befindet. Es hat Ihren Vorfahren als Lösungsmöglichkeit gedient und Sie auf Ihrer abenteuerlichen Reise begleitet, bis Sie den Punkt erreicht haben, an dem etwas Neues Gestalt annehmen konnte.

Verzeichnen Sie diesen Zeitpunkt in Ihrem Kalender einschneidender Lebensereignisse, und speichern Sie ihn im Archiv Ihres Herzens, Ihres Verstandes und Ihrer Intuition. Oder weisen Sie mit einem Eintrag in Ihr Tagebuch darauf hin, der besagt: »Heute habe ich mich für ein neues Leben entschieden. Von nun an bin ich … (stark, glücklich, gesund). Meine Aussagen, Gefühle und Verhaltensweisen spiegeln mein neues Selbst wider, meine neue Wahrheit.« Wenn Sie diese Übung machen, können Sie auch einen Gegenstand nehmen, der dieses Ereignis symbolisiert. Vielleicht weckt ein Stein, eine Blume oder eine Münze Ihre Aufmerksamkeit. Legen Sie dieses Symbol irgendwo hin, wo Sie es im Blick haben und eine Zeitlang betrachten, darüber nachsinnen und hören können, was es Ihnen zu sagen versucht. Es befindet sich nicht grundlos an seinem Platz. Alles im Leben hat seinen Sinn und Zweck.

Wenn Sie genau hinschauen, finden Sie mit Sicherheit etwas. Vermeiden Sie dabei, lange nachzudenken oder Ihre Wahl zu analysieren. Vertrauen Sie einfach darauf, dass dieser Gegenstand Wachstum und Weiterentwicklung symbolisiert. Vielleicht handelt es sich um ein Bild, das Ihren Blick anzieht. Erlauben Sie ihm, zu Ihnen und dem Muster zu sprechen, das Sie bis auf Weiteres in den Ruhestand verabschiedet haben. Was immer es auch sein mag, lassen Sie zu, dass es Sie an die Heldentat erinnert, die Sie heute vollbracht haben.

10 Das Tor der tausend Möglichkeiten: Sätze des Neuanfangs

Nun kommen wir zum letzten Teil des Wendemanövers: zu den *neuen* Möglichkeiten, die Sprache Ihnen eröffnen kann. Im ersten Teil ging es darum, Ihr Problem zu erkennen, das Muster, das ausgedient hat, und das Muster, das aufsteigen möchte. Der zweite Teil bestand darin, Ihr Problem zu würdigen, Lösungssätze zu entwickeln und eine Abschlussaussage zu finden, die Erleichterung, freudige Erregung und das Gefühl einer guten Lösung mit sich bringt. Der dritte Teil führt nun zu Aussagen, die nicht nur konstruktiv, sondern rekonstruktiv sind – damit ist gemeint, dass sie Ihre Neuausrichtung bekräftigen und im Alltag unterstützen.

Mit Ihren Lösungssätzen, also *konstruktiven* Aussagen, bringen Sie ein altes Muster zum Abschluss. Sie schaffen Platz für ein neues Muster. Was einst als Problemlösung galt, ist nicht länger relevant. Ihr neuer Kurs führt jedoch darüber hinaus zu *re-konstruktiven* Aussagen, mit denen Sie die Veränderungen noch einmal festigen. Ich nenne diese Aussagen: Sätze des Neuanfangs.

Diese *re-konstruktiven* Sätze sind Teil eines Mechanismus, der bewusstes Wachstum steuert. Sie spiegeln eine grundlegende Veränderung der Gedanken, Gefühle und Wünsche wider, aktivieren neue neuronale Pfade, ebnen den Weg für neue Entscheidungen und Verhaltensweisen, die Ihr neues Selbst kennzeichnen. Sie sind Mittler des Wandels, bauen die nächsten Meilensteine in Ihrem Leben auf, wirken inspirierend und eröffnen neue Möglichkeiten, Ihr verborgenes Potenzial zu ergründen – wer Sie *wirklich* sind und werden können.

Jeder von uns hat Wahlmöglichkeiten – doch den meisten wurden nicht die richtigen Worte mitgegeben, die uns zu mächtigen Schöpfern unserer Wirklichkeit machen. Sätze des Neuanfangs beziehen sich auf eine höhere Ebene der Gedanken, Gefühle und des Gespürs für unsere Möglichkeiten. Sie fördern Inspiration und Motivation, Durchhaltevermögen und Orientierung. Sie wirken wohltuend auf Körper, Geist und Stimmung, erschließen die andere Hälfte des Wortschatzes und der Seele – sie weisen uns mit Nachdruck darauf hin, dass uns eine riesige, ungenutzte Ressource zur Verfügung steht und wir so viel mehr aus unserem Leben machen können.

Sätze des Neuanfangs als Fundament

Was ich »Sätze des Neuanfangs« nenne, ist eine Weiterentwicklung unserer Lösungssätze. Diese wiederum beinhalten auch die Sprache der Ahnen in kodierter Form und sind also individuelle Sprachmuster, die nur für Sie und Ihre spezifische Situation bedeutsam sind. Diese Worte in Ihre Sätze des Neuanfangs mit aufzunehmen ist sehr wichtig, weil sie den Wandel unterstützen. Hier einige Beispiele.

Ich hatte einen Klienten namens Harry, dessen Eltern beide taubstumm waren. Während seiner Kindheit und Jugend musste er für sie in Gebärdensprache dolmetschen. Es fiel ihm schwer zu akzeptieren, dass seine Eltern anders waren und er in der Schule ein Außenseiter war. Er fühlte sich durch seinen familiären Hintergrund benachteiligt, hatte aber dennoch als Motivationscoach Karriere gemacht und sich selbst als ersten Klienten gewählt. Wenn ihn eine Situation zu überfordern drohte, malte er sich aus, wie gut das Leben eines Tages sein würde. Seine Lösungssätze lauteten unter anderem: »Ich kann die Bürde meiner Eltern nicht länger schultern« und »Ich muss mir Gehör verschaffen.«

Im Verlauf seiner Karriere entwickelte er das zwingende Bedürfnis, sich zu profilieren und in die erste Liga der Referenten aufzusteigen. Er hatte zwar Erfolg, aber an Aufträge von Klienten der Spitzenklasse kam er nicht heran. Sein Stolperstein als Redner war die Unfähigkeit, für einen starken Einstieg in sein Thema zu sorgen. Er quälte sich jedes Mal durch die ersten Minuten, bevor er in Fahrt kam und es ihm am Ende gelang, seine Zuhörer zu begeistern. Als er sich hilfesuchend an mich wandte, wies ich ihn darauf hin, dass nicht die gesprochene Sprache, sondern die amerikanische Gebärdensprache seine Erst- oder »Muttersprache« war. Erst wenn er sich nicht mehr für sein »Anderssein« schämte und *all* seine sprachlichen Mittel nutzte, würde er seine wahre Stimme entdecken.

Aufbauend auf seinen Lösungssätzen fand er wirkmächtige Sätze des Neuanfangs, zum Beispiel: »Mein Anderssein ist ein Alleinstellungsmerkmal« und »Mein Sprachrepertoire ist ein Wettbewerbsvorteil.«

Als Harry einen wichtigen Teil seiner Persönlichkeit zu akzeptieren lernte, beschloss er, seine Vorträge in Gebärdensprache zu beginnen. Heute gehört er zu den Top-Motivationstrainern; sein Traum ist in Erfüllung gegangen. Unlängst ließ er seine Eltern einfliegen, um ihn bei einem wichtigen Vortrag zu sehen. Der Kreis hatte sich geschlossen. Harry hatte konstruktive Lösungssätze gefunden. Doch erst die rekonstruktiven Sätze des Neuanfangs, die auf seinen Lebenserfahrungen aufbauten, verwandelten ihn wirklich und führten auf den Gipfel des Erfolgs.

Die Entwicklung der Sätze des Neuanfangs

Hier einige Beispiele für aufgedeckte destruktive Aussagen, gefolgt von konstruktiven Lösungssätzen und Sätzen des Neuanfangs:

Destruktive Aussagen	Lösungssätze	Sätze des Neuanfangs
Ich habe Angst, aufzufallen.	Der Preis für meine Unsichtbarkeit ist zu hoch.	Mit meiner Sichtbarkeit kann ich dazu beitragen, dass die Welt ein wenig besser wird.
Ich fühle mich orientierungslos.	Ich habe meinen Platz in der Welt.	Ich fülle meinen Platz voll aus und lebe die Möglichkeiten, die sich mir bieten.
Ich gehöre nicht hierher.	Es gibt immer Möglichkeiten, Bindungen aufzubauen.	Mein Zugehörigkeitsgefühl inspiriert und motiviert mich, andere einzuschließen.
Ich fühle mich innerlich leer. Immer nur zu geben ist erschöpfend.	Ich darf nicht nur geben, sondern auch nehmen.	Ich nehme voller Freude und mit ganzem Herzen.

Systemischer Meilenstein #14: Ihre Sätze des Neuanfangs entdecken

Wie finden Sie nun Ihre eigenen rekonstruktiven Aussagen? Begeben Sie sich mit mir auf die Suche!

Erster Schritt: Schaffen Sie ein Klima, das bewusste Veränderungen fördert. Gestehen Sie sich eine Auszeit zu, in der Sie nicht für andere verfügbar sind, und halten Sie nach einem Ort Ausschau, an dem Sie sich entspannen und ungestört nachdenken können. Am besten ein schöner Platz, wo Sie sich hinsetzen oder die Beine vertreten können. Wenn Sie möchten, hören Sie leise Musik, die zusätzlich entspannt und inspiriert. Schalten Sie Ihr Handy aus, und erinnern Sie sich noch einmal daran, warum Sie all das tun: Sie erschaffen eine Transformation!

Zweiter Schritt: Atmen Sie ein paarmal tief ein und aus; rufen Sie sich das Familiensystem ins Bewusstsein, dessen Teil Sie sind. Alle und alles, was vor dem gegenwärtigen Augenblick war, hat dazu beigetragen, was gerade geschieht. Stellen Sie sich bildlich vor: Ihre Vorfahren stehen hinter Ihnen, ihre Hände schieben Sie vorwärts, in Ihre Zukunft. Sagen Sie ihnen, dass Sie sich auf den Weg gemacht haben, und bitten Sie um ihren Segen.

Auch wenn Sie Ihr Familiensystem nicht kennen, werden Sie die Verbindung zu Ihren Ahnen spüren, wenn Sie es zulassen. Nehmen Sie das, was Sie ihnen verdanken, mit dem Einatmen zu sich und geben Sie jede Bürde mit dem Ausatmen ab. Selbst wenn Ihr Familiensystem dysfunktional oder grausam war, wenn Sie darin nie etwas anderes als Kummer und Leid erfahren haben: danken Sie dafür, dass es Sie zu dem Menschen gemacht hat, der Sie heute sind. Jemand, der fest entschlossen ist, sich zu verwandeln und ein neues, wunderbares Leben aufzubauen, das sich niemand aus Ihrem System hätte vorstellen können. (Ehrlich gesagt, wenn Sie aus einer gewalttätigen oder dysfunktionalen Familie stammen, haben Sie auf eine eigenartige Weise sogar Glück gehabt. Die meisten Menschen, denen es wie Ihnen ergangen ist, sind besonders fokussiert und entschlossen, einen Neuanfang zu wagen.)

Dritter Schritt: Geben Sie sich die Erlaubnis, heute nach den Sternen zu greifen und sich bildlich auszumalen, was Sie sich wirklich wünschen. Sie haben das alte Muster aufgedeckt und zur Kenntnis genommen. Sie haben seinen Platz gewürdigt, es abgelegt und die Kraft gespürt, die mit einem Neuanfang verbunden ist. Nun gestatten Sie sich, von dem Ziel zu träumen, das Sie mit Ihrer Re-Konstruktion erreichen können ... von all dem, was Sie erschaffen können, von neuen Aktivitäten und schöpferischen Möglichkeiten, die Sie weiter beflügeln und Ihren Geist erheben.

Verzichten Sie auf jede Form der Zensur oder Bewertung. Lassen Sie Ihrer Fantasie einfach freien Lauf. Lassen Sie Gefühle zu, die Sie glücklich machen. Visualisieren Sie Ihre Wünsche, ohne Grenzen zu setzen. Sie werden erkennen, ob Sie auf ein wichtiges Bedürfnis gestoßen sind – auf eine Zielvorstellung, zu der Ihr Herz, Ihr Verstand und Ihre Intuition »Ja!« sagen. Sie werden Aufregung dabei spüren.

Ihr Herz öffnet sich. (Wenn das bei mir passiert, kommt das »Ja!« immer mit einer gereckten Faust daher.)
Vielleicht verspüren Sie nur das kurze Aufflackern einer Gefühlsregung. Das ist völlig in Ordnung. Richten Sie Ihre Aufmerksamkeit darauf. Lassen Sie sich dieses Gefühl nicht entgehen. Sie sind auf eine Goldader gestoßen.
Wenn sich Ihr Verstand einmischt und Ihnen noch einmal einzuflüstern versucht: »Träum weiter! Das kannst du dir abschminken. Was glaubst du, wer du bist?«, halten Sie sich vor Augen, dass sich das alte Muster wieder einmal zu Wort meldet. Sie kennen die Worte und die Gefühle, die diese innere Stimme mitbringt – Kummer, Niedergeschlagenheit, Leid und Einsamkeit. Erinnern Sie sich mit Nachdruck daran: »Das ist die Stimme der Vergangenheit und das Muster, das ich ablege.« Kehren Sie zu Ihren Vorstellungsbildern zurück, zu den neuen, lebensbejahenden Gefühlen, die sie heraufbeschwören.
»Wie nett, aber mach dir keine Illusionen. Das wird nicht passieren!«, wirft das Sprachrohr des alten Musters ein. Die meisten Katastrophenszenarien, die wir heraufbeschwören, treten aber ebenso wenig ein. Doch das hält niemanden davon ab, sich den Kopf über alle nur erdenklichen negativen Ereignisse zu zerbrechen. Erinnern Sie sich daran, dass Sie in Wirklichkeit nichts zu verlieren haben, aber eine Menge gewinnen können, und die einzige Person, die Sie aufhalten will, Sie selbst sind.
Vierter Schritt: Nachdem Sie sich all Ihre wunderbaren Möglichkeiten vor Augen geführt und die positiven Schwingungen gespürt haben, die davon ausgehen, wählen Sie diejenige Option aus, die sich für Sie intuitiv am besten anfühlt. Darauf fokussieren Sie sich, wenn Sie nun Ihre rekonstruktiven Aussagen formulieren.
Halten Sie an diesen positiven Empfindungen fest, und sprechen Sie Ihren konstruktiven Lösungssatz laut aus: »Ich werde nicht mehr …«. Oder: »Diese Bürde … zu tragen ist nicht meine Lebensaufgabe.« Oder: »Ich will nicht länger traurig sein wie …«. Sprechen Sie Ihre Lösungssätze, welcher Art auch immer, *laut* aus.

Fünfter Schritt: Überlegen Sie, wie Sie auf diesem Fundament eine *rekonstruktive* Aussage aufbauen, die den Richtungswechsel bestätigt und unterstreicht. Hier ein einfaches Beispiel. Ich hatte einmal eine Klientin, die nahe am Wasser gebaut hatte. Sobald sie zu weinen begann, waren die Tränen nicht mehr zu stoppen. Die Frauen in ihrer Familie waren ausnahmslos mit gewalttätigen Männern verheiratet gewesen und hatten deren Übergriffe stoisch ertragen. Sie hatten ihre Gefühle nie zum Ausdruck gebracht. Sie hatten nie versucht, aus dieser Hölle auf Erden auszubrechen, sondern hielten an ihrer Ehe fest, auf Gedeih und Verderb einem Mann ausgeliefert, der sich keinen Deut um ihr Wohl scherte.

Meiner Klientin wurde bewusst, dass sie stellvertretend für alle Frauen in ihrer Familie weinte, die ihre Gefühle nicht ausdrücken konnten. Aber sie hatte es satt, dauernd traurig zu sein und bei jeder Kleinigkeit in Tränen auszubrechen. Ich fragte sie, ob sie in ihrer Ehe unglücklich sei, aber sie sagte, ganz im Gegenteil. Ihr Mann sei ein wundervoller Ehemann und Vater. Sie hatte die alten Muster der Übergriffigkeiten und stoischen Hinnahme von Gewalt durchbrochen, nicht aber die damit verbundene Traurigkeit abgelegt. Als ich mich erkundigte, ob sie Enkelkinder hatte, hellte sich ihre Miene auf. Sie waren ihr ganzer Stolz und ihre Freude. Ich wollte wissen, was sie von ihr lernen konnten, in Bezug auf die eigene Einstellung zum Leben und zum männlichen Geschlecht.

»Ich möchte, dass sie Tränen lachen«, erwiderte sie lächelnd. »Sie haben einen wundervollen Großvater. Wenn ich ihnen beibringen kann, dass es im Leben auch Freude und anständige Männer gibt, wäre ich glücklich und hätte ein sicheres Gefühl.«

Ihre destruktive Aussage lautete: »Ich breche ständig in Tränen aus und bin dauernd traurig.« Ihr konstruktiver Lösungssatz lautete: »Ich kann die Bürde dieser tränenreichen Trauer nicht länger ertragen.« Und darauf baute sie ihre rekonstruktive Aussage auf: »Ich werde ein Rollenmodell für Freude und Dankbarkeit sein. Mögen alle Tränen zu Freudentränen werden!«

Um Sätze des Neuanfangs zu entdecken, die Ihren neuen Kurs bekräftigen, probieren Sie verschiedene aus und notieren Sie, ob sie Gefühlsregungen auslösen und an welcher Stelle des Körpers Sie diese spüren. Wenn Sie die Worte gefunden haben, die einen Widerhall erzeugen, machen sich Erleichterung, Aufregung, ein Glücksempfinden oder irgendein anderes Gefühl bemerkbar. Sie sollten diese Aussagen wie Kleidungsstücke »anprobieren«. Formulieren Sie sie nicht um. Wenn Sie sich in einen Satz schier verlieben, dann ist es der richtige.

Sechster Schritt: Sobald Sie die richtigen Worte entdeckt haben, sagen Sie sie laut! Viele Leute haben das Gefühl, heiligen Boden zu betreten, wenn sie das erste Mal ihre tiefsten Wünsche, Bedürfnisse und Träume aussprechen. Und das ist kein Wunder. *Ihre rekonstruktiven Aussagen sind die Sprache Ihrer Seele.* Lassen Sie diese maßgeschneiderten Sätze Ihre neue Normalität werden, denn dann werden Sie Ihre ureigensten Abenteuer in ihrer ganzen Fülle erleben.

Siebter Schritt: Atmen Sie tief durch, und entspannen Sie sich. Positive Gefühle und ermutigende Glaubenssätze sind wie neue Muskeln, denen Sie ein Workout verpasst haben. Und Sie haben bereits einige hundert emotionale Liegestütze hinter sich gebracht. Es besteht kein Grund, umgehend wieder an Ihre Arbeit oder zu irgendeiner anderen Aufgabe zurückzukehren. Das kann warten. Nehmen Sie sich die Zeit, um all das Gute in sich aufzunehmen, das Sie gerade erzeugt haben. Baden Sie in dem herzerwärmenden Gefühl, das Ihre Sätze des Neuanfangs mit sich bringen. Sie können auch unter die Dusche gehen oder sich eine Weile hinlegen und ausruhen, wenn Ihnen danach ist.

Achter Schritt: Hegen und pflegen Sie Ihr neues Lebenskonzept. Nach der Geburt eines Babys könnten Sie ja auch nicht sagen: »Ich habe meine Arbeit erledigt, der Rest ergibt sich von alleine.« Ein Neugeborenes ist auf Fürsorge angewiesen, sonst stirbt es. Erinnern Sie sich an die neuronalen Netzwerke in Ihrem Gehirn? Die alten, gelöschten Denkmuster sind noch auf der »Festplatte« gespeichert. Sie hatten dort jahrelang ihren Platz und lassen sich noch eine Weile wiederherstellen. Seien Sie nachsichtig mit sich selbst, wenn Sie merken, dass Sie in alte Gewohnheiten zurückfallen. Aber lassen Sie es nicht dabei bewenden. Trainieren und stärken Sie Ihre neuen Muskeln auch weiterhin.

Wiederholen Sie Ihre rekonstruktiven Aussagen. Schreiben Sie sie auf und platzieren Sie sie an einer Stelle, an der Sie sie ständig im Blick haben. Legen Sie Visualisierungspausen ein, und malen Sie sich Ihren Traum immer wieder aufs Neue aus ... das Ziel, das Sie anstreben, Ihre neue Identität, die zunehmend Gestalt annimmt. Fügen Sie neue, selbstermächtigende Aussagen hinzu und spüren Sie allen guten, neuen Gefühlen nach, die sich bemerkbar machen.

Neunter Schritt: Teilen Sie Ihren neuen Kurs nicht mit notorischen Miesmachern. Hegen und pflegen Sie ihn in aller Stille, bis er für seinen ersten öffentlichen Auftritt bereit ist. Und prüfen Sie nicht dauernd, ob noch alles in Ordnung ist. Sie wissen, was Sie tun. Sie bereichern Ihren Traum mit guten Worten und beflügelnden Gefühlen.

Zehnter Schritt: Wenn es sich für Sie richtig anfühlt, setzen Sie nun einen kleinen Schritt oder einen großen Meilenstein auf Ihrem Weg in die Praxis um. Dabei werden Sie sehen: Ihr Ziel ist realisierbar. Wenn Sie es erreicht haben, nehmen Sie Ihren Sieg bewusst zur Kenntnis. Feiern Sie ihn! Nehmen Sie sich die Zeit, dankbar zu sein und Ihre Leistung zu würdigen. Im Anschluss nehmen Sie den nächsten Schritt in Angriff, und dann den nächsten, einen nach dem anderen.

Je mehr Sie die rekonstruktiven Aussagen und die von ihnen hervorgerufenen Gefühle als Kompass verwenden, desto näher kommen Sie Ihrem Ziel – so lang, bis Ihr neues Selbst Realität geworden ist. Die Ergebnisse dieser spannenden Reise werden nun auch in der Außenwelt sichtbar. Sie haben es geschafft, Ihr Schiff durch klippenreiches Gewässer zu steuern. Nehmen Sie es mit Stolz zur Kenntnis.

Und dann ...

Stellen Sie sich hin und wieder einmal die Frage: »Also, was wäre jetzt mein allergrößter, sehnlichster Wunsch?« Ohne Einschränkungen, ohne Realitätscheck. Nur »Was könnte ich tun, sein oder erreichen, auch wenn es zunächst völlig unmöglich erscheint?«

Für mich, eine Einwanderin aus Südafrika ohne nennenswerte Ersparnisse oder festes Einkommen, bestand der Griff nach den Sternen in dem Wunsch, ein Ferienwohnrecht in Disney World zu erwerben, meinem Paradies auf Erden. Ich wusste, wie mein Ziel aussah. Ich sah es klar vor mir – aber die Hindernisse! »Das können sich nur Reiche leisten.« »Ich habe keine Ahnung, wie ich das erforderliche Kapital aufbringen soll.« »Ich bin weder gut genug noch besitze ich magische Kräfte, die mich ans Ziel bringen.« »Das ist ein völlig unrealistischer, absurder Traum.« Die alten Sprachmuster. Ich nahm sie zur Kenntnis. Doch irgendwann überwand ich den Zustand der inneren Leere, der mich gelähmt hatte, und ging mit Entschlossenheit, Zielstrebigkeit und Begeisterung zu Werk: Kräfte, die ausreichten, um das Muster zu durchbrechen. *Ich wollte dieses Ferienwohnrecht, unbedingt!* Schluss mit den Ausreden. Ich schwieg, damit niemand mich entmutigen und meine alten Sprachmuster wieder aktivieren konnte. Ich begann, auf meine einengenden Aussagen zu achten und ersetzte sie durch »Ich kann sehr wohl zu den Menschen gehören, die so ein Ferienwohnrecht haben. Ich denke über Möglichkeiten nach, mein Ziel zu realisieren. Meine magischen Kräfte reichen aus, um mir meinen Traum zu erfüllen.« Ich malte mir in allen Einzelheiten aus, wie ich mein Ferienwohnrecht in Disney World erwarb und das Appartement mit Menschen teilte, die mir nahestanden; das bedeutete, dass ich jeden Cent, den ich erübrigen konnte, sparte. Ich hatte diesem Wunsch einen Platz gegeben, der größer war als meine Grenzen. Er trug dazu bei, Kapital aufzubauen und meinem Traum näherzukommen. Ich hielt mir vor Augen, wenn mir das gelungen wäre, könnte ich meine Träume auch in vielen anderen Bereichen verwirklichen.

Wenn sich auch nur ein einziger Traum in Zusammenarbeit mit dem Universum realisieren ließ, hätte ich einen Beweis dafür, dass ich alle meine Ziele im Leben erreichen konnte.

Als meine Familie und ich das erste Mal von meinem Ferienwohnrecht Gebrauch machten, ging mein Traum in Erfüllung. Anstatt zuzusehen, wie andere das Gelände von Disney World betraten, den Schlüssel in der Hand, gehörte ich nun auch zu denen, die die Tür zu ihrer eigenen Wohnung aufsperrten. Es war ein weiter Weg, den ich bewältigen musste. Aber ans Ziel meiner Wünsche zu gelangen war ein unbeschreibliches Gefühl. Ich konnte es kaum erwarten, das nächste, noch größere Projekt in Angriff zu nehmen.

Die Kunst ist, immer höher zu streben – denn so wachsen wir! Also strecken Sie Ihre »Muskeln«, dehnen Sie Ihre Vorstellungskraft und träumen Sie groß!

11
Meta-Muster: Die großen Kräfte im Hintergrund

Inzwischen wissen Sie, dass Gedanken-, Gefühls- und Verhaltensmuster in Ihrem Familiensystem vererbt werden. Sie wandern von einer Generation zur nächsten, erleben in jeder Zeit eine eigene Variation und streben danach, gut gepflegt an die Nächsten in der Reihe weitergegeben zu werden.

Aber woher stammen diese Muster ursprünglich? Warum haben unsere Vorfahren sich für sie entschieden? Was trieb sie an? Eine Antwort lautet: Meta-Muster. Sie entstehen aus großen, übergeordneten »Meta-Ereignissen«, die riesige Muster aus miteinander verknüpften Gedanken, Gefühlen und Verhaltensweisen erschaffen. Meta-Muster wirken sich auf viele, viele Menschen aus, sie färben unsere Wahrnehmungen und Entscheidungen. Sie können uns enge Grenzen setzen, aber auch unglaubliche Möglichkeiten eröffnen.

Meta-Muster regieren hinter den Kulissen die Welt – Geschlechterfragen, Religionen, Kriege, Hunger, Pandemien, Vertreibungen, Naturkatastrophen, Politik –, sie haben ganze Nationen und Kulturen fest im Griff und prägen die emotionale DNA. Auf der epigenetischen Ebene beeinflussen sie nachfolgende Generationen. Sie erzeugen eine Art, die Welt zu betrachten, die ganze Gesellschaften formt und bis zur Ebene der Familiensysteme und Einzelpersonen hinunterreicht.

Jedes Meta-Muster verstärkt den hypnotischen »Schlaf«, den wir oft als Schicksal oder als gegeben hinnehmen: »So läuft das nun mal.« Wir nehmen nicht wahr, dass wir uns in Wirklichkeit in einem Zustand der systemischen Trance befinden. Doch wie in jedem Familiensystem bieten sich auch auf der Meta-Ebene Wachstums- und Entwicklungschancen … wenn wir sie als solche erkennen.

Jedes der folgenden Meta-Muster könnte ein eigenes Buch füllen. Darum gehe ich nicht zu sehr ins Detail – aber es lohnt sich, einen Blick darauf zu werfen, um Ihr eigenes Familiensystem weiter zu ergründen. Wir können nur aus dem lernen, was wir kennen und wahrnehmen.

Generationsspezifische Werturteile

Die Evolution ist ein Prozess, der Schritt für Schritt erfolgt. Was sich für eine Generation bewährt hat, passt für die nächste wahrscheinlich schon nicht mehr, denn wir entwickeln uns stetig weiter. Bedauerlicherweise neigen wir dazu, alles, was vor unserer Zeit geschah, zu verurteilen und unsere Vorfahren wegen ihrer Überzeugungen, Lebensmodelle und Handlungen abzuwerten. Während sich die Überlebenden des Zweiten Weltkriegs Filme mit harten Kerlen wie John Wayne ansahen und in Erinnerungen an die Befreiung Europas und den Heldenmut US-amerikanischer Soldaten schwelgten, schlossen sich ihre Kinder Protestmärschen gegen den Vietnamkrieg an und stimmten in die Parolen der Gegenkultur ein: »Make love, not war!«

Wir fällen auch Werturteile über unsere Nachfahren. Wir nehmen »die Jugend« ins Visier, nennen sie leichtsinnig und verantwortungslos, weil wir die Welt nicht aus der Perspektive *ihrer* Generation betrachten und uns nicht mit *ihren* Problemen auseinandersetzen. Wir sehen schwarz für die Zukunft einer Generation, die auf sich selbst bezogen ist, dabei sind wir unfähig, über die Grenzen unserer eigenen althergebrachten Regeln hinauszuschauen. Statt die Schritte, die vor und hinter uns liegen, zu feiern, schließt jede Generation die andere aus. Wir nehmen die Chance nicht wahr, voneinander zu lernen.

Manchmal versäumen wir es, das, was wir rückblickend als Fehler bewerten, in den evolutionären Kontext einzuordnen. Ursprünglich waren es vielleicht Problemlösungen, die das System fand, gebunden an Zeit und Ort. Wenn wir negative Pauschalurteile über unsere Vorfahren fällen, blenden wir die Weisheiten aus, die das Leben *sie* gelehrt hat: Die Wiederholung alter Muster ist damit vorprogrammiert.

Wachstum geht mit der Selbstverpflichtung einher, frühere und künftige Generationen in den Blick zu nehmen, sich über sie zu informieren, von ihnen zu lernen und ihnen mit Wertschätzung statt mit Hass, Schuldzuweisungen und Pauschalurteilen zu begegnen. Statt den Lauf der Dinge als falsch zu bezeichnen, wäre es hilfreicher, sich vor Augen zu halten, dass Leben schrittweise stattfindet – dass jeder Mensch auf »seiner Entwicklungsstufe« steht und sich bemüht, auf die nächste Stufe zu gelangen. Wenn alte und neue Systeme zusammenarbeiten, ist uns das von großem Nutzen. Wenn wir Lehren aus der Vergangenheit ziehen und der Zukunft mit Offenheit und Neugierde entgegensehen, nehmen wir den Fuß von der Bremse, können wachsen und die nächsthöhere Entwicklungsstufe erreichen. Mit der Erkenntnis, dass wir positive Meta-Systeme und Kooperationsmuster brauchen, um den Wandel zu fördern, würde die Menschheit nach und nach aus ihrem Dämmerschlaf erwachen.

Gender und Sexismus

Der Sexismus, der vor allem in unserer Sprache und in unserem Verhalten zum Ausdruck kommt, hat eine lange Geschichte. Diskriminierung wegen der Geschlechtszugehörigkeit war und ist als Meta-Muster weitverbreitet und wird uns vermutlich noch geraume Zeit begleiten, denn das Thema nimmt in unserem Leben viel Raum ein. Die Geschlechterrollen sind in einer rasanten Entwicklung begriffen, doch wenn wir den fortwährenden Wandel nicht wahrhaben wollen, wird uns der Evolutionsprozess Probleme machen. Wir bleiben auf das Fehlverhalten Einzelner und die täglichen Schlagzeilen fixiert, die Zündstoff liefern; dabei verlieren wir das Gesamtbild aus den Augen. So wird eine bestimmte Person oder Gruppe zum Sündenbock, statt dass wir nach Möglichkeiten suchen, um unser gegenseitiges Wachstum zu unterstützen.

Genderprobleme bilden ein weitläufiges Meta-Muster, das auf Misstrauen, Werturteilen und Ausgrenzung basiert. Sexistische Vorurteile sind auch gegen die LGBTQIA+ Community gerichtet. Jedes soziale Geschlecht und jede sexuelle Orientierung ist gleichermaßen Teil des Abwertungsmusters, und noch heute werden andere Geschlechtsidentitäten und sexuelle Orientierungen als abartig bezeichnet. Fazit: Wir fällen Urteile über »andere«, anstatt einander wertzuschätzen, uns über die Vielfalt zu freuen und uns zu fragen, was wir voneinander lernen können.

Im Großen und Ganzen sehnen wir uns alle danach, zum Ausdruck zu bringen, wer wir wirklich sind, statt in rigiden Geschlechterrollen festzustecken. Viele Frauen sind in der Welt außerhalb ihrer vier Wände erfolgreich, finden Befriedigung und Erfüllung im Beruf. Viele Frauen sind andererseits gerne Hausfrau und Mutter. Es gibt Männer, die Wert darauf legen, Karriere zu machen, und andere, die Familienleben und Freizeit den Vorzug geben. Familienstrukturen unterliegen einem Wandel. Früher galt es als peinlich, wenn Ehefrauen arbeiten gingen oder eher: gehen »mussten«; heute sind zwei Verdiener in der Familie gang und gäbe. Hausmann zu sein bedeutete früher, dass mit dem Mann etwas nicht stimmte; heute ist das eine Option, zumindest zeitweilig. Frauen und Männer hatten immer Wahlmöglichkeiten, doch die Meta-Muster der gesellschaftlich akzeptierten Geschlechterrollen waren so weit verbreitet und starr, dass es für viele ein Tabu war, sich über die eng gesteckten Grenzen hinauszuwagen.

Natürlich waren einige grundlegende Veränderungen in diesem Bereich erst in jüngster Zeit möglich. Eine Geschlechtsumwandlung war bis 1917 keine Option, doch die modere Medizin bietet nun auch die Möglichkeit eines geschlechtsangleichenden operativen Eingriffs – *wenn* es den Betroffenen gelingt, sich über das nach wie vor existierende verinnerlichte Meta-Muster (Glaubenssystem) hinwegzusetzen, das besagt: »Es gibt nur zwei Geschlechter in dieser Welt, und wir sind an das Geschlecht gebunden, mit dem wir geboren wurden.«

Meta-Muster haben die Neigung, sich nur langsam zu verändern. Trotz der enormen Fortschritte, die wir erzielt haben, werden Frauen immer noch benachteiligt und diskriminiert, fordern Gleichbehandlung ein, haben aber infolge ihrer emotionalen DNA das Gefühl, sie nicht zu verdienen. Auf diese Weise entstehen generationsübergreifend Wut, Werturteile, Ressentiments und eine zunehmende Distanz zu Männern. Männer fühlen sich wiederum in ihrer tradierten Geschlechterrolle verkannt und bedroht, gehen auf Abstand zu Frauen, die sie als ungebührlich fordernd oder feindselig empfinden. Die im alten patriarchalischen System verwurzelten Ansichten scheinen in systemischen Aussagen durch: »Ich sorge dafür, dass es meiner Frau gut geht« oder »Frauen gehören ins Haus.« Und Frauen klagen: »Ich muss alles alleine machen: kochen, putzen, Kinder großziehen und dafür sorgen, dass ich im Beruf den Anschluss nicht verliere.« Die alte Gewohnheit, stets die Dienende zu sein, kommt zum Vorschein, wenn Frauen mit zwei Vollzeitjobs – der eine im Haus, der andere am Arbeitsplatz – an ihre Grenzen geraten.

Manchmal haben auch Männer das Gefühl, in eine Sackgasse geraten zu sein. Als Hausmann erleben sie oft Widerstände durch karrierefixierte Geschlechtsgenossen oder aber von ihren Frauen, die daran gewöhnt sind, auf perfekte Optik und Sauberkeit im Haus zu achten – lang überlieferte Geschlechternormen, deren Einhaltung man von *ihnen* erwartet hat. »Er macht das einfach nicht gründlich genug«, beschweren sie sich. »Wenn es halbwegs anständig aussehen soll, muss ich es selbst machen.« Statt den Blick auf das zu richten, was aufhören, beginnen und sich ändern sollte, gehen Frauen hart mit den Männern und noch härter mit sich selbst ins Gericht, schreiben althergebrachte Muster in systemischen Aussagen bis in alle Ewigkeit fest, zum Beispiel »Wozu brauche ich einen Mann? Männer sind total überbewertet« oder »Männer sind nie da, wenn man sie braucht.«

Wir lösen unsere Probleme nicht, wenn sich die Gesellschaft spaltet. Es ist an der Zeit, die positiven Seiten der »Anderen« anzuerkennen und den nicht mehr relevanten Aspekten einen Platz im Archiv der Weisheit einzuräumen – statt sie auszuschließen. Warum? Weil ein Ausschluss aus systemischer Sicht Muster erzeugt, die sich ausweiten und wiederholen. Es ist an der Zeit, sich an das zu erinnern, was jedes soziale Geschlecht geopfert, durchgemacht und mit an den Tisch gebracht hat. Das alte Gendersystem mag zu seiner Zeit durchaus nützlich gewesen sein. Doch diese Ära gehört der Vergangenheit an. Um mit der Zeit zu gehen, müssen wir das heutige Gendersystem und all seine Angehörigen in den Blick nehmen, achtsam und respektvoll. Die Zukunft liegt darin, ein höheres, inklusives Verständnis aufzubauen.

Nationalismus

Nationalismus wird als Identifizierung mit der eigenen Nation oder Gruppe und Unterstützung ihrer Interessen definiert. Die höchstmögliche Entwicklung ihres Potenzials wäre der Aufstieg einer Nation – durch die Zusammenarbeit im Dienst einer gemeinsamen Sache, so wie es die meisten Nationen im Westen während des Zweiten Weltkriegs getan haben. Das andere Extrem wäre die Spaltung, die der Nationalismus bewirken kann, wenn er Teile der Bürger durch Ausschluss und Elitenbildung diskriminiert, wie im Nazideutschland der 1930er-Jahre; hier wurde die Überlegenheit der blonden, blauäugigen Arier verherrlicht, während diejenigen Teile der Bevölkerung, die diesem Ideal nicht entsprachen, verdammt und vernichtet wurden.

Wenn eine Gruppe ein Anrecht auf Privilegien geltend macht, die sie anderen Gruppen nicht zugesteht, werden diese viktimisiert, das heißt, »zu Opfern gemacht«, und Wutgefühle geschürt. Geschieht das unter der Überschrift der nationalen Identität, hat die Ausgrenzung besondere Wirkmächtigkeit. Sie erzeugt einen enormen blinden Fleck, sodass wir weder uns noch das vermeintlich »Andere«, das wir geschaffen haben, klar sehen können. Wir verlieren das aus dem Auge, was uns Menschen eint, und lösen ein Ungleichgewicht im System aus, das alle drei Grundprinzipien betrifft: Wir sprechen einem Teil der Gesellschaft die Zugehörigkeit ab, schaffen eine soziale Rangordnung, die auf dem Recht des Stärkeren basiert, und scheren uns nicht um das ungeschriebene Gesetz der Ausgewogenheit von Geben und Nehmen.

Das Meta-Muster des negativen Nationalismus fördert also nationale Interessen auf Kosten des Wohlergehens anderer Länder. Sie werden als »Schurkenstaaten«, als Bedrohung oder als minderwertig wahrgenommen. Politische Slogans treiben Wahlkampagnen an und finden in systemischen Aussagen ihren Niederschlag, wie »Make Britain great again«, »Better dead than red« (»Besser tot als rot«) oder Hitlers Wahlspruch »Ein Volk, ein Reich, ein Führer«.

Wenn eine Nation beginnt, nicht mehr ihrer Regierung, sondern einer einzelnen Person Gefolgschaft zu leisten, ist die Ordnung im System des ganzen Landes gestört und Spaltungstendenzen greifen um sich. Um die Opposition in Schach zu halten, zieht man die Regeln an. Ethnische Minderheiten werden als Bedrohung betrachtet, oft schikaniert und explizit darauf hingewiesen, dass sie nicht länger dazugehören. Das leistet dem Aufstieg von Diktaturen und der gezielten Verfolgung und Ermordung ganzer Bevölkerungsgruppen Vorschub, bis die Zivilgesellschaft erneut erkennt, dass alle ein Teil des Systems sind und ihren Platz darin brauchen – denn ansonsten sind Wachstum und gedeihliche Entwicklung auf die Dauer unmöglich.

Negativer Nationalismus erklärt alle zu Feinden, die es wagen, sich den Zielen und Ideologien der politischen Führer zu widersetzen. Wenn keine systeminterne Korrektur erfolgt, kann sich daraus ein weiteres Meta-Muster entwickeln: Krieg.

Krieg

Krieg ist ein unfassbar machtvolles Meta-Muster, eine ganze Reihe von Überlebensmustern leiten sich daraus her. In systemischer Hinsicht kann ich seine verheerenden Auswirkungen bei meinen Klienten und ihren Familien beobachten. Wie jedes andere System bringt auch der Krieg Verhaltensweisen und Regeln hervor, die in diesem Kontext akzeptiert werden, aber in unserem Alltag unannehmbar wären. Soldaten werden gnadenlos darauf gedrillt, gegen das grundlegendste aller sozio-kulturellen Gebote zu verstoßen: Du sollst nicht töten.

Im Krieg werden die aktiv Beteiligten über ihre Grenzen hinaus massiv gefordert, geprüft und geprägt – und zwar von einem System, das weit größer ist als sie selbst. Das Problem ist, wenn Soldaten zurückkehren, sind sie nicht mehr die Gleichen. Sie wurden in ein System verpflanzt, das dem Leben in einer Zivilgesellschaft diametral entgegengesetzt ist, und fühlen sich nun weder dem einen noch dem anderen System zugehörig. Doch dieser Konflikt bleibt weitgehend unbemerkt. Niemand hilft ihnen dabei, aus dem Meta-Muster des Krieges aussteigen und in das zivile System einzusteigen. Man erwartet aber von ihnen, dass sie sich problemlos zurückverwandeln: von ausgebildeten Kampfmaschinen, die unsägliches Grauen angerichtet und gesehen haben, in liebevolle Partner, Ehemänner und Väter – und das möglichst innerhalb von Tagen oder Wochen.

Ohne eine Exitstrategie aus dem einen oder dem anderen System fühlen sie sich häufig verloren, allein gelassen, zerrissen und desorientiert. »Heimatlose Kriegsveteranen« wäre ein passender Begriff dafür. In Gedanken sind sie immer noch »dort«. Wenn es ihnen nicht gelingt, das Geschehen psychisch zu verarbeiten und einen neuen Lebenssinn zu finden, stecken sie buchstäblich zwischen zwei Welten fest.

Jeder Kriegsveteran leidet auf seine Weise, und wie sich der Krieg auf jeden einzelnen auswirkt, ist oftmals abhängig vom jeweiligen

Familiensystem. Wenn es friedvoll und harmonisch war, gehen die Verletzungen eines Soldaten vermutlich viel tiefer als bei einem, der mit vielen Konflikten in der Herkunftsfamilie aufgewachsen ist. Die Lösung besteht darin, sowohl dem Meta-Muster des Krieges als auch dem Meta-Muster des Friedens Raum zu geben, ohne das eine oder das andere auszuschließen. Der Krieg wird immer Teil eines Soldaten bleiben, aber auch der Frieden kann seinen Platz in ihm finden.

Systemaufstellungen können die dringend benötigte Aufarbeitung in Gang setzen, indem wir das Geschehene erforschen und jedem Aspekt seinen Platz und Sinn geben. Die Aufstellungsarbeit ermöglicht den Kriegsheimkehrern die erforderliche Distanz, um das Geschehen zu betrachten, mit Menschen in Dialog zu treten, die gefallen sind, denen sie Leid zugefügt oder von denen sie selbst Leid erfahren haben. Sie lernen dabei, die Gräuel des Krieges noch einmal wahrzunehmen und Lösungen zu finden, die Seelenfrieden mit sich bringen und sie ermächtigen, wieder in der Gesellschaft Fuß zu fassen.

Religion

Religion, ein weiteres wichtiges Meta-Muster, ist seit uralten Zeiten ein Kriegstreiber und eine Instanz, die Macht hat zu bestimmen, wer »dazugehört« und wer nicht. Man achte nur auf die systemische Sprache der Religionen und das Verhalten, das sie nach sich zieht. »Wir sind die Auserwählten! Tod den Ungläubigen!« ist ein Schlachtruf, der zu fast allen radikalen Glaubensgemeinschaften gleich wo auf der Welt passen würde.

Dass es in einer Gesellschaft, die Wert auf ein friedliches Miteinander legt, lange Zeit verpönt war, über Religion oder Politik zu sprechen, hat seinen Grund. Beide werden von machtvollen Ideologien definiert, die unsere Gedanken, Gefühle und Verhaltensweisen prägen. Religiöse Überzeugungen reichen tief, wir fühlen sie bis »in die Eingeweide«. Was als Verhaltenskodex für den Alltag begann, der für Wachstum und persönliche Entwicklung sorgen sollte, endet oft ganz anders: mit einem Sammelsurium fanatischer Regeln und moralischer Vorschriften, die Verstöße mit harten Konsequenzen ahnden. Es besteht ein großer Unterschied zwischen »Du sollst nicht begehren deines Nächsten Weib!« und »Glaube, oder du schmorst bis in alle Ewigkeit im Höllenfeuer.« Das eine weist uns den Weg zu einer friedlichen Koexistenz. Das andere setzt Angst als Mittel ein, um Zustimmung und Mitwirkung zu erzwingen.

Nur zu oft sorgt die Religion dafür, dass wir uns auf ihre absoluten Wahrheiten und Untergangsszenarien fokussieren – statt darauf, dass uns die richtige Art zu denken tatsächlich auf gesunde Art durchs Leben führen und wahre Wunder vollbringen lassen kann. Wenn wir uns auf Selbstgerechtigkeit und Trennung, Glaubenskriege, Leid als »edle Verpflichtung« und Schuldgefühle konzentrieren, übersehen wir das Wesentliche: den Weg, der zu Frieden und Eintracht führt und den jeder der bemerkenswerten Gründer unserer großen Weltreligionen aufgezeigt hat, im Versuch, Leid und Spaltung zu überwinden. Leider sind wir schier davon besessen, wie sich ihre Lehren unterscheiden – statt anzuerkennen, wie sehr sie sich gleichen. Statt die Gemeinsamkeiten in den Vordergrund zu rücken. Und aufgrund dieser Unterschiede ziehen wir dann in den Krieg.

Religion ist ein Meta-Muster, das für viele Menschen erheblichen Einfluss auf ihre Entscheidungen hat – ungeachtet erheblicher Nachteile, die das mit sich bringen kann. Doch es kann verstanden und transformiert werden: Zu einem System, dessen Lehren unsere Gesundheit und Entwicklung unterstützen und das unseren Horizont erweitert – oder aber es wird irgendwann mit Respekt verabschiedet, und ein anderes, liebevolleres und toleranteres System findet seinen Weg in die Welt.

»Auch nur ein Mensch« sein

Es mag merkwürdig klingen, aber der Glaube, dass wir auch »nur Menschen« sind, ist ein wirkmächtiges, eng mit der Religion verbundenes Meta-Muster, das uns klein, demütig und rückständig bleiben lässt. Es wurde uns eingetrichtert, der »Mensch an sich« sei schwach, korrupt und unverbesserlich. Diese Idee ist überall auf der Welt verbreitet. Und so leben wir auch: angepasst an eine Messlatte der geringen Erwartungen und Möglichkeiten.

Alle Systeme entwickeln sich weiter – das ist ihr Auftrag –, und das System Mensch stellt in dieser Hinsicht keine Ausnahme dar. Wie oft haben Sie den Satz gehört »Ich bin schließlich auch nur ein Mensch«, als wäre das eine Entschuldigung dafür, beschränkt, klein und unbedeutend zu sein? Wenn wir unsere engen Grenzen rechtfertigen, können wir uns einer Sache sicher sein: Sie bleiben bestehen.

Über das Meta-Muster des »Nur-Mensch-Seins« hinauszuwachsen bedeutet nicht, das eigene Ego und Selbstwertgefühl zu überhöhen. Es geht darum, über die emotionalen Niederungen des Egos hinauszuwachsen – Eifersucht, Gier, Wut, Werturteile, die ständigen Vergleiche mit anderen und die Angst, die von der eigenen Bedürftigkeit getrieben wird, – um auf eine höhere Ebene der Emotionen zu gelangen, zu Liebe, Mitgefühl, Verständnis, Verbindung, Freundlichkeit, Respekt, Wertschätzung und Dankbarkeit. Ich spreche also von dem Teil unseres Wortschatzes, der uns nicht wirklich beigebracht wird.

Diese Gefühle auf höherer Ebene verleihen uns Flügel. Sie sind ein Zeichen dafür, dass wir in der Tat reif geworden sind, und statt »auch nur ein Mensch« zu sein, der erwartet, gerettet und für sein Leid bewundert zu werden, machen wir uns auf zu Neuem. Wir verlassen das alte Meta-Muster, übernehmen die Verantwortung und schöpfen unser höheres Potenzial aus.

Politik

»Wählen Sie, als hinge Ihr Leben davon ab« – das war einmal Teil einer Wahlkampagne, aber es ist nicht nur irgendein Spruch. Politiker sind tatsächlich in der Lage, unser ganzes Leben zu bestimmen, und selten ist Platz dabei für irgendeinen Austausch über unsere Anliegen. Im Allgemeinen entscheiden wir uns an der Wahlurne für eine Partei, deren Programm unseren Interessen und unsere Sicherheit zu dienen scheint. Genau wie die Religionsgemeinschaften befinden sich auch die politischen Parteien fortwährend in Opposition zueinander. Die einen machen Gesetze, die die Privilegien der Wohlhabenden stärken. Die anderen, Vertreter der weniger Privilegierten, stimmen dagegen. Beide Seiten fühlen sich durch das andere politische Lager bedroht und greifen sich gegenseitig mit aller Macht an. Keine Seite lernt von der anderen.

Genau wie religiöse Bindungen sind auch Parteizugehörigkeiten häufig über Generationen hinweg tief verankert. Viele Leute wählen nicht mit einem klaren Blick auf ihre Gegenwart oder Zukunft, sondern aus der Geschichte ihres Systems heraus. Das unbewusste Gefühl, die Überzeugungen ihrer Eltern bestätigen und ihre Loyalität unter Beweis stellen zu müssen, führt dazu, dass die Kinder einer Partei ihre Stimme geben, zu deren Stammwählern die Familie oft schon seit Generationen gehört. Die Partei muss um jeden Preis unterstützt werden, wie nachteilig ihre heutigen Strategien auch sein mögen. Auf diese Weise werden blind politische Entscheidungen getroffen, die ganz klar den Interessen einer Nation oder Bevölkerungsgruppe zuwiderlaufen, und das alles nur, um das Überleben des Systems oder der Partei zu sichern.

In einigen afrikanischen Nationen, in denen mehrere Stammesgesellschaften beheimatet sind, ist es ganz klar: Als Anführer wählt man den Chief des *eigenen* Stammes, und nur diesen, egal wie sehr man ihn vielleicht hasst. Anders zu wählen wäre undenkbar. Manche Stammesführer gehen sogar so weit, ihre Gegenkandidaten aus dem Weg zu räumen. Alle wissen, dass sie keine gute Wahl treffen, aber niemand wagt, dagegen aufzubegehren. Im Westen pflegen sich Parteipolitiker nicht gegenseitig abzuschlachten, aber sie greifen einander verbal an und diffamieren die Opposition in der Presse. Das ist ganz normales Alltagsgeschäft: Ständig geht es um angeblich unvereinbare Ziele und dass nur ja keine Seite verliert, was ihr »zusteht«.

Der politische Hintergrund eines Menschen ist relativ leicht auszumachen. Solche, die aus kommunistischen Ländern ausgewandert sind, repräsentieren oft Generationen, die Angst hatten, den Mund aufzumachen. Systemische Glaubenssätze wie »Die Wände haben Ohren« und »Die höchsten Bäume im Wald werden gefällt« sind unter ihnen weit verbreitet. Auch eine konservative Weltsicht zeigt sich oft in der Sprache, zum Beispiel in Sätzen wie: »Was der Bauer nicht kennt, das isst er nicht.« In den USA steht »Der Elefant arbeitet, der Esel schlägt aus« für den Stolz auf eine sehr fordernde Arbeitsmoral. Der Wahlspruch »Durch das Volk, für das Volk« klingt da schon liberaler.

Wenn politische Parteien oder Systeme an blinder Loyalität und überholten Oppositionsstrategien festhalten, statt sich weiterzuentwickeln und auf Kooperation zu setzen, kann dieses Meta-Muster zu Anarchie, Diktatur und gesellschaftlicher Spaltung führen. Das System entwickelt sich rückwärts statt vorwärts. Der Weg nach vorne besteht darin, nach Möglichkeiten zu suchen, die *alle* einbeziehen und für alle mehr Vorteile bieten als Wettbewerb und Opposition.

Rassismus und Genozid

»Ich bin besser als du.« Dieses Meta-Muster leitet sich sowohl aus der Religion als auch aus der Politik her, und es geht dabei um die Angst vor dem Verlust von Status und Wohlstand. »Ich bin dir aufgrund meiner genetischen Disposition überlegen und habe deshalb das Recht, über dich zu herrschen.« »Ich bin dir überlegen, weil meine

Haut heller oder dunkler ist.« »Ich bin dir überlegen, weil mein Gott der einzig wahre Gott ist.« »Ich bin dir überlegen, weil mein politisches System für alle Menschen das richtige ist.« Während des Holocaust endete man, wenn man keine blauen Augen und blonden Haare hatte, im Konzentrationslager. In Ruanda lief man Gefahr, umgebracht zu werden, wenn die Nase nicht die richtige Form besaß.

Rassismus bedeutet, dass ein selbstgerechtes System eine andere ethnische Gruppe als »minderwertig« einstuft und damit verabscheuungswürdige Verhaltensweisen und Entscheidungen rechtfertigt. Die Abwertung marginalisiert eine Volksgruppe, die schließlich ethnisch und gesellschaftlich ausgegrenzt wird. Das führt zu sozialer und ökonomischer Tyrannei, bis hin zu Entmenschlichung und Sklaverei. Vom übergeordneten System beeinflusst, gehen die Subsysteme dazu über, irgendwann das Unaussprechliche zu tun, zu denken, zu sagen oder tatenlos mitzuerleben.

Das Endresultat kann ein Genozid sein, der eintritt, wenn das selbstgerechte System – häufig im Bann eines ungewöhnlich charismatischen Führers und aus Angst vor der eigenen Niederlage – die Systeme in seinem Umkreis beeinflusst. Die Menschen geraten in den Mahlstrom der politischen oder religiösen Identifikation, bringen andere aus scheinbar logischen Gründen um, die auf Propaganda basieren, verbreitet und eingetrichtert von Führern mit ihrer eigenen Agenda. Bis sie eines Tages aufwachen, wahrnehmen, dass sie benutzt wurden, und das Unheil erkennen, das sie im Namen Gottes oder irgendeines jämmerlichen Despoten angerichtet haben.

Wenn wir Meta-Muster auf ihren Kern reduzieren, Genozid inbegriffen, sehen wir, dass sie oft bei einer einzigen Person oder Gruppe beginnen, die ein altes Muster repräsentiert, das wahrgenommen, angesprochen oder vollständig erzählt werden muss. Adolf Hitler ist ein naheliegendes Beispiel.

Seinem Vater, Alois Hitler, wurde nachgesagt, der nicht anerkannte uneheliche Sohn eines wohlhabenden jüdischen Kaufmanns gewesen zu sein (was aber mittlerweile als widerlegt gilt, Anm. d. Red.).

Besessen vom Glanz einer militärischen Laufbahn trug er Uniform und züchtigte seinen Sohn bis zu seinem Lebensende. Als der Vater starb, hinterließ er in seinem 14-jährigen Sohn Adolf einen kindlich-verstörten Hass auf Juden und das Bedürfnis nach militärischer Macht. Ein Feuersturm des Grauens war entfacht, der die ganze Welt mitreißen sollte.

Aus der systemischen Perspektive, wäre Hitler ein Klient, hätte er sich vielleicht gefragt, ob er unbewusst die Verletzungen seines Vaters übernahm: »Stellvertretend für meinen Vater, der nicht von ihnen anerkannt wurde, werde ich die Juden vernichten. Niemand wird meine Familie (oder meine Nation) jemals wieder in eine solche Lage versetzen.« Unabhängig davon, ob Adolf die Details der Abstammungslinie seines Vaters kannte oder nicht, erbte er doch mit Sicherheit dessen Muster bezüglich Wut und Militär.

Manchmal lassen sich die Muster des Genozids über Generationen und ganze Nationen zurückverfolgen. Die Kinder der Holocaust-Überlebenden kämpfen noch heute um ein erfülltes Leben, weil sie sich dem Leid ihrer Vorfahren durch unbewusste Loyalität verbunden fühlen. Auch den Kindern der Anhänger des Hitler-Regimes kann es schwerfallen, ein erfülltes Leben zu führen, weil sie sich die Schuld ihrer Vorfahren aufbürden. Wir tragen die Muster der Opfer und Täter in uns fort und geben sie an nachfolgende Generationen weiter.

Sklaverei

Sklaverei ist ein weiteres Beispiel für das Opfer-Täter-Muster, das zwar ausreichend dokumentiert wurde, aber leider weniger mit echtem Interesse als mit Vorurteilen. Im Meta-Muster der Sklaverei werden *nur bestimmte Muster sichtbar gemacht,* während andere verschwiegen werden. Versklavte Menschen dürfen zwar als Opfer, aber nicht als menschliche Wesen mit einem grenzenlosen Potenzial betrachtet werden. Sklavenhalter waren Täter, der Inbegriff des Bösen, wobei jeder Aspekt, der positiv gewesen sein könnte, ausgeblendet wird. Diesen Teil der Geschichte anzusprechen ist wichtig, *denn aufgrund der natürlichen Beschaffenheit von Systemen, die nach einem Erhalt ihres natürlichen Gleichgewichts streben, wird das, was unterdrückt und ignoriert wird, wiederholt und verstärkt, bis es seinen Platz findet.*

Nichts kann den Tatbestand der Sklaverei rechtfertigen, und wir müssen die schrecklichen Dinge zur Kenntnis nehmen, vor allem die Meta-Muster, die mit der Sklaverei verbunden sind. Aber wir sollten uns auch bewusst machen, dass in diesem Grauen auch manche Stärke wachsen konnte. Meta-Muster von Opfer und Täter wurden bis heute über zahllose Generationen hinweg weitergegeben. Solange beide Seiten nicht imstande sind, sie aufzuarbeiten, Traumata als solche zu akzeptieren, zu heilen und nach Versöhnung zu streben, werden Spaltung und systemische Ungleichgewichte weiterbestehen.

Hungersnöte und Pandemien

Sie erinnern sich gewiss noch an den zuvor erwähnten holländischen Hungerwinter und wie sich die landesweite Hungersnot auf spätere Generationen ausgewirkt und sich in Form von Ängsten, Essstörungen und Fettleibigkeit manifestiert hat. Die multigenerationalen Effekte der massenhaft auftretenden Spanischen Grippe aus dem Jahre 1918 sind weniger erforscht, und obwohl es noch zu früh ist, belastbare Aussagen zu den Auswirkungen der COVID-19-Pandemie auf künftige Generation zu treffen, wird es zweifellos Meta-Muster geben, denn die ganze Welt wurde durch diese Krankheiten drastisch in Mitleidenschaft gezogen.

Wir sehen bereits die ersten negativen Auswirkungen von Rassismus, Ideologien und Diskriminierung anderer Kulturen, die um sich greifen. Die Freiheit einer Minderheit wird auf Kosten der Mehrheit eingefordert oder zugunsten der globalen Kooperation eingeschränkt. Leugnen kontert man mit Schuldzuweisungen. Eine weltweit verbreitete Erkrankung wird zum Politikum, wobei die Wissenschaft gegen Verschwörungstheorien und die Regierung gegen einzelne Bürger in Stellung geht. Ein Teil der Bevölkerung macht den anderen Teil für Missstände verantwortlich. Und manche würden am liebsten diejenigen umbringen, in deren Land das Virus erstmals auftauchte.

Die Ausgrenzung in Form von sozialer Distanzierung soll unser Überleben sichern, aber sie spaltet auch Familien und Freundschaften, Schulen, Nachbarschaften und Gemeinden. Sie trägt zur breiten gesellschaftlichen Akzeptanz neuer Arbeitsweisen bei. Der Reisesektor verändert sich. Unser Planet bekam eine kurze Verschnaufpause. Es gibt Anpassungen und Innovationen in Hülle und Fülle. Veraltete Infrastrukturen, beispielsweise unser Gesundheitswesen, werden als solche erkannt. Die Veränderungen sind tiefgreifend und global, und sie werden uns sicher noch lange Zeit begleiten, genau wie die damit einhergehenden Chancen.

Der systemische Trancezustand: »Alles okay«

Viele Meta-Muster haben sich tief in unserem Innern eingenistet. Einige werden offenkundig, wie die zuvor beschriebenen. Andere, zum Beispiel Muster in Zusammenhang mit Hierarchien, Struktur und Kontrolle, zeigen sich innerhalb der Sprache, in Benimmregeln, Dresscodes, Erziehung, Bildungsgrad oder der Migrationserfahrung – aber weniger offensichtlich. Und eines dieser heimlichen Muster ist ganz besonders einengend: Das Meta-Muster »Alles okay«.

Wenn in unserem Leben alles einigermaßen in Ordnung ist, neigen wir dazu, die Hände in den Schoß zu legen und in einen systemischen Trancezustand zu verfallen, ein typisches Merkmal der menschlichen Natur. Der systemische Trancezustand schließt Stress und Langeweile ein, die für unser heutiges Leben ebenfalls charakteristisch geworden sind, und er wird durch den instinktiven Zugriff auf eine Reihe eingeschliffener neuronaler Pfade im Gehirn ausgelöst. Dadurch entstehen Muster in Endlosschleife: In einem trostlosen und eintönigen, aber gut bezahlten Bürojob mit sauber geregelter Arbeitszeit ausharren, jeden Tag auf demselben Weg zur Arbeit fahren, am Samstagabend ausgehen, am Dienstag Pizza beim Lieferdienst bestellen, nach dem Abendessen noch ein bisschen fernsehen, den Müll rausbringen … die Liste ließe sich endlos fortsetzen. Wir bringen gestresst und genervt die Arbeitswoche hinter uns, schlittern rastlos durch das Wochenende, um uns am Sonntag wieder auf das Hamsterrad vorzubereiten, das uns erwartet.

Wir lassen uns treiben, halten uns an die Vorgaben der Systeme, deren Teil wir sind – alles im grünen Bereich, wir haben uns ein relativ gutes Leben aufgebaut, achten darauf, das Boot ja nicht zum Schaukeln zu bringen … doch irgendwann wachen wir vielleicht aus unserem Trancezustand auf. Wenn wir gegen die Selbstgefälligkeit und Langeweile aufbegehren und uns mehr vom Leben wünschen, bekommen wir oft zu hören, dass wir realistisch bleiben sollen und harte Arbeit noch nie jemandem geschadet habe. »Die Arbeit am Fließband war gut genug für deinen Vater. Sie sollte auch für dich gut genug sein.« Man redet uns ein, dass Träumen zu nichts führt. Das stimmt nicht!

Wenn es eines gibt, was ich bisher gelernt habe, dann das: Wie immer unser Leben derzeit auch beschaffen sein mag, wir können mehr und Besseres daraus machen, wenn wir fest entschlossen sind, *uns selbst* zu ändern. Wenn wir uns die Erlaubnis erteilen, mehr zu wollen, uns unsere eigenen Ziele zu setzen und alles zu tun, um sie zu verwirklichen, können wir auf ein anderes Meta-Muster zugreifen, eine Ressource, die für jeden Menschen unter dem *Hashtag* »Mehr wünschen, mehr sein, mehr erreichen« zugänglich ist.

Ein erfülltes Leben lässt sich nicht im Handumdrehen realisieren, vor allem angesichts der zahlreichen systemischen Muster, die uns ausbremsen. Doch sobald wir die alten Muster erkennen, sie als solche wahrnehmen, ihnen einen Platz im System zuweisen, an dem wir die Bürde ablegen, und zu träumen beginnen – sobald wir die Gedanken, Gefühle, Verhaltensweisen, Muster und Einstellungen entwickelt haben, die uns der Verwirklichung unseres Traums näherbringen –, sind wir schon auf dem Weg zu unserem Ziel.

Systemischer Meilenstein #15: **Der Umgang mit Meta-Mustern**

Die Ermittlung der Meta-Muster, die bei Ihnen im Spiel sind, kann nützlich sein, wenn Sie Aufschluss über Ihre eigenen Einschränkungen, Hindernisse, Bedürfnisse und Entwicklungsoptionen gewinnen möchten. Sie sind der Schlüssel, um sowohl die Verstrickungen als auch die Möglichkeiten zu erkennen, sich aus ihnen zu lösen und auf eine höhere Ebene zu gelangen. Hier sind einige Fragen, die Sie sich stellen sollten:

- Entdecken Sie bei sich vorgefasste Meinungen über andere Geschlechter? Wie werden Angehörige der verschiedenen Geschlechter in Ihrem Familiensystem oder an Ihrem Arbeitsplatz behandelt? Stellen Sie fest, dass Sie andere aufgrund ihrer sexuellen Identität verunglimpfen, oder sind Sie der Meinung, dass für alle Platz ist?
- Denken Sie an Ihre nationale und kulturelle Identität, die in Denk- und Verhaltensmustern, Kleidungsstil, Sprache, Esskultur, Umgang mit Geld oder Beziehungen, in beruflichen Aktivitäten, Feier- und Trauerritualen zum Ausdruck kommt. Sagen Sie sich: »Für uns ... (setzen Sie Ihre Nationalität oder Volkszugehörigkeit ein) ist es typisch, dass ... (füllen Sie die Leerstellen).« Wenn Sie genauer hinsehen, werden Sie eine interessante Liste systemischer Aussagen und Regeln entdecken, an denen Sie Ihr Leben ausrichten.
- War irgendeiner Ihrer Vorfahren von den Auswirkungen lebens-

verändernder Ereignisse betroffen wie Krieg, Hungersnot, Migration, Weltwirtschaftskrisen, terroristische Anschläge oder Pandemien? Waren diese Personen am Kriegsgeschehen beteiligt?

- Gehörte einer Ihrer Vorfahren einer ethnischen Gruppe an, die aufgrund ihrer wie auch immer gearteten Sichtweisen eine geschlossene Einheit bildeten?
- Gibt es Opfer oder Täter in Ihrem System? Geheimnisse, die unter Verschluss gehalten werden?
- Stammen Sie aus einem Kulturkreis oder einem Land, in dem es ethnische Säuberungen gab? Welcher der beiden Gruppen – Unterdrücker oder Unterdrückte – gehören Sie dabei an? Stellen Sie fest, dass Sie andere eher ausgrenzen, oder befürworten Sie Vielfalt und Inklusion? Haben Sie die Bürde der Schuld- und Schamgefühle Ihrer Vorfahren übernommen? Oder ebnen Sie dem System als »Agent des Wandels« den Weg in die Zukunft?
- Was treibt Sie an, zu wachsen und sich weiterzuentwickeln? Was können Sie tun, um in einer von Meinungsverschiedenheiten zerrissenen Welt gesundheitszuträgliche Veränderungen anzustoßen?

Meta-Muster weisen darauf hin, dass Sie sich in einem systemischen Trancezustand befinden und wie Sie daraus erwachen können. Stellen Sie mit Blick auf Ihre Antworten folgende nachfassende Fragen:

- Welche frustrierenden Erfahrungen, Einschränkungen oder Verstrickungen wirken sich bei mir besonders tiefgründig aus?
- Mit welchem Meta-Muster ist ein Tabu oder eine einengende, frustrierende Erfahrung entstanden? Welche systemische Regel hindert mich daran, mein Ziel zu erreichen?
- Was erzähle ich mir selbst darüber, und welche Bedeutung messe ich dieser Regel in Bezug auf mich selbst oder andere bei?
- Was möchte ich wirklich erreichen? (Der Weg aus der Verstrickung in das Meta-Muster zeichnet sich in Ihrem Traum ab.)
- Welche Merkmale des Traums sind mir wichtiger als das Meta-

Muster, das mich ausbremst? Welcher neue Gedanke könnte mich inspirieren?
- Wie kann ich ein Gefühl der Begeisterung und gespannten Erwartung wecken, das mich vorantreibt?
- Welche auf einer höheren Ebene verorteten Gedanken, Gefühle und Verhaltensweisen ebnen den Weg in diese neue Richtung?

Lassen Sie sich nicht entmutigen, wenn Sie die Meta-Muster und die Familiengeschichte entdecken, die Ihr Leben geprägt haben. Blicken Sie gespannt in die Zukunft. *Alles, was Ihre Vorfahren getan und beigetragen haben, gipfelt nun an diesem einen Punkt, an dem Sie stehen, um Ihr Leben neu auszurichten.* Wir sind alle hier, um voneinander zu lernen und einander zu dienen. Wenn wir auf diese Art auf unser Leben blicken, eröffnet uns das einen Erkenntnisprozess auf höherer Ebene.

Teil IV

Der Schatz des menschlichen Potenzials

12
Die DNA der Beziehungen: Im Privatleben

Soziale Beziehungen sind Brutstätten systemischer Muster, deren Beschaffenheit sich unmittelbar auf unsere Lebensqualität auswirkt. Beziehungsmuster können sowohl in der Familie als auch in anderen Organisationsformen über Generationen hinweg weitergegeben werden; das bedeutet, dass *wir nicht die Urheber sind, sondern sie nur übernommen haben.* Wir neigen dazu, gebetsmühlenartig auf sich wiederholende Reize zu reagieren. Das liegt nicht an uns oder an der Person, mit der wir uns in einer sozialen Beziehung befinden, sondern an den jeweiligen Familiensystemen und den Mustern, die sich in uns fortsetzen. Unser Schicksal sollte uns, wenn wir beschließen, es selbst in die Hand zu nehmen, auch über diese einengenden Muster hinausführen, um ein neues, stabileres Leben aufzubauen.

Soziale Beziehungen sind der Schlüssel, der die Tür zu Erfolg, Flexibilität, Wachstum, Führungskompetenz, tiefem inneren Verständnis, Erfüllung und Zufriedenheit öffnet. Wenn Sie sich in einer Beziehung verloren fühlen, den Eindruck haben, in der Falle zu sitzen, ständig gereizt oder wütend sind, Angst empfinden oder Wertschätzung vermissen, haben Sie vermutlich ein generationsübergreifendes Beziehungsmuster in Ihrem Familiensystem fortgesetzt, das auf Ihre Kosten geht, aber weder Ihnen noch dem System dient, dessen Teil Sie sind. Eltern, die Wutgefühle ausagieren oder Ablehnung signalisieren, können das Selbstwertgefühl eines Kindes nachhaltig beeinträchtigen, wie sich bei vielen meiner Klienten zeigt, die noch heute auf ihr ›verkorkstes‹ Elternhaus fixiert sind. Doch irgendwann kommt der Punkt, an dem *Sie* entscheiden sollten, wer Sie sein wollen und wie die Beziehung aussehen sollte, die Sie sich wünschen. Den Eltern, die ebenfalls dem System verhaftet sind, die Schuld zuzuweisen, hält Sie davon ab, über den Status quo hinauszuwachsen. Also: Schluss damit!

Gute Beziehungen geben Ihnen die Möglichkeit, starke Selbstermächtigungs- und Kompetenzmuster zu entwickeln. Sie zeigen Ihnen, wer Sie sind und welchen Platz Sie in der Welt einnehmen, wie Sie Ihr Herz offenhalten, Intuition und Bauchgefühl trainieren und Ihr Gehirn dabei eingeschaltet lassen. In gesundheitszuträglichen Beziehungen wirken alle drei Grundprinzipien der systemischen Arbeit. Sie tragen dazu bei, 1. Bindungen und also Zugehörigkeitsgefühle zu entwickeln, die Ihr Leben bereichern, 2. Ihren eigenen Platz im System auszufüllen und den Platz anderer wertzuschätzen, und 3. auf das Gleichgewicht des Gebens und Nehmens zu achten. Mit anderen Worten: Positive Beziehungen lehren Sie, ein erfülltes Leben zu führen.

In einer angstfreien Beziehung, die innere Zufriedenheit und das Gefühl mit sich bringt, dass Sie dadurch eine bessere Version Ihres Selbst werden, bahnen Sie neue neuronale Pfade, Wahrheiten und Emotionen – und erzielen auch neue Ergebnisse. Durch Wiederholung und Verstärkung entstehen daraus neue Möglichkeiten, in Kontakt zu sein und zusammenzuarbeiten: Möglichkeiten, die mit mehr Sinn, Orientierung und Erfüllung einhergehen. Sie steuern erheblich leichter durch das klippenreiche Gewässer des Lebens, wenn Sie sich in Ihren persönlichen Beziehungen auf Ihre eigene Stärke verlassen können. Sie stehen am Ruder, aber Sie haben ein hochmotiviertes Team an Ihrer Seite – Menschen, die Ihnen Unterstützung und Orientierung bieten, die eine bessere Sicht auf die Welt ermöglichen und es Ihnen erleichtern, sich darin zurechtzufinden.

Systemischer Meilenstein #16: **Beziehungscheck**

Bevor Sie sich auf die Reise zum Aufbau starker Beziehungen begeben, sollten Sie eine Bestandsaufnahme von den harmonischen und schwierigen Beziehungen in Ihrem Leben machen. Notieren Sie die Namen von zwei wichtigen Personen in Ihrem Leben, und beschreiben Sie die Beziehung, die Sie mit ihnen verbindet.

Spiegeln die schwierigen Beziehungen ein Muster aus Ihren gegenwärtigen Systemen wider? Aus einer anderen Generation? Haben Sie mit dem Muster begonnen? Was hat Sie bewogen, sich auf diese unbefriedigende Beziehung einzulassen? Was haben Sie sich selbst über das einschneidende Ereignis erzählt, und wie haben Sie es gedeutet? Entspricht Ihre Interpretation der objektiven Wahrheit? Oder ist das *Ihre* Wahrheit?

Welche systemischen Aussagen definieren diese einengenden Beziehungen? »Ich habe ständig das Gefühl, nicht gut genug zu sein. Egal was ich tue, ich richte immer ein Chaos an. Ich werde nicht wertgeschätzt/wahrgenommen.« Sind diese Aussagen Teil Ihres Familiensystems? Forschen Sie nach, woher sie stammen, und machen Sie sich Ihre Frustrationen und Träume bewusst. Frustrationen machen Sie auf Muster aufmerksam, die enden müssen, während Träume darauf hinweisen, was Sie in die Wege leiten sollten.

Richten Sie Ihren Blick auf diejenigen Personen, mit denen Sie viel Zeit verbringen. Wem gegenüber fühlen Sie sich zu Loyalität verpflichtet, obwohl sie nicht gerade zu einer besseren Version Ihrer Selbst beitragen? Achten Sie auf die systemischen Aussagen, die diese Beziehungen steuern: »Ich bin nicht gut genug, nicht reich genug, nicht klug genug, nicht amüsant genug.« Um mit Ihrem Leben voranzukommen und über Ihre vermeintlichen Grenzen hinauszuwachsen, sollten Sie nach Beziehungen Ausschau halten, in denen Sie es wagen, mehr zu sein, sich höhere Ziele zu setzen, zufriedener mit sich selbst zu werden. Damit verlassen Sie unter Umständen die Komfortzone Ihres Familiensystems, doch es ist *Ihr* ureigener nächster Schritt. Sie blenden Ihr Familiensystem nicht aus, sondern treffen die Entscheidung, das übernommene Muster nicht länger fortzusetzen.

Achten Sie auf alles, was Ihre Stimmung aufhellt oder Ihre Denkweise positiv verändert; steuern Sie darauf zu. Ich war während meiner Teenagerzeit schüchtern, strebsam und sozial isoliert (ein Nerd, wie man heute sagen würde) und machte in Gegenwart anderer selten den Mund auf, bis ich mit dem Tanzen begann und zufällig hörte, wie ein Trainer mit einer Reihe neuer Tanzlehrer arbeitete. »Denkt daran, die meisten Leute haben noch mehr Hemmungen als ihr.« Das blieb hängen. Ich wusste, wie man Menschen aus der Reserve locken konnte. Ein einziger Satz, und ich hatte eine völlig neue Art entdeckt, Kontakte zu knüpfen, weil ich mir erlaubt hatte, mich für eine neue Wahrheit zu öffnen und sie zu verstärken.

Soziale Beziehung und die drei Grundprinzipien

In der systemischen Arbeit kann die Entdeckung des Gefühls, nicht zugehörig zu sein, sich am falschen Platz in der Rangordnung zu befinden oder aufgrund eines bestehenden Ungleichgewichts zu kurz zu kommen, eine leidvolle Erfahrung sein und Ihre Beziehungen gefährden. Die vermeintliche Unfähigkeit, eine Bindung zum Familiensystem zu entwickeln (was buchstäblich nicht möglich ist, denn wir haben von Geburt an einen bestimmten Platz in der Familie, der nur uns zukommt), führt oft zu der Unfähigkeit, auch in anderen Beziehungssystemen Bindungen einzugehen. Manchmal steht dieses Gefühl, ausgeschlossen zu sein, in engem Bezug zu einer anderen Person, die ausgeschlossen wurde. Die Lösung besteht darin, dafür zu sorgen, dass Sie beide den Platz im System einnehmen, auf den Sie ein Anrecht haben. Jemanden auszuschließen ist eine Strategie, die

Zugehörigkeit verweigert, und wer oder was ausgeschlossen wurde, taucht in anderer Form im System wieder auf. Wir sind auf der Welt, um voneinander zu lernen, und deshalb ist es wichtig zu erkennen, dass auch Personen, die wir schwierig finden, ihren Platz im System haben. Das ermöglicht den Abbau von Spannungen und erleichtert Lernprozesse innerhalb des Systems.

Das Gefühl, auf dem falschen Platz gelandet zu sein, ist ein Szenario, bei dem Sie vielleicht den Platz eines ausgeschlossenen Mitglieds übernommen und damit eine Störung in der Rangordnung verursacht haben. In einem solchen Fall ist unklar, wie sich das Geben und Nehmen im System zum Ausgleich bringen lässt. Wenn Sie im übertragenen Sinn mehr geben, als es Ihrer Rolle im System entspricht – die größte Bürde schultern, immer die Verantwortung tragen –, fällt es anderen schwer, Sie anzusprechen, und die Last bleibt ungleich verteilt. Wenn Sie weniger geben, als es Ihrer Rolle im System entspricht, fällt es anderen schwer, Sie wahrzunehmen und zu erkennen, was wirklich in Ihnen steckt.

Manchmal scheint das Gleichgewicht des Gebens und Nehmens unvermeidlich aus den Fugen zu geraten. Wie soll ein Kind beispielsweise die Fürsorge ausgleichen, die ihm von den Eltern zuteilwurde? Die Antwort lautet: Eine Rückzahlung unserer Dankesschuld ist vielleicht nicht möglich, aber zum Ausgleich können wir eine Vorauszahlung leisten, eine Investition in die Zukunft unserer eigenen Kinder und der Gesellschaft.

Wie wir einengende und gescheiterte Beziehungen vorprogrammieren

Einengende und zum Scheitern verurteilte soziale Beziehungen werden oft durch Beziehungsprobleme in der Herkunftsfamilie oder in weiter zurückliegenden Generationen vorprogrammiert. Sie können aber auch eine Folge einschneidender Ereignisse im Leben unserer Geschwister oder in unserem eigenen Leben sein. In den meisten Fällen steht jedoch die Dynamik der Beziehung zu den eigenen Eltern im Fokus, die ungeheuren Einfluss hat. Die damit zusammenhängenden Muster oder Triebkräfte im Einzelnen zu beschreiben würde den Rahmen des Buches sprengen, deshalb begnügen wir uns mit einem Blick auf die Schwierigkeiten, die sich daraus ergeben können, und wie man sie vermeidet.

Ablehnende Haltung gegenüber der Mutterfigur

Die Beziehung zur Mutter beginnt schon vor der Geburt. Sie hat den Fluss der Lebensenergie an Sie übertragen. Sie war vielleicht nicht in der Lage, Sie zu behalten oder so für Sie da zu sein, wie Sie es sich gewünscht hätten, aber sie ist diejenige, die Sie zur Welt gebracht hat. Sie ist die allererste und wichtigste Bezugsperson in Ihrem Leben.

Eine ablehnende Haltung gegenüber der Mutter bedeutet Ablehnung des Lebens- und Energieflusses, und Sie stellen vielleicht fest, dass beides auch in Ihren anderen privaten und beruflichen Beziehungen fehlt. Und was wir ausschließen, wie bei Mustern gewöhnlich der Fall, taucht in uns oder in unserem Umfeld oft wieder auf. Das erkennen Sie an systemischen Aussagen, Gefühlen, Sprachgewohnheiten und Verhaltensweisen, die sich eingeschliffen haben. Hier einige Beispiele für systemische Glaubenssätze, die auf »Probleme mit der Mutter« zurückzuführen sind, und das Ergebnis.

Aussagen	Ergebnis oder Schlussfolgerung
Sie liebt mich nicht.	Mit mir stimmt etwas nicht.
Sie ist nie für mich da.	Ich muss viel zu viel alleine stemmen; wenn das so weitergeht, werde ich krank oder breche zusammen.
Es geht immer nur um sie.	Ich habe keine Ahnung, wer ich wirklich bin.
Sie kümmert sich nicht um mich.	Ich bin dick. Vielleicht esse ich zu viel; vielleicht vernachlässige ich mich auch in anderer Hinsicht.
Sie nimmt mich überhaupt nicht richtig wahr.	Es ist allein meine Schuld. Ich bin nicht gut genug, niemand ist an einer Beziehung zu mir interessiert.
Sie bürdet mir viel zu viel Verantwortung auf.	Ich habe keinerlei Unterstützung und keine Schulter zum Anlehnen. Niemand ist für mich da.
Sie zeigt mir nie, dass sie mich liebt.	Ich bringe meine Gefühle offen zum Ausdruck. Uneingeschränkt, aber es kommt nichts zurück.
Sie ist unleidlich und gemein.	Ich reagiere verschlossen und verzichte auf Unterstützung, oder ich bin als Ausgleich superfreundlich und großzügig.
Sie schüchtert mich ein.	Sie nimmt nicht nur ihren eigenen Platz ein, sondern verfügt auch über meinen, sodass ich meine eigene Position nicht finden kann.
Sie macht mir Angst.	Alle Frauen in meiner Familie hatten Angst vor ihren Müttern. Keine von uns war in der Lage, eine Beziehung auf Augenhöhe einzugehen.
Ich traue ihr nicht.	Ich bin nicht in der Lage, etwas von anderen anzunehmen, mich ganz auf jemanden einzulassen, bedingungslos zu lieben oder vertrauensvolle Beziehungen aufzubauen.
Sie stellt nur Forderungen.	Ich versuche auch weiterhin, ihr alles recht zu machen, in der Hoffnung, dass sie irgendwann erkennt, dass ich ebenfalls Bedürfnisse habe.

Fragen Sie sich, wie viele Aussagen dieser Art in Ihren sozialen Beziehungen auftauchen. Wenn Sie glauben, sich aus den Fesseln der Vergangenheit befreit zu haben, werfen Sie einen Blick auf die Beziehungen Ihrer Mutter, um festzustellen, auf welche Weise Sie ihre Muster immer noch nachahmen. Notieren Sie die systemischen Aussagen, die Sie von Ihrer Mutter zu hören bekamen, und überlegen Sie, wie sie Ihre eigenen Beziehungen prägen.

Die Beziehung zu Ihrer Mutter bestimmt oft den Tenor der Beziehung zu Ihrem Partner oder zu Bezugsgruppen in Ihrem sozialen Umfeld. Eine emotional distanzierte Mutter kann zur Entwicklung eines übermäßigen Unabhängigkeitsbedürfnisses beitragen, was problematisch werden kann, wenn es darum geht, Bindung und Nähe zu anderen zuzulassen. Wenn Sie ein gutes Verhältnis zu Ihrer Mutter hatten, haben Sie bessere Chancen, starke und gesundheitszuträgliche soziale Beziehungen zu knüpfen. Andernfalls stellen Sie vielleicht fest, dass Sie Mustern folgen, die schmerzlicher für Sie sind. *Man kann nicht oft genug betonen, in welchem Ausmaß wir uns unserem Familiensystem unbewusst zu Loyalität verpflichtet fühlen, selbst dann, wenn wir es auf der bewussten Ebene nicht wollen.* Und das liegt daran, dass es darin unerkannte und ungelöste Probleme oder Themen gibt. Wenn wir keine *offen erkennbare* Bindung eingehen können, suchen wir sie in *verdeckter Form.* Wir halten immer nach Möglichkeiten Ausschau, uns zugehörig zu fühlen, auch dann, wenn wir denken, dass wir keinen Wert auf Bindung und Zugehörigkeit legen.

Wenn Frauen darüber nachdenken, was für eine Art Mutter sie werden möchten, stehen die Eigenschaften, die sie bei ihren Müttern beanstanden, mit Sicherheit nicht auf ihrer Wunschliste. Wenn sie ihre Mutter ablehnen, fällt es ihnen oft auch schwer, sich in der beruflichen Welt zurechtzufinden, sie bleiben Papas kleine Prinzessin, unfähig, ihren Platz auszufüllen oder mit ihren Kolleginnen am Arbeitsplatz zurechtzukommen. Männer sollten darüber nachdenken, wie sich ihre ablehnende Haltung auf die Beziehung der Kinder zu ihrer eigenen Mutter und auf alle nachfolgenden Generationen auswirken könnte, wenn die Töchter selber Kinder haben möchten.

Ich weiß, ich habe leicht reden, wenn ich sage »Die eigene Mutter abzulehnen ist nicht gut!«, ohne *Ihre* Mutter zu kennen. Doch der springende Punkt ist: *Für Systeme ist nur relevant, dass eine Beziehung besteht und somit ihren Platz im Ordnungsgefüge hat.* Versuchen Sie daher, etwas Positives zu finden, das Sie von Ihrer Mutter mitnehmen können, und wenn es auch nur das Leben ist, das sie Ihnen geschenkt hat, ihre Augenfarbe oder ihre Haare. Versuchen Sie es vorbehaltlos anzunehmen und ein Gefühl der Dankbarkeit zu entwickeln. Dank Ihrer magischen Kräfte können Sie Stroh zu Gold spinnen. Sie bewusst einzuschließen und ihr einen Platz in Ihrem Herzen einzuräumen bedeutet nicht, dass sie in das Haus nebenan ziehen muss!

Eine ablehnende Haltung gegenüber der Vaterfigur

Nach dem traditionellen Rollenmuster macht uns der Vater mit der großen, weiten Welt bekannt und zeigt uns, welche Möglichkeiten uns darin offenstehen. Ihre Existenz haben Sie zur Hälfte ihm zu verdanken. Wenn er im entscheidenden Augenblick nicht dabei gewesen wäre, gäbe es Sie nicht. Genau wie Ihre Mutter trägt er viele Hinweise für Sie in sich: darauf, wer Sie sind, was Sie nicht sind und wer Sie einmal werden könnten. Wenn Sie ihn ablehnen, versperren Sie sich den Zugriff auf Informationen, die Ihnen die Richtung zu einem Leben weisen, wie Sie es sich wünschen.

Hier sind einige systemische Glaubenssätze, die auf »Probleme mit dem Vater« zurückzuführen sind, und einige der möglichen, automatischen Reaktionen:

Aussagen	Ergebnis oder Schlussfolgerung
Er liebt mich nicht.	Deshalb komme ich ihm zuvor und zeige ihm, dass ich ihn ablehne.
Er ist nie für mich da.	Ich muss mich ihm gegenüber beweisen, sonst komme ich mir wie ein Versager vor.
Es geht immer nur um ihn.	Ich habe keine Ahnung, wer ich wirklich bin.
Er kümmert sich nicht um mich.	Ich werde mich an andere Männer als Vaterersatz halten.
Er nimmt mich überhaupt nicht richtig wahr.	Ich werde beweisen, dass ich es wert bin, wahrgenommen zu werden.
Er bürdet mir viel zu viel Verantwortung auf.	Ich umgebe mich mit Menschen oder Mitarbeitenden, die ich unterstützen muss (damit sie ihr Potenzial entwickeln). Erst wenn sie imstande sind, ihren Platz auszufüllen, kann ich meinen eigenen einnehmen.
Er zeigt mir nie, dass er mich liebt.	Ich bin immer derjenige, der seine Gefühle zum Ausdruck bringt. Ich wirke bedürftig.
Er ist unleidlich und gemein.	Ich habe ständig das Gefühl, etwas falsch gemacht zu haben.
Er macht mir Angst.	Alle Männer machen mir Angst, nerven mich oder lösen Wut bei mir aus.
Er kann nur eins: alle anderen herumkommandieren.	In Gegenwart von Männern halte ich still – oder kommandiere sie ebenfalls herum.
Ich traue ihm nicht.	Es fällt mir schwer, freundschaftliche Beziehungen zu Männern einzugehen.

Fragen Sie sich, wie häufig Aussagen wie diese in Ihren Beziehungen zu Männern auftauchen. Wie wir die Beziehung zu Männern und zu unserer Umwelt gestalten, vor allem in der beruflichen Sphäre, ist weitgehend vom Vater als der ersten männlichen Bezugsperson abhängig. Töchter mit einer starken positiven Vaterfigur in ihrem Leben entwickeln später zumeist ein gutes Verhältnis zu Männern, und Söhne versuchen, dem Vorbild des Vaters nachzueifern.

In generationsübergreifenden Mustern fällt auf, dass unsere Weltsicht, vor allem unser Verhalten in der beruflichen Sphäre, in hohem

Maß durch die Beziehung zum Vater geprägt ist. Töchter, die ihren Vater ablehnen, finden oft in ihren späteren Partnerbeziehungen eine Möglichkeit, eine verdeckte Bindung zu ihm herzustellen: wenn sie sich beispielsweise zu Männern hingezogen fühlen, die ihm gleichen – ein unbewusster Versuch, das Gleichgewicht im Beziehungsgeflecht wiederherzustellen oder die Beziehungslücke zu schließen. Auf ihrer persönlichen Landkarte ist das Misstrauen gegenüber Männern jedoch vorgezeichnet. So sehr sie sich auch nach einer harmonischen Beziehung sehnen, sie sabotieren sie unbewusst und in immer gleicher Weise. Die ablehnende Haltung gegenüber dem Vater schlägt durch und kann sich auf alle männlichen Wesen erstrecken.

Söhne, die den Vater ablehnen, haben oft Schwierigkeiten, den Wesenskern ihrer Männlichkeit zu verkörpern. Entweder fehlt ihnen ein gesundes Maß an männlicher Stärke und Durchsetzungsvermögen, oder es mangelt ihnen an der Fähigkeit, fürsorglich zu sein. Dieses Muster wiederholt sich oft bei den eigenen Kindern: Sie hatten kein Vorbild, an dem sie sich orientieren konnten, und können *ihnen* daher nicht Vorbild sein.

Wenn der Vater physisch oder emotional nicht zugänglich ist, hat das oft zur Folge, dass die Kinder die Neigung entwickeln, in hohem Maß für ihre Sichtbarkeit zu sorgen. Sie wollen beweisen, dass sie es wert sind, wahrgenommen zu werden – ein unbewusster Versuch, den Vater auf sich aufmerksam zu machen. Obwohl sie ihn auf der bewussten Ebene ablehnen, bleibt ein starkes inneres Bindungsbedürfnis bestehen. Die Kinder von physisch abwesenden Vätern haben oft Probleme mit ihrem Selbstwertgefühl und denken, dass mit ihnen etwas nicht stimmt, weil der Vater sich für ein Leben ohne sie entschieden hat.

Der Vater ist eine wichtige Identifikationsfigur in unserem Leben, gleich ob abwesend oder anwesend. Traditionsgemäß und archetypisch repräsentiert er eine Kraft, die nach außen gerichtet ist, auf ein Ziel oder einen Lebenszweck hin. Seien Sie Ihrem Vater dankbar für das Bedürfnis und den Wunsch, nach Chancen Ausschau zu halten, wie Sie Ihre Position in der Welt größtmöglich verbessern. Wie bei Ihrer Mutter können Sie auch von ihm immer etwas Positives mitnehmen, das Sie zu schätzen wissen – und sei es auch nur die Tatsache, dass Sie ihm Ihr Leben verdanken.

Unausgewogene Eltern-Kind-Beziehungen

Wenn Eltern emotionale Unterstützung als erstes bei ihren Kindern suchen, sie wie Freunde oder enge Vertraute behandeln, weisen sie ihnen einen falschen Platz in der systemischen Rangordnung zu und bürden ihnen die schwere Last auf, ihre Bedürfnisse zu erfüllen. Die Kinder können auch als Ersatzpartner dienen, werden aufgefordert, bei Streitigkeiten Stellung zu beziehen oder sich unangemessene Geheimnisse über den anderen Elternteil anzuhören. Wenn Eltern sich mit ihren Problemen nicht zuerst an den Partner wenden, versuchen die Kinder oft, Risse zu kitten, um das Familiengefüge zusammenzuhalten.

Doch manchmal vergessen wir dabei, dass die Eltern-Kind-Beziehung keine Einbahnstraße ist. Es sind nicht nur die Eltern, die zeigen müssen, wie sie ihrer Rolle gerecht werden, sondern auch die Kinder, die lernen müssen, ihre Beziehungskompetenz aufzubauen und an Herausforderungen zu wachsen. Ist dieses Gleichgewicht gestört, haben wir oft Kinder vor uns, die ständig Forderungen stellen und das Gefühl haben, nie genug zu bekommen, und erschöpfte Eltern, die es kaum erwarten können, dass ihre Sprösslinge flügge werden und das Nest verlassen.

Identifikation mit einem Elternteil, der für gescheiterte Beziehungen steht

Töchter sind besonders anfällig dafür, die Beziehungsmuster der Mutter zu wiederholen oder umgekehrt abzulehnen; sie verbannen jeden Mann aus ihrem Leben, der auch nur einen Anhauch der Eigenschaften zu erkennen gibt, die sie dem Vater zuschreiben. Söhne sind ähnlich gestrickt: Sie folgen dem väterlichen Muster des Misstrauens gegenüber Frauen.

Hier manifestiert sich ein tief verankertes, unbewusstes Gefühl der Verpflichtung zur Loyalität, das besagt: »Vater/Mutter, ich bin genauso wie du, und deshalb werde ich ebenfalls Schiffbruch mit meinen Beziehungen erleiden.« In solchen Fällen ist unsere unbewusste Loyalität stärker als unser persönliches Bedürfnis. Manchmal haben Kinder das Glück, sich die Beziehung ihrer Eltern genauer anzuschauen und zu erkennen, dass sie diese Muster keinesfalls wiederholen wollen, und treffen bewusst andere Entscheidungen. Danke, Mutter und Vater.

Bindungsstörung

Wenn ein Elternteil in frühester Kindheit länger abwesend ist, ist der Bruch in der Bindung nicht immer ihm anzulasten. Doch löst er einen tiefgreifenden Schock aus, auf den das Kind unbewusst mit der inneren Schlussfolgerung reagiert: »Wenn ich meine Eltern brauche, sind sie nicht für mich da. Auf Beziehungen ist kein Verlass.« Diese tiefe, innere »Wahrheit« kann bis ins Erwachsenenleben andauern und dazu führen, dass andere Beziehungen im Keim erstickt werden, sobald echte Nähe aufkommt. Natürlich ist das keine Wahrheit, sondern einfach eine kindliche Reaktion auf eine Erfahrung, die sich im Lauf der Zeit zu Misstrauen gegenüber allen Menschen ausgeweitet hat.

Unausgewogene Scheidungen und Rosenkriege

Scheidungen sind alles andere als erfreulich, und Scheidungen, bei denen sich die Parteien gegenseitig zermürben, können unheilvolle systemische Folgen aller Art für die Kinder – sowohl aus der noch bestehenden und jeder nachfolgenden Partnerschaft – mit sich bringen, die in systemischen Aussagen, Gedanken und Gefühlen zum Ausdruck kommen und ihre emotionale DNA prägen. Die Dynamik, die sich in einer erbitterten Scheidung entwickelt, kann folgende Szenarien einschließen:

- Partner mit dem höheren Einkommen fühlen sich berechtigt, mehr zu beanspruchen.
- Partner, die weniger verdienen oder sich um Kinder und Haushalt gekümmert und damit auf ihre eigenen beruflichen Möglichkeiten verzichtet haben, haben weniger Chancen, Ansprüche auf einen Ausgleich durchzusetzen; hier sind meistens die Frauen betroffen.
- Beide Partner erzeugen emotionale DNA, die sie an ihre Nachkommen weitergeben.
- Eltern, die vorher wenig Interesse an ihren Kindern gezeigt haben, versuchen nun eine Bindung zu ihnen herzustellen, um sie für ihre finanziellen Ziele oder zur Kontrolle ihrer Ex-Partner zu instrumentalisieren.
- Bei Eltern, die ihre Ex-Partner herabwürdigen und aus ihrem Leben verbannen, treten oft Bindungsprobleme auf, wenn sie irgendwann wieder heiraten und Kinder haben. Eines der Kinder aus der neuen Beziehung versucht vielleicht, einen Keil zwischen die Eheleute zu treiben, um Platz für jemanden zu schaffen, der ausgeschlossen wurde. Das Kind weiß intuitiv, wem es sein Leben schuldet – der Person, die ihren Platz im System geräumt hat und die Gründung einer neuen Familie möglich gemacht hat.
- Wenn Ex-Partner herabgewürdigt und aus dem System ausgeschlossen werden, wissen die neuen Partner, dass es ihnen irgendwann genauso ergehen könnte.

- Kindern wird die Last aufgebürdet, sich in zwei Familiensystemen zurechtzufinden und es beiden Elternteilen recht machen zu müssen, damit sie die Bindung aufrechterhalten können.
- Kinder fühlen sich nicht sicher gebunden oder liebevoll umsorgt, spüren die unterschwelligen Spannungen, den Rosenkrieg und die mangelnde Wertschätzung gegenüber dem Elternteil, von dem sie die Hälfte ihrer emotionalen DNA geerbt haben.
- Kinder bringen die unterdrückte Wut des jeweiligen Elternteils oft lautstark zum Ausdruck; damit geraten sie zwischen die Fronten und landen auf einen Platz in der systemischen Rangordnung, der nicht der ihre ist.

Andere schädliche Einflüsse auf die Beziehungsdynamik

Es gibt ganz offensichtlich noch viele weitere Triebkräfte, die persönliche Beziehungen beeinträchtigen können – finanzielle Verantwortungslosigkeit, ungerechte Einkommensverteilung, Probleme, wenn einer der Partner beschließt, Haushalt und Kinder zu versorgen, so dass ein Verdienst ausreichen muss, des Weiteren Tod eines Kindes, Fehlgeburt, Abtreibung, Adoption eines Kindes oder Freigabe zur Adoption, um nur ein paar zu nennen. Hier einige der besonders weit verbreiteten:

Seitensprünge und Affären. Seitensprünge und Affären können Beziehungen beschädigen und nicht nur die Weichen für den Ausschluss der Person stellen, die uns Liebe geschworen hat, sondern auch dazu führen, dass wir ihren Worten keinen Glauben mehr schenken, womit das Vertrauen endet. Der betrogene Partner sucht entweder die Schuld am Treuebruch bei sich selbst oder glaubt umgekehrt, ohne Fehl und Tadel oder viel zu nachsichtig zu sein. In letzterem Fall weist er sich damit in der systemischen Rangordnung eine höhere Stufe zu, die »Position des Überlegenen«. Der Partner, der betrogen hat, entwickelt vielleicht Schuld-, Minderwertigkeits- oder

Wutgefühle, die er für gerechtfertigt hält,, womit er sich auf eine niedrigere Stufe stellt und die »Position des Unterlegenen« einnimmt. Das kann zu einem Ungleichgewicht im System führen, bei dem sich die Person, die das Problem verursacht hat, wie ein Kind behandelt fühlt und Trost an einer anderen Stelle sucht (in einer weiteren Affäre), wo sie sich wieder als Erwachsener fühlen kann.

Je nachdem, wie tief solche Muster im System verwurzelt sind, kann es vorkommen, dass Männer aus mehreren Generationen ihre Familie verlassen und auf einen »Selbstfindungstrip« gehen, ungefähr im gleichen Alter wie ihre abhanden gekommenen Väter. Affären können auch dann an der Tagesordnung sein, wenn einem ein Elternteil gefehlt hat, nach dem man immer noch sucht. Dieses Szenario hat mehr mit der Herkunftsfamilie und weniger mit der aktuellen Partnerschaft zu tun.

Um ein systemisches Gleichgewicht zu erzielen, gilt es, dem Geschehen Aufmerksamkeit zu widmen und es ernst zu nehmen. Eine Auszeit, um die erhitzten Gemüter zu kühlen und alles noch einmal in Ruhe zu überdenken, kann ebenfalls hilfreich sein. Sie sollte von der Person anberaumt werden, die betrogen wurde, sodass ein friedlicher Dialog stattfinden und ausgewogene Konsequenzen gezogen werden können. Nachdem das Problem umfassend besprochen und eine Übereinkunft erzielt wurde, muss es seinen Platz im Beziehungsgefüge erhalten. Das Thema Seitensprung sollte danach abgehakt sein und nicht bei jedem Streit wieder zur Sprache gebracht werden. Hier müssen beide lernen, alte Muster abzulegen und durch neue zu ersetzen.

Für ein zugefügtes Unrecht büßen. Menschen, die anderen ein schweres Unrecht zufügen, wissen oft nicht, wie sie sich verhalten sollen. Sie können es nicht ungeschehen oder wiedergutmachen, weil die Person, die verletzt wurde, nicht darüber hinwegkommt; das Problem, in das beide verstrickt sind, ist ungelöst. Das Ergebnis ist oft die Frage: »Wie kann ich es mir gut gehen lassen und so tun, als sei nichts gewesen, wenn du den Kummer nicht überwinden kannst, den ich verursacht habe?« Wir verwandeln uns damit in Opfer und Täter zugleich: Wir leiden still unter der Selbstbeschränkung als Buße für das, was wir angerichtet haben, oder bitten das Opfer explizit um Vergebung, womit wir die alten Wunden möglicherweise wieder aufreißen.

Dieses Muster kann man häufig bei Partnern beobachten, die einander verletzt haben, und manchmal bei Frauen, die eine Fehlgeburt hatten oder Kinder zur Adoption freigeben. Frauen, die abgetrieben haben, fühlen sich oftmals hinterher schuldig und leiden in ihrem tiefsten Innern. Die Lösung ist, sich dem Problem zu stellen, die Auswirkungen zur Kenntnis zu nehmen, sich zu fragen, was man daraus lernen kann, und Entscheidungen zu treffen, die Seelenfrieden und Wachstumschancen mit sich bringen.

Versuchen Sie, das neue Muster zu erkennen, das sich zeigen will, zum Beispiel: »Ich werde aus dieser Erfahrung lernen.« Betrachten Sie es als heilsame Lektion. Wenn Sie ihr eine positive Seite abgewinnen, kann daraus eine Stärke erwachsen, die Sie an die nächste Generation weitergeben können. Sie lernen und brechen zu neuen Ufern auf, statt im Muster der Schuldgefühle, Selbstvorwürfe und der Selbsterniedrigung steckenzubleiben.

Beleidigungen. Ein Unrecht, das wir alle schon einmal begangen haben. »Typisch Mann, nie da, wenn man ihn braucht! Typisch Frau, zu blöd zum Autofahren! Diese Jugendlichen von heute, lügen, betrügen und denken nur an sich!« Stopp! Achten Sie einmal auf das, was Sie sagen. Haben Sie sich schon einmal bei Beleidigungen ertappt, die gegen eine Person oder eine Gruppe in Ihrem sozialen Umfeld gerichtet waren? Woher stammen diese Pauschalurteile und die herabsetzende Sprache? Wie engen Sie Ihren Horizont dadurch ein? Wie können Sie mit solchen Metaaussagen im Kopf Beziehungen aufbauen, die auf ein harmonisches Miteinander und gemeinsames Wachstum ausgerichtet sind?

Wenn wir merken, dass wir andere, gleich ob einzelne Personen oder Bevölkerungsgruppen, in Schubladen einordnen, sollten wir den Augenblick nutzen, um den Pausenknopf zu drücken. Wir beleidigen sie nicht nur, sondern verwehren sowohl ihnen als auch uns selbst die Chance, ein Gefühl der Zugehörigkeit zu entwickeln, denn wer möchte schon Teil einer Gruppe sein, die andere verunglimpft? Durch den Ausschluss bestimmter Personen engen Sie nur den Kreis Ihrer eigenen Beziehungen ein.

Denken Sie daran: Wie wir über andere urteilen und reden, hat Einfluss auf unsere Beziehung zu ihnen und ihre Beziehung zu uns.

Systemische Anregungen für eine wohlwollende Scheidung

Manchmal kann es für ein Paar am besten sein, sich scheiden zu lassen. Wenn die Beziehung nicht so läuft wie erwartet und beide beschließen, getrennte Wege zu gehen, besteht die Möglichkeit eines systemischen Lösungsansatzes, der die Entscheidung für die Eltern wie für die Kinder erträglicher macht. Auf diese Weise bleibt es für beide Eltern auch nach der Scheidung möglich, ihren Kindern die Kunst gelingender Beziehungen beizubringen. Diese Punkte sind dafür wichtig:

- Was zwischen den Partnern geschieht, sollte zwischen den Partnern bleiben. Die Kinder sind nicht der richtige Ansprechpartner für Konflikte. Zum einen sind sie noch zu jung, und zum anderen wird die systemische Rangordnung gestört, wenn sie den Platz eines Erwachsenen oder Ersatzpartners zugewiesen bekommen.
- Mit Ihrem Verhalten in dieser schwierigen Situation legen Sie Beziehungsmuster für Ihre Kinder an. Was sollen sie von Ihnen lernen?
- Wenn Sie die positiven Aspekte Ihrer Ehe benennen können, weisen Sie ihr einen Platz zu, der ins Gewicht fällt; Eltern und Kinder lernen, den Blick auf das zu richten, was sie in künftigen Beziehun-

gen schätzen oder anders machen würden. Eine solche Reflexion fördert Wachstum und Entwicklung bei allen Beteiligten.

- Die positiven Aspekte zu würdigen, die beide Partner in die Ehe eingebracht haben, erleichtert einen freundlichen Umgang miteinander und eine gütliche Trennung.
- Den Kindern zu erklären, dass beide Elternteile immer für sie da sein werden, bedeutet, dass sie nicht wählen müssen, wem sie Loyalität schulden; sie können sich für beide entscheiden.
- Wenn ein Elternteil verunglimpft und aus dem Leben der anderen verbannt wird, kann es vorkommen, dass ihm eines der Kinder unbewusst die Treue halten und das beanstandete Muster wiederholen muss, um ihn wieder in das System zu integrieren. Zu verstehen, dass *jeder* Elternteil im Leben der Kinder an erster Stelle steht und immer stehen wird, gibt den Eltern ihren Platz im Gefüge und auch den nachfolgenden Partnern. Wenn jeder weiß, wohin er gehört, besteht kein Anlass für Reibungen, weil die Ordnung im System wiederhergestellt ist.
- Die positiven Seiten der Ex-Partner anzuerkennen, gibt sowohl den Kindern Sicherheit als auch den nachfolgenden Partnern.
- Wenn beide Elternteile den Blick auf das richten, was sie am Partner geliebt haben, nehmen sie diese positiven Eigenschaften bei ihren Kindern wahr. Das gilt auch für das, was sie am Ex-Partner stört. Auch das werden sie bei ihren Kindern bemerken.
- Wenn Kinder sehen, dass eine Trennung friedlich verlaufen kann, sind sie imstande, jedem Elternteil einen ausgewogenen Platz in ihrem Herzen zuzuweisen, und die Eltern stellen ein Rollenmodell für gesunde Beziehungen dar.

Der Aufbau stabiler Paarbeziehungen

Partner kommen gut miteinander aus, wenn sie begreifen, dass sie sich voneinander unterscheiden, aber gleichwertig sind. Jeder braucht etwas von dem, was der andere hat, und jeder hat etwas, das der andere braucht. Unsere Liebsten zeigen uns oft, wo wir am meisten verwundbar sind. Sie weisen uns auf unsere Schattenseiten hin und geben uns so die Chance, sie zu erkunden und Schwächen in Stärken umzuwandeln. Sie führen uns vor Augen, welche Probleme in unserem Familiensystem ungelöst sind. Konflikte, die wir nicht mit unseren Eltern bereinigt haben, versuchen wir mit unseren Partnern aufzuarbeiten.

Wenn Sie gemeinsam als Paar wachsen, wenn Sie zum Beispiel eine Familie gründen oder solide Projekte in die Wege leiten, die das Gewicht der Familie tragen, dann entsteht ein systemisches Fundament. Wenn beide dazu beitragen, den Besitzstand zu mehren und Wohlstand zu schaffen, wird die Bindung gleichermaßen gefestigt. Und mit gemeinsamen Aktivitäten, die Balsam für Körper, Geist und Seele sind, sorgen Sie für Wachstum und eine positive Prägung Ihrer Partnerschafts-DNA. Wenn sich nur einer der Partner weiterentwickelt, bleibt die Beziehung manchmal auf der Strecke, denn der Partner mit den Flügeln hat das Bedürfnis, zu fliegen. Wenn einer der Partner für das Wachstum der Beziehung sorgt, und der andere an den betreffenden Aktivitäten nicht teilnehmen kann, ist es klug, einen Ausgleich zu finden, sodass beide gleichermaßen in die Entwicklung der Beziehung investieren. Freude und genauso auch Kummer und Leid zu teilen, stärkt die Partnerschaft und schafft einen sicheren Hafen für beide. Gemeinsame Freizeitaktivitäten, Zielsetzungen, Hoffnungen und Träume fördern Freude und Resilienz und schweißen zusammen, in guten wie in schlechten Zeiten.

Der Aufbau starker und erfüllender Beziehungen in allen Lebensbereichen

Um in allen Lebensbereichen starke und erfüllende Beziehungen ganz bewusst entwickeln zu können, sollten Sie die Balance von Geben und Nehmen zu einer Herzensangelegenheit machen. Damit schaffen Sie ein tragfähiges Fundament, auf dem unweigerlich Beziehungen entstehen, die facettenreich und erfüllend sind. Geben und Nehmen von ganzem Herzen bringt für beide ein Gefühl der Fülle, Freude und Wertschätzung. Glücksgefühle wie diese entstehen nicht zufällig! Sie wachsen durch Ihre Bereitschaft, zu lieben und Ihre Liebe zu zeigen: indem Sie zulassen, den anderen zu brauchen und genauso auch gebraucht zu werden. Dann können Sie Unterstützung suchen und finden, können Halt geben und gehalten werden.

Jeder Mensch in unserem Leben trägt sein ureigenes System mit sich; das sollten wir uns vor Augen halten und in der Lage sein, den Blick auf die Personen dahinter zu richten, mit denen unser Gegenüber im erweiterten Fluss des Lebens verbunden ist. Wenn wir würdigen, dass jeder von uns vielfältigen und bunten Systemen angehört, können wir all unsere Facetten in Beziehungen einbringen. Wenn wir einander mit offenen und einladenden Augen, Herzen und Gedanken begegnen, eröffnen sich ganz neue Wege des Miteinanders.

Die DNA Ihrer Beziehungen ist einer der wichtigsten Schlüssel auf dem Weg zu Ihrem persönlichen Transformationsprozess. Ihre Beziehungen zu anderen Menschen geben Aufschluss darüber, wie Sie zu sich selbst stehen. Wenn Sie auf das achten, was Sie sich selbst und anderen sagen, werden Sie rasch feststellen, in welchen Beziehungsmustern Sie feststecken und was dazu beiträgt, die Verstrickungen zu lösen und mit »Siebenmeilenstiefeln« voranzukommen.

Systemischer Meilenstein #17:
Die Beziehungen erschaffen, die Sie sich wünschen

Erster Schritt. Sie müssen fest daran *glauben,* dass Sie die Beziehungen aufbauen können, die Sie sich wünschen, sowohl im Berufs- als auch Privatleben. Dabei spielt es keine Rolle, ob diese Beziehungen derzeit schwierig oder bereits zerbrochen sind. Wenn Sie nicht zumindest das Bedürfnis verspüren, etwas daran zu ändern, oder nicht glauben, dass es gelingt, werden Sie es gar nicht erst versuchen.
Zweiter Schritt. Werden Sie sich klar darüber, was Sie *wollen*, nicht so sehr, was Sie *brauchen.* Zwischen beidem besteht ein Unterschied. Das eine lässt Raum für persönliches Wachstum, das andere bindet Sie an alte Verletzungen.
Dritter Schritt. Umgeben Sie sich mit Leuten, die Ihnen dabei helfen, zu wachsen und ein besserer Mensch zu werden. Manchmal bedeutet das, dass Sie zerbrochene Beziehungen kitten müssen, und manchmal sind Aufbau und Pflege neuer Beziehungen das Gebot der Stunde. Vergewissern Sie sich, dass sie der Verwirklichung Ihrer höchsten Absicht dienen und dass Sie diese selbst verkörpern und in Ihre Beziehungen einbringen. In Beziehungen geht es darum, zu inspirieren und von anderen inspiriert zu werden, um unser höheres Selbst zu entfalten – das ist der Schlüssel zu einer besseren Zukunft.
Vierter Schritt. Achten Sie darauf, dass Geben und Nehmen in Ihren Beziehungen annähernd ausgewogen sind. Sie sollten sich nicht ständig stärker engagieren oder sich mehr Mühe geben, die Beziehung aufrechtzuerhalten, wenn jemand das umgekehrt nicht leisten kann oder will. Wenn beide Seiten nicht in gleichem Maß an der Beziehung arbeiten, ist das Gleichgewicht des Gebens und Nehmens gestört und Sie sollten das Muster hinterfragen, das Sie erzeugen.
Fünfter Schritt. Genießen Sie Ihre zwischenmenschlichen Beziehungen, bauen Sie darauf auf und sorgen Sie für ihre Weiter-

entwicklung. Damit schaffen Sie ein Sprungbrett für die Entfaltung einer unendlichen Fülle an Möglichkeiten! Investieren Sie in Ihre Beziehungen, erwarten Sie viel von ihnen: Je mehr Sie das tun, desto erfüllter wird Ihr Leben sein – und das der Menschen in Ihrem Umfeld.

13
Die DNA der Beziehungen: Im Beruf

Unsere beruflichen Beziehungen spiegeln häufig unsere privaten Beziehungen wider. Oft übertragen wir einengende Muster aus dem Privatleben in den beruflichen Bereich und wundern uns dann, warum es mit der Karriere nicht vorangeht. Die Kollegen würden in einem solchen Szenario die Geschwister, und Autoritätspersonen und langjährige Mitarbeiter die Eltern repräsentieren – Teile des Systems, mit denen wir in Bezug stehen und interagieren. Wenn Sie Ihre privaten Beziehungen und deren Auswirkungen aus diesem Blickwinkel ergründen, können Sie die dabei gewonnen Einsichten in den beruflichen Bereich übertragen und gezielt am Aufbau starker Beziehungen arbeiten.

Für einige kann sich die Entwicklung einer guten Beziehungs-DNA in ihrem sozialen Umfeld wie ein schier unmögliches Vorhaben anfühlen. Doch das Universum ist lösungsorientiert und großzügig. Uns stehen andere Systeme zur Verfügung, die uns dabei helfen, Beziehungskompetenz aufzubauen, und der Arbeitsplatz bietet eine Fülle von Wachstumschancen. In der beruflichen Sphäre müssen wir uns in unserem Job profilieren, und man *erwartet von uns, dass wir erfolgreich sind,* um die nächste Stufe der Karriereleiter zu erklimmen. Die stetige Weiterentwicklung unserer Kompetenzen ist ein Mandat. Wir haben nicht nur den Auftrag, sondern werden auch angespornt, Spitzenleistungen und die beste Version unserer selbst anzustreben. Dieser Freiraum ermöglicht uns, einengende, in unserem Familiensystem verwurzelte Gefühle, Gedanken und Verhaltensweisen zu überwinden und verschiedene Alternativen auszuprobieren. Manchmal lernen wir im Beruf, Schwierigkeiten im Privatleben zu meistern und umgekehrt, sodass wir riesige Sprünge in Richtung Erfolg, Wachstum und Erfüllung machen können.

Ich hatte einen Klienten, dessen Vater ihm von Kindesbeinen an erzählt hatte, dass nur extrovertierte Menschen im Beruf Spitzenpositionen erreichen. Da sich Mateo für introvertiert hielt, war er von Anfang an überzeugt, dass er niemals Karriere machen würde und gab sich mit einer Rolle als »Steigbügelhalter« zufrieden. Die Beschränkung seines Potenzials war dadurch vorprogrammiert. Er erklärte, dass seine Kollegen Vertrauen zu ihm hätten und sich wünschten, er würde häufiger »sagen, was Sache ist«. Doch in seiner Kultur (er war in Lateinamerika aufgewachsen) galten unverblümte Meinungsäußerungen als Anmaßung, und er hatte von klein auf gelernt, dass man sich Vorgesetzen immer und um jeden Preis unterordnen sollte.

Als ihm klar wurde, dass seine vom Vater übernommene Überzeugung, introvertierte Menschen würden automatisch in der zweiten Reihe stehen, die Beziehungen zu seinen Kollegen und Vorgesetzten einengte, wusste er, dass er seinem kulturellen und seinem beruflichen Umfeld ihren jeweils eigenen Platz im System geben musste. Nach einigem Nachdenken dämmerte ihm, was zu tun war: Sein zurückhaltender Charakter brachte die Begabung mit sich, zu beobachten und zu reflektieren. Genau das würde er nutzen, um die Situation zu analysieren und seine Meinung immer dann zum Ausdruck zu bringen, wenn es nötig war. Er stellte seine Gedanken in einen neuen Rahmen und deutete sie um, was man in der Psychologie als *Reframing* bezeichnet: »Introvertierte Menschen sind aufgrund ihrer Fähigkeit, achtsam zu sein und tiefere Einblicke zu gewinnen, durchaus führungsfähig.«

Er erkannte auch, dass seine kulturell bedingte Höflichkeit ihm ermöglichte, jemanden in einer Weise mit Fragen und Herausforderungen zu konfrontieren, die keine Abwehrreaktionen hervorrief, sondern vielmehr zu einem verbalen Austausch einlud. Das Gespräch mit seinem Vater legte eine weitere Schicht des alten Musters frei, die zur Lösung beitrug, als dieser erklärte, seiner Äußerung habe sich nicht auf seinen Sohn, sondern ausschließlich auf sich selbst bezogen.

Ein einengendes Muster ist nur so lange einengend, wie man der Schattenseite den Vorrang einräumt. Es gibt immer eine Sonnenseite, die es zu entdecken und zu nutzen gilt. Für Mateo bestand sie in der Möglichkeit der Umdeutung seiner genetisch vorprogrammierten, einengenden Sprache und der Umwandlung kultureller Tabus in persönliche Stärken, die ihm und anderen zugutekamen.

Persönliches und berufliches Wachstum gehen Hand in Hand

Berufliche Beziehungen können auf zwei Arten wirken: durch Transaktions- als auch durch Trans*formation*sprozesse. Ersteres bedeutet, dass Sie mit einer ganz einfachen Austausch-Logik unterwegs sind: Sie stellen Ihre Dienste zur Verfügung und erhalten dafür eine Vergütung. Doch erst wenn in der Zusammenarbeit mit Geschäftspartnern und Kunden eine höhere Version Ihres Selbst zum Ausdruck kommt, die von Leidenschaft, Freundlichkeit, Begeisterung, Liebe und Zufriedenheit geprägt ist, wenn die DNA Ihrer Beziehungen auf diese Weise wirkt, wird Transformation im Berufsleben möglich – und der Weg zu einer sagenhaften Karriere wird frei.

Wenn Sie noch nicht lange im Unternehmen sind und sich hocharbeiten müssen, sind Sie vermutlich im Bereich der transaktionalen Beziehungen verortet. Auf den unteren Organisationsebenen erhalten Sie wertvolle Einblicke, wer wichtig ist, wer Sie unterstützen kann und was Sie tun müssen, um sich zu vernetzen und beruflich voranzukommen. *Wen* man kennt ist für die Karriere oft wichtiger als *was* man weiß. Auch hier ist der Ausgleich des Gebens und Nehmens wichtig: Sie bringen Ihre Fähigkeiten und Ihren Enthusiasmus in die

Arbeit ein, und die Kollegen und Vorgesetzten in Ihrem Umfeld lassen Ihnen im Gegenzug Aufmerksamkeit und gute Ratschläge zuteilwerden. Wenn Sie Ihre höheren Emotionen einsetzen, um herauszufinden, was Sie an jeder einzelnen Person und ihrer Rolle mögen und wertschätzen, erweitern Sie nicht nur Ihr Kompetenzspektrum. Sie sorgen auch dafür, dass Ihre DNA der beruflichen *und* persönlichen Beziehungen eine höhere Entwicklungsstufe erreicht, wenn Sie sich die Mühe machen, sich voll einzubringen und eine tiefere Verbindung zu schaffen. Sie geben, indem Sie Bedürfnisse der anderen erfüllen. Und Sie erhalten im Gegenzug wertvolle Erkenntnisse, Ratschläge und dauerhafte Beziehungen. Führungspersönlichkeiten mit Visionen sind für ihre Fähigkeit bekannt, Beziehungsnetzwerke zu knüpfen – was sie ganz bewusst lernen.

Wenn Sie im beruflichen Umfeld »höhere« Emotionen einbringen – wie Liebe, Mitgefühl, Begeisterung, Freude –, dann ist es oft wie Magie. Sie machen die Arbeit zu einem Vergnügen und werden somit zu der Person, die alle im Team haben wollen, mit der sie kooperieren und in deren Zukunft sie investieren. Das berufliche Fortkommen ist angesichts dessen ein natürliches Ergebnis und eine Strategie, mit der Sie sich im Leben ganz allgemein einen Wettbewerbsvorteil verschaffen. Wenn ich mit Führungskräften arbeite, frage ich sie bei jeder Sitzung: »Haben Sie diese Woche gezaubert?« Diese Gabe bekommen Sie vom Leben geschenkt, und sie wird Sie auf der Erfolgsleiter nach oben bringen, wenn Sie sie nutzen. Die gute Stimmung, die Sie verbreiten, kostet nichts – alle profitieren davon und noch dazu fühlen sich Begeisterung und Freude gut an!

Wenn es im Berufsleben heißt, Sie sind nur so viel wert wie Ihr Netzwerk, ist das kein Scherz. Menschen sind eher bereit, einander zu helfen, wenn sie wissen, was für sie dabei herausspringt. Doch transaktionale Beziehungen bringen Sie nur bis zu einem bestimmten Punkt und nicht weiter. Es sind die transformativen Beziehungen, mit denen Sie ans Ziel gelangen und Erfüllung finden. Um sie aufzubauen und die Person zu werden, die »jeder in seinem Team haben möchte«, müssen Sie Ihre Geschichte und die generationsübergreifenden Muster aufarbeiten und über die vermeintlichen Grenzen Ihres gegenwärtigen Systems hinausgehen. Auf diesem Weg wartet wahre Freude an der Arbeit auf Sie.

Systemischer Meilenstein #18: **Zweckbeziehungen vs. Wachstumsbeziehungen im Beruf**

Im Arbeitsleben geht es also darum, über Ihre transaktionalen Zweckbeziehungen hinauszugelangen und eine höhere Ebene zu erreichen – hin zu einer transformativen Dynamik. Für diesen Meilenstein sollten Sie eine Bestandsaufnahme Ihrer beruflichen Beziehungen machen und dabei wahrnehmen, ob sie eher transaktional oder transformativ geprägt sind. Haben Sie im Blick, dass Menschen mit *Menschen* zusammenarbeiten, und dass dabei nicht nur ihre Fähigkeiten wichtig sind.

Denken Sie über Ihre berufliche Tätigkeit, Ihre Karriere oder Ihre Berufung nach. Wann haben Sie sich für die eingeschlagene Richtung entschieden? Können Sie den ausschlaggebenden Moment oder das Ereignis beschreiben? War ein Ereignis richtungsweisend, oder hat eine wichtige Person in Ihrem Leben Sie positiv oder negativ beeinflusst? Haben Sie sich unbewusst für eine berufliche Laufbahn entschieden, die bestimmte Personengruppen ein- oder ausschließt? Viele Leute, die im Gesundheitswesen tätig sind, empfinden sich zum Beispiel als »Helfer«.

Wenn Sie Ihren Arbeitsplatz oder Beruf aus positiven Gründen gewählt haben, haben Sie einen Startvorteil bei der Entwicklung transformativer Beziehungen und können Ihre emotionale DNA hier leichter entwickeln. Wenn Sie sich für Ihren Aufgabenbereich entschieden haben, weil sich hier die Möglichkeit bot, sich klein und unsichtbar zu machen, angepasst an ein einengendes systemisches Programm, oder einfach nur zu überleben – dann haben Sie Muster gewählt, mit denen Sie der transaktionalen Ebene verhaftet bleiben. Haben Sie gedacht »Meine Möglichkeiten sind begrenzt, und in diesem Job wird man keine zu hohen Erwartungen an mich haben« oder »Ich habe einiges zu bieten. Ich kann hier meinen Fußabdruck hinterlassen und dafür sorgen, dass man mich wahrnimmt«? Haben Sie den Unterschied bemerkt?

Haben Sie eine Stellung angenommen, weil es keine andere Option gab? Oder um Ihr täglich Brot zu verdienen? Gegen beides ist nichts einzuwenden, doch solche Entscheidungen können eine sinnentleerte Beziehung zu uns selbst in Gang setzen, die sich auch auf die beruflichen Beziehungen auswirkt, weil sie Ihnen keine Chance liefern, wirklich »Ihr Bestes« zu geben. Wir engagieren uns nicht und sind auch nicht an einer aktiven Teilhabe interessiert; folglich können wir auch keine Perspektive der Fülle entwickeln, die uns und den Personen, die in unserem Umfeld arbeiten, eine gute Rendite beschert.

Werfen Sie einen Blick auf das, was Sie in Ihrer Kindheit und Jugend über berufliche Beziehungen gelernt haben. Machen Sie sich bewusst, in welchem Maß Sie sich dadurch auf bestimmte Rollenmuster, Einschränkungen und Optionen festgelegt haben. »Ich bin zu schüchtern. Aber was soll's! Mir hört ja ohnehin niemand zu. Ich bin eine Außenseiterin, ein Nerd; niemand legt Wert auf meine Gesellschaft.« Diese systemischen Geschichten aus Ihrer Vergangenheit könnten glatt lustig sein – wenn Ihre verinnerlichten persönlichen Grenzen sich nicht genauso limitierend auf Ihr berufliches Potenzial auswirken würden!

Listen Sie Ihre vermeintlichen beruflichen Unzulänglichkeiten auf, und richten Sie den Blick auf die negativen Auswirkungen, die diese negative Denkweise auf Ihre beruflichen Beziehungen hat. Fragen Sie sich: Bringe ich mein volles Potenzial in meine Tätigkeit ein? Interessiere ich mich für andere, über ihren Aufgabenbereich hinaus?

Bin ich in der Lage, andere zu inspirieren, Verbündete und Unterstützung zu gewinnen? Mit welchem Markenzeichen könnten Sie Ihre beruflichen Aktivitäten kennzeichnen?
Ist Ihnen schon einmal aufgefallen, wie sich die Top-Performer, die Spitzenleistungen erzielen, vom »Rest der Blase« abheben? Oft sind es nur Kleinigkeiten, zum Beispiel eine nachfassende Mail, selbstgebackene Kekse zum Einzug in die neue Wohnung oder die Frage, wie es der Familie des Kunden geht. Solche Menschen halten nach einer Möglichkeit Ausschau, ihrer professionellen Stimme eine persönliche Note zu verleihen. Sie pflegen ihre berufliche DNA. Was können *Sie* tun, um sie weiterzuentwickeln?

Arbeit als bindende Verpflichtung

Viele Leute sind in eine Falle geraten, die ich »Karriere-Versprechen« nenne. Irgendein einschneidendes Ereignis hat zu einer Wende in ihrem Leben geführt, und sie haben ein Versprechen gegeben, etwas zu tun oder zu lassen, an das sie sich gebunden fühlen. Angenommen, Sie gehen mit Ihrer kleinen Schwester an einen See zum Baden, sie wagt sich viel zu tief hinein und ertrinkt beinahe. Die Kleine muss wiederbelebt werden, und Sie fühlen sich schuldig, weil Sie wissen mussten, dass das Wasser viel zu tief für sie war. Obwohl Sie Ihr Leben lang davon geträumt haben, Meeresbiologie zu studieren, geloben Sie sich in diesem Augenblick feierlich, Ihr Leben der Rettung von Menschen in Not zu widmen, wenn nur Ihre Schwester am Leben bleibt. Die Rettung gelingt – und Sie werden Rettungssanitäter, bis an Ihr Ende todunglücklich in Ihrem Beruf.

Ein »Karriere-Versprechen« kann die DNA der Beziehungen positiv oder negativ beeinflussen und machtvolle Muster erzeugen. Wenn Sie sich selbst, Gott oder dem Universum etwas gelobt haben, das Sie inspiriert und Ihrem Leben Sinn, ein Gefühl der Erfüllung und Erfolg verleiht, wunderbar! Halten Sie sich an Ihr Versprechen, mit offenen

Augen und von ganzem Herzen. Bauen Sie ein systemisches Archiv auf, mit positiven Gedanken, Gefühlen und Verhaltensweisen rund um dieses Versprechen, die Sie in Ihrem Gedächtnis abspeichern und Sie bei Abruf glücklich machen. Wenn Sie sich auf Kosten Ihrer Zufriedenheit daran halten, werden sowohl das Versprechen als auch Ihre berufliche Tätigkeit zur Bürde, was sich in Ihren Interaktionen mit anderen bemerkbar macht –Beziehungen bleiben dann formell und transaktional statt transformativ.

Wenn Sie Ihrem Beruf aus reinem Pflichtgefühl nachgehen, haben Sie keine Möglichkeit, Ihr Potenzial voll auszuschöpfen und sowohl sich selbst als auch dem Universum den bestmöglichen Dienst zu erweisen. Richten Sie Ihren Blick auf das Versprechen, an das Sie sich gebunden fühlen, und finden Sie heraus, ob es Sie eingeengt oder inspiriert. Viele erfolgreiche Führungskräfte haben sich angesichts ihrer schwer arbeitenden oder beruflich gescheiterten Eltern insgeheim geschworen, mehr zu erreichen als sie. Gleich ob der berufliche Aufstieg durch Ihren familiären Hintergrund vorprogrammiert zu sein scheint oder der Tatsache geschuldet ist, dass Sie die prekären Verhältnisse unerträglich oder beängstigend finden: Die treibenden Kräfte sind in Ihrem Familiensystem verwurzelt. Bedanken Sie sich bei ihnen, denn sie haben Ihnen die Richtung gewiesen und Sie in Bewegung gesetzt!

Was für ein Führungs- oder Mitarbeitertyp sind Sie?

Es gibt einige Muster, die es wert sind, ergründet zu werden, um herauszufinden, was für ein Führungs- oder Mitarbeitertyp Sie sind. Sobald Sie wissen, auf welcher Position des Schachbretts Sie stehen, können Sie Ihre nächsten Schritte vorausplanen und Ihre Gewinnchancen erhöhen. Das Gute an der emotionalen DNA ist – in diesem Fall an der beruflichen DNA –, dass Sie am Zug sind, etwas in Gang zu bringen. Sie haben alles, was Sie brauchen, um neue neuronale Pfade anzulegen und Ihre Kompetenz zu steigern.

Der umtriebige Führungstyp. Führungskräfte dieser Kategorie leiten ständig Strategie- oder Richtungsänderungen ein, sobald ihr Team sicher im Sattel sitzt, loben und kritisieren im Wechsel. Die Mitarbeitenden fühlen sich regelmäßig aus dem Gleichgewicht gebracht, sind erschöpft und demoralisiert. Oft inszenieren sich solche Vorgesetzte als Retter, obwohl sie in Wirklichkeit nur Probleme lösen, die sie selbst verursacht haben; doch damit kaschieren sie, dass sie Blender sind oder nicht alle Fähigkeiten besitzen, die sie gerne hätten. Das mag auf fehlendes Vertrauen in die eigene Kompetenz zurückzuführen sein, was auf den fehlenden Glauben an die Fähigkeiten anderer durchschlägt. Diese Dynamik kann auch dann entstehen, wenn sie entweder emotional ganz neben der Spur sind oder unfähig, ein Gefühl der Zugehörigkeit zu entwickeln. Wenn sie in den Aufbau ihrer Führungskompetenz investieren oder aber kündigen, atmet das ganze Unternehmen auf.

Der heimliche oder unsichtbare Führungstyp. Wenn die tatsächlichen Unternehmenslenker nicht leicht als solche auszumachen sind, Führungskräfte Entscheidungen hinauszögern oder unschlüssig sind und als Begründung anführen, dass sie »das Ganze erst einmal überschlafen müssen«, könnte es daran liegen, dass in Wirklichkeit ganz andere Personen die Strippen ziehen – eine graue Eminenz, ein Torwächter, der hinter den Kulissen agiert, aber auch Lebenspartner oder Familienmitglieder, die zurate gezogen werden. Die Mitarbeitenden haben keine Chance, in dieser Situation Beziehungen aufzubauen oder klare Orientierungshilfen zu erhalten, weil die heimlichen Drahtzieher eine Dynamik erzeugen, die beides stört: die Rangordnung im System als auch die Abläufe im Unternehmen.

Der patriarchalische Führungstyp. Solche Führungskräfte übernehmen die Vater- oder Mutterrolle im Unternehmen und vermitteln anderen das Gefühl, klein zu sein oder unfähig, ihre Eigenständigkeit zu beweisen. Die Mitarbeitenden müssen sich an sie wenden, um Entscheidungen absegnen zu lassen, wie in einer Eltern-Kind-Beziehung. Der größte Nachteil ist, dass solche Führungskräfte keine Chance haben, ihr Potenzial voll auszuschöpfen und damit einen größeren Beitrag zum Wohl des Unternehmens zu leisten.

Der unfreiwillige Führungstyp. Führungskräfte, die diesem Typ entsprechen, machen ihre eigene Firma auf, um sich einen Traum zu erfüllen, fühlen sich aber eher zur Rolle des Firmengründers als des Firmenlenkers berufen. Sie interessieren sich notgedrungen für die Produkte oder die Mission ihres Unternehmens, denken aber weder über Wachstumschancen nach noch sehen sie ihre Aufgabe darin, Mitarbeitende zu motivieren und ihre Entwicklung zu fördern. Wenn die Firma expandiert, übergeben sie die Zügel häufig an einen formal eingesetzten CEO, damit sie ihr Lebenswerk nach wie vor im Blick behalten können, ohne sich um das Tagesgeschäft kümmern zu müssen.

Der ehrgeizige Führungstyp. Führungskräfte wie diese sind in hohem Maß ergebnisorientiert und stammen entweder aus Familien, die sich durch Spitzenleistungen profiliert haben, oder sind im Gegensatz dazu die ersten, die den sozialen Aufstieg geschafft haben. Infolge ihrer steilen Karriere wird das Bedürfnis nach Zugehörigkeit in beiden Fällen häufig über das Kontrollbedürfnis befriedigt. Das Problem ist, dass sie von ihren Mitarbeitenden den gleichen gnadenlosen Einsatz erwarten, den sie sich selbst abverlangen, was unrealistisch ist, denn sie spielen nicht in der gleichen Liga: die Gehaltsskala und andere Formen der Vergütung sind unterschiedlich, genau wie die persönlichen Wünsche und Erwartungen. Das Gleichgewicht von Geben und Nehmen kann aus den Fugen geraten, wenn solche Führungskräfte kein Gespür für die Schieflage mitbringen, und wenn ihnen auch noch eine charismatische Ausstrahlung fehlt, fühlen sich ihre Mitarbeitenden überarbeitet, nicht ausreichend wertgeschätzt und denken über eine Kündigung nach.

Der visionäre Führungstyp. Vorgesetzte dieses Kalibers bringen unmissverständlich zum Ausdruck, dass ihre Mitarbeitenden ein unverzichtbarer Teil des Teams sind, laden sie ein, ihr Bestes zu geben, erkennen ihre Leistungen an, weisen ihnen einen Platz in der Rangordnung zu und erbitten und erhalten hundertprozentige Einsatzbereitschaft. Sie sorgen dafür, dass die geleistete Arbeit entsprechend vergütet wird, können hervorragende Ergebnisse vorweisen und fördern Loyalität und leidenschaftliches Engagement, indem sie andere auf die spannende Reise mitnehmen und an der Begeisterung für ihre Projekte teilhaben lassen. Sie bringen sich selbst voll ein und zeigen, dass andere auf der beruflichen und menschlichen Ebene zählen.

Auch für Mitarbeitende sind bestimmte Muster typisch, die entweder in eine Sackgasse führen oder Entwicklung und Wachstum begünstigen. Hier einige Beispiele.

Ängstliche Mitarbeitende bringen angstvolle Beziehungen aus ihrem Privatleben an den Arbeitsplatz mit und verhalten sich, als sähen sie überall im Unternehmen Gefahren. Wenn ganze Teams oder Gruppen von Angst getrieben sind, können die beruflichen Beziehungen sich nicht frei entfalten, weil diese Mitarbeitenden sich nicht trauen, ihr Bestes zu geben. Das Umfeld erscheint ihnen nicht sicher genug, um zu zeigen, was wirklich in ihnen steckt. Sie gehen einem Job nach, um Geld zu verdienen, fühlen sich nie richtig zugehörig, sind stets darauf gefasst, ihren Arbeitsplatz zu verlieren. Um herauszufinden, ob es sich um ein vereinzeltes oder im ganzen Unternehmen verbreitetes Angstmuster handelt, kann man beobachten, ob es sich bei dieser einen Person regelmäßig wiederholt; in diesem Fall wäre es ein individuelles Problem. Taucht es bei einer großen Anzahl von Personen innerhalb eines Teams oder Unternehmens auf, sollte man den Blick auf ein firmeninternes Muster richten und nach der Ursache suchen.

Herrische Mitarbeitende und informelle Gruppen- oder Teamleitende sind typische Beispiele für eine gestörte systemische Rangordnung. Sie versuchen oft, allen anderen einen Platz zuzuweisen, ohne ihren eigenen Platz zu finden. Sie befürchten, dass sie zur Kenntnis nehmen müssten, wohin sie tatsächlich gehören, wenn alle den ihnen zustehenden Platz im System einnehmen würden. Die beruflichen Beziehungen können angespannt sein, wenn sich die Mitarbeitenden herumkommandiert und bevormundet fühlen.

Rebellische Mitarbeitende. Sie können für jeden Arbeitgeber ein wertvoller Aktivposten sein und repräsentieren oft, wer oder was aus dem System ausgeschlossen wurde. Wenn ich mit Unternehmen arbeite und ein »Aufrührer« sichtbar wird, schauen wir uns an, was nicht repräsentiert ist, wertgeschätzt oder zur Kenntnis genommen wurde und welche Maßnahmen erforderlich sind, damit diese Person (oder ein ganzes Team) zur Ruhe kommt. In einem Unternehmen gab es eine Gruppe von Mitarbeitenden, die rebellisch, wütend und kämpferisch waren. Bei einem Blick auf die Firmengeschichte stellte sich heraus, dass sie zur Gründungsgeneration gehörten, gegen ein neues, glamouröses Team ausgetauscht und aufs Abstellgleis geschoben wurden. Sie waren nach wie vor für die wichtigste Einnahmequelle des Unternehmens zuständig, aber ihre Sichtbarkeit schwand mehr und mehr. Ihr Arbeitsplatz war sogar auf eine andere Etage verbannt worden, weit weg von den Augen der Öffentlichkeit. In diesem Fall war nicht nur die systemische Rangordnung durch den Ausschluss gestört, sondern auch das Gleichgewicht des Gebens und Nehmens war ausgehebelt worden. Das Team hatte das Gefühl, nicht länger dazuzugehören. Die gebührende Anerkennung beim nächsten Firmenmeeting und ein neues Büro im Herzen des Gebäudes bereinigten den Konflikt.

Engagierte Mitarbeitende. Sie spiegeln Zugehörigkeit, den ihnen gebührenden Platz im System und das Gefühl wider, dass ihren Bedürfnissen entsprochen wird, als Gegenleistung dafür, dass sie ihrem Unternehmen nach besten Kräften dienen. Sie betrachten das Unternehmen als Teil ihrer Identität. Solche beruflichen Beziehungen werden von den Beteiligten als sehr lohnend empfunden. Die Mitarbeitenden fühlen sich willkommen und gebraucht und erleben ihre Tätigkeit als sinnhaft.

Der systemische Aufbau eines vorbildlichen Unternehmens

Als ich erstmals mit Unternehmen aus der systemischen Perspektive zu arbeiten begann, war die Entdeckung, dass sie über eine ureigene Persönlichkeit, eine organisationsspezifische DNA, verborgene Muster und ein Netz unbewusster Loyalitäten verfügen, nicht verwunderlich. Schließlich stellen sie eine Organisationseinheit dar, die sich aus Menschen zusammensetzt, Menschen dient und mit Menschen interagiert.

In Familien sind die Strukturen einfacher, zum Beispiel die systemische Rangordnung (von den älteren zu den jüngeren Familienmitgliedern); in Organisationen sind sie komplexer und fallen stärker ins Gewicht. Die Rangordnung richtet sich aus am sogenannten »Mindset« des Unternehmens – den vorherrschenden firmenspezifischen Überzeugungen, Denk- und Verhaltensweisen –, ein System, in das Lebensalter, Firmenzugehörigkeit, fachliche Kompetenzen, Fähigkeiten der Stakeholder und zahlreiche andere Kriterien einfließen. Wird dieses Mindset nicht respektiert, können Mitarbeitende, die noch nicht lange an Bord sind und Neuerungen oder Veränderungen einführen wollen, auf unerklärliche Weise ausgebremst werden.

Eine junge CEO, die von einem kanadischen Unternehmen eingestellt wurde, ließ man voll gegen die Wand laufen. Sie kam keinen Schritt mit ihren Projekten voran, bis sie erkannte, dass sich das Unternehmen an den systemischen Leitgedanken hielt: »Wir respektieren das Wissen und die Erfahrung unserer langjährigen Mitarbeitenden mit und ohne Führungsfunktion.« Deshalb wandte sie sich an jeden einzelnen von ihnen mit der Bitte: »Ich bin neu im Unternehmen, und es gibt einige Dinge, von denen ich nicht weiß, wie sie hier gehandhabt werden. Könnten Sie mir mehr darüber erzählen?« Damit gab sie den Kollegen und Kolleginnen den Platz, der ihnen in diesem Organisationssystem zukam, die Wände verschwanden, und alle Firmenangehörigen konnten ihrer Rolle gerecht werden.

Gedeih und Verderb eines Unternehmens hängen in hohem Maß von den internen Beziehungen ab. In Zeiten wirtschaftlichen Auf- und Abschwungs ist es wichtig, Transparenz zu schaffen – das verringert Spekulationen und fördert die Bereitschaft der Mitarbeitenden, sich auch in harten Zeiten ins Zeug zu legen. Wenn das menschliche Potenzial erkannt und entwickelt wird, verbessert sich automatisch die Bilanz. Diese Investition in ihre Mitarbeitenden stärkt auch die Beziehungen der Unternehmen zu ihren Kunden und anderen externen Geschäftspartnern. Sie entwickeln eine gemeinsame Sprache und ein Zugehörigkeitsgefühl. Statt »Unternehmensregeln« vorzugeben, basiert die Dynamik auf dem Prinzip der Teilhabe: »Unsere Richtlinie: Regeln, Werte und Visionen werden gemeinsam festgelegt.«

Wie man Arbeitsbeziehungen systematisch zerstört

Für den Unternehmenserfolg sind nicht nur fachliche Kompetenzen, sondern auch zwischenmenschliche Beziehungen entscheidend. Sie sind es, die Zusammenarbeit und Expansion ermöglichen. Doch wenn man auf verborgene Muster und unbewusste Loyalitäten trifft, können Geschäftsbeziehungen ins Stolpern geraten und zerbrechen. Dieser Bruch kann auf verschiedene Weise eintreten. In manchen Fällen lässt er sich auf generationsübergreifende Muster im Unternehmen selbst, in anderen Fällen auf persönliche Muster der Mitarbeitenden zurückführen.

Partnerschaften beruhen auf einer bestimmten Ordnung und einer ausgeglichenen Führungsverantwortung. Strebt einer der Partner plötzlich nach Dominanz, ist das Gleichgewicht gestört. Dann kommt das Gefühl auf, dass einer die Leitung übernimmt und der andere die zweite Geige spielt. Eine solche Beziehung stützt sich auf das hierarchische Prinzip der Über- und Unterordnung, sodass der Begriff »Partnerschaft« nicht mehr zutrifft. Der dominante Partner behandelt den anderen, als wäre er ein Kind oder sein Beitrag weniger wert. Oft lässt sich dieses Muster des dominanten Partners darauf zurückführen, dass ihm in jungen Jahren zu viel Verantwortung aufgebürdet wurde. Er fühlt sich am sichersten, wenn er die Kontrolle über das Geschehen hat, wie früher. Das kann eine Partnerschaft zersetzen, weil beide nicht wissen, wie sie sich den Platz an der Spitze teilen und sich gegenseitig stützen sollen. Oft hält der andere Partner dann anderswo nach Möglichkeiten Ausschau, wieder Wachstum und Entwicklung durch die geteilten Freuden und Frustrationen einer Partnerschaft auf Augenhöhe zu erleben.

Kindliche Partner. Ein Teil ihrer Persönlichkeit sieht sich außerstande, erwachsen zu werden und die volle Verantwortung für ihre Entscheidungen zu übernehmen. Sie haben oft Torwächter, die sie abschirmen und die Tatsache verschleiern, dass sie ihre Leitungsfunktion nicht vollumfänglich wahrnehmen. Einige sind vielleicht smart, aber nicht in der Lage, in Beziehungen zu anderen Geschäftspartnern oder Mitarbeitenden die Führung zu übernehmen. Andere müssen ständig das Chaos beseitigen, das sie selbst angerichtet haben, oder fühlen sich unfähig, die Richtung vorzugeben. Und wieder andere leiden unter dem »Hochstapler-Syndrom« und werden von massiven Selbstzweifeln geplagt. Die Lösung besteht darin zu ergründen, welche Ängste sie davon abhalten, Beziehungen aufzubauen, in denen sie ihrer Führungsrolle gerecht werden. Sie können lernen, Selbstzweifel als typisches Pionier-Syndrom umzudeuten, erwachsen zu werden und ihren Platz als vollwertige Partner einzunehmen.

Parentifizierung. Diese Rollenumkehr zwischen Eltern und Kind kann eintreten, wenn jüngere Mitarbeitende Führungskräfte oder langjährige Kollegen bevormunden wollen. In einem solchen Fall sind die Rangordnung und der freie Fluss der Energie gestört. Keiner der Beteiligten kann das eigene Potenzial voll ausschöpfen. Die Führungskräfte können ihren Platz nicht umfassend ausfüllen und die Geschicke des Unternehmens lenken, und die jüngeren Mitarbeitenden bringen sich selbst um die Chance, Mentoren zu finden, die sie brauchen, um erfolgreich zu sein.

Triangulation. Die Erzeugung eines systemischen Dreiecks kann zu angespannten Beziehungen und Distanz zwischen den Partnern führen – zum Beispiel, wenn jüngere Mitarbeiter unverhofft zwischen alle Stühle geraten und von beiden Führungskräften benutzt werden, um Partei zu ergreifen und deren Standpunkt zu untermauern. Die Lösung für die Mitarbeitenden besteht darin, einen Schritt beiseite zu treten und den Konflikt dort zu belassen, wo er hingehört – bei den Partnern. Andernfalls laufen sie Gefahr, bald als Unruhestifter oder als unsachlich zu gelten.

Unvereinbare Werte, Visionen und Leitbilder unter Führungskräften können zu Spaltungen im Unternehmen führen, wenn Teams und Mitarbeitende hinter ihren direkten Vorgesetzten Stellung beziehen und mit anderen Teams und deren Vorgesetzten aneinandergeraten. Hier liegt die Lösung darin, für klar festgeschriebene und allgemein akzeptierte Wertvorstellungen zu sorgen, sodass alle Mitarbeitenden wissen, wie sie miteinander umgehen sollen.

Unklare Kommunikation bezüglich der Ziele verursacht gleichermaßen Spannungen zwischen Führungskräften und Mitarbeitenden. Niemand weiß so recht, wer auf welcher Seite und in welcher Beziehung zu allen anderen steht; Reibungen entstehen, die von den gemeinsamen Zielen ablenken. Alle sind damit beschäftigt, die Regeln zu verstehen und herauszufinden, welche Ansagen wirklich gelten, damit sie sich sicher fühlen können. Je klarer die Visionen und Zielsetzungen, desto mehr kann sich das überreizte System des Unternehmens entspannen. In Unternehmen mit klaren Karrierepfaden, Erwartungen und Richtungsvorgaben ist die Belegschaft in der Regel zufriedener und der Zusammenhalt größer. Aus systemischer Sicht bedeuten klar definierte Rollen, Aufgaben und Zielvorgaben, dass sich jeder auskennt: Alle wissen, wohin sie gehören, was man von ihnen erwartet und wie das Geben und Nehmen gehandhabt wird.

Unternehmen in Familienbesitz. Sie weisen oft eine familien- und organisationsspezifische Dynamik auf, und wenn beides miteinander verknüpft wird, was häufig der Fall ist, zeigen sich Familienmuster oft in Konflikten firmeninterner Gruppen – Hallo, Geschwisterrivalitäten! Oder es entwickelt sich die Dynamik »familienzugehörige versus externe Mitarbeitende«, die am Ende das Gefühl haben, Bürger zweiter Klasse zu sein. Schaut man genauer hin, kann man bisweilen Rückschlüsse auf die Familienstrukturen ziehen, zum Beispiel, wer dazu neigt, sich in das System einzufügen oder auf Konfrontationskurs zu gehen, und das beim Aufschlüsseln der Unternehmensdynamik nutzen.

Zusammenfassend kann man sagen, dass gesunde Beziehungen im beruflichen Bereich ihr Gewicht in Gold wert sind. Ungeachtet der Position, die Sie in einer Organisation bekleiden, stellen sie eine Quelle dar, aus der Sie Wachstum, Heilung, Kreativität, ein Gefühl der Fülle und Erfüllung schöpfen können. Je früher Sie lernen, Ihre Beziehungen zu anderen harmonisch zu gestalten, desto schneller erweitern Sie Ihr soziales Netzwerk. Gleich ob Sie acht Stunden am Tag arbeiten oder an Ihrer Karriere basteln. Die Tätigkeit, die Sie verrichten, sollte Ihnen Spaß machen. Die Verantwortung liegt allein bei Ihnen – in Ihren Gedanken über die Menschen um Sie herum, in Ihrer Einstellung zu Ihrer beruflichen Laufbahn und zu sich selbst als Experte auf Ihrem Gebiet.

Systemischer Meilenstein #19:
Würdigen, was Sie haben – das Ziel erreichen, das Sie anstreben

Die wichtigste Voraussetzung für die Entwicklung Ihrer emotionalen DNA ist auch in beruflichen Beziehungen, dass Sie sich von Mutmaßungen, Glaubenssätzen und Entscheidungen verabschieden, die Sie selbst und andere betreffen. Fangen Sie noch einmal ganz von vorne an! Am besten starten Sie von einer Stelle aus, an der Sie klar im Blick haben, was Sie erreichen wollen.

Erster Schritt. Werfen Sie einen Blick auf die Unternehmensethik oder das berufliche »Mindset« (die Überzeugungen, Denk- und Verhaltensmuster), die Sie aktuell definieren. Welche Sprache benutzen Sie, um Ihre berufliche Laufbahn und Ihr Unternehmen zu beschreiben? Achten Sie auf die Sätze, die Ihnen in den Sinn kommen. Woher stammen sie? Von Ihren Eltern, Lehrern, Menschen, die Sie beeinflusst oder geprägt haben? Wie können Sie diese zu Aussagen, Mustern und Mindsets umdeuten, die Ihnen nutzen? Wie können neue Sätze und Ansichten helfen, die Grenzen Ihres Systems zu überwinden?

Meistens basiert die DNA der beruflichen Beziehungen auf alten Glaubenssätzen, die aus Ihrem Familiensystem stammen und in den Berufs- oder Unternehmensbereich übertragen wurden – mal in Einklang mit Ihrem Familiensystem, mal in Kollision dazu. Wenn diese DNA schon gefestigt ist, können Sie darauf aufbauen, um noch mehr zu erreichen. Finden Sie heraus, was Sie persönlich ausmacht, und entdecken Sie Ihr eigenes Potenzial – über Ihre Annahmen und Glaubenssätze hinaus. Bleiben Sie bei sich. Das ist Ihre Geheimzutat. Wie bereits erwähnt, muss sie nicht spektakulär sein, sondern einfach nur ganz Sie selbst.

Nehmen Sie sich ein persönliches Merkmal vor, mit dem Sie insgeheim zu kämpfen haben. Vielleicht sind Sie schüchtern, ungeduldig, schroff, sarkastisch, verschlossen oder still. Woher kommt das? Wählen Sie einen Aspekt aus, um ihn zu verändern, finden Sie sein Alter Ego und arbeiten Sie *daran*. Halten Sie nach einzigartigen Möglichkeiten Ausschau, das Blatt zu Ihren Gunsten zu wenden. Wenn Sie fündig geworden sind, haben Sie eine Goldmine entdeckt. Nehmen Sie sich im Anschluss ein Muster nach dem anderen vor, mit dem Sie innerlich auf Kriegsfuß stehen. Am Ende entpuppen sie sich oft als verborgene Stärken.

Schauen Sie sich an, wie groß oder gering Ihr Ehrgeiz ist, und fragen Sie sich: Woher kommt das? Ist das ein generationsübergreifendes Muster? War ein bestimmtes Ereignis die Ursache? Stellen Sie fest, dass Sie mental dichtmachen oder kleiner werden, wenn Sie sich einer Herausforderung gegenübersehen? Oder nutzen Sie sie als Chance für Wachstum, Exploration, Engagement, Stärkung Ihrer Beziehungskompetenz?

Zweiter Schritt. Entwickeln Sie bessere Arbeitsbeziehungen, um voranzukommen. Halten Sie nach Möglichkeiten Ausschau, auf positive Weise Kontakt herzustellen. Vielleicht sind Sie ein aufmerksamer Zuhörer, zeigen Teamgeist, sind ein Arbeitstier. Entwickeln Sie diese Eigenschaften, welcher Art auch immer, mit aller Kraft, und machen Sie sie zu Ihrem persönlichen Markenzeichen. Sie bauen Ihren Mehrwert auf. Seien Sie stolz darauf, und werden Sie die Nummer eins auf diesem Gebiet. Das ist Ihre Gabe, Ihr Beitrag. Er mag Ihnen vielleicht klein erscheinen, aber die Dividende kann sich sehen lassen. Schöpfen Sie voll aus, was Sie als Mensch auszeichnet, es ist ein kostenloses Geschenk des Universums.

Lernen Sie, Ihre Beziehungen »nach oben« genauso umsichtig zu gestalten wie die Beziehungen zu Gleichrangigen oder Mitarbeitenden auf unteren Unternehmensebenen. Arbeiten Sie daran, Verbündete innerhalb und außerhalb des Unternehmens zu haben.

Wenn Sie etwas nicht wissen, fragen Sie. Wenn Sie etwas wissen, teilen Sie. Wenn Sie vor beidem zurückschrecken, fragen Sie sich: Woher kommt das? Ist mir dieses Verhalten nützlich? Wenn nicht, überlegen Sie, welchen kleinen Aspekt dieser Angewohnheit Sie verändern können, um über Ihre aktuellen Möglichkeiten hinauszuwachsen. Wer sich ins Zeug legt und engagiert, kann einengende Muster hinter sich lassen, lernt dazu, entwickelt die DNA seiner beruflichen Beziehungen – so ergeben sich ganz neue Chancen.

Gehen Sie den Frustrationen rund um Ihre berufliche Tätigkeit auf den Grund. Wenn Sie unerfüllt sind, kann es daran liegen, dass Ihr Horizont im beruflichen Bereich zu eng gesteckt ist. Oder aber Sie sind über Ihre aktuelle Rolle oder Aufgabenstellung hinausgewachsen. Ihre Unzufriedenheit sagt eindeutig aus, dass irgendetwas vervollständigt werden muss, damit das alte Muster abgelegt und etwas Neues an seine Stelle treten kann. Fokussieren Sie sich auf das, was fehlt. Seien Sie aufmerksam!

14 Das Beste geben: Die DNA des Erfolgs

Wenn Sie auch nur eine einzige Lektion aus diesem Buch mitnehmen, so ist es hoffentlich die Erkenntnis, dass es Ihre Bestimmung ist, mehr zu wollen, mehr von sich zu erwarten und mehr aus sich zu machen. Dieser Transformationsprozess beginnt mit dem Mut, fest daran zu glauben, dass Sie Ihr Ziel erreichen können, und der Bereitschaft, alles dafür zu tun. Ihre Bestimmung ist es, zu wachsen und Ihr inneres Licht nach außen leuchten zu lassen. Sich mit sich selbst und dem Leben im Reinen zu fühlen. Sich entspannt, gesegnet und ganz zu fühlen und Ihr Potenzial weiterzuentwickeln. Denn diese schöpferischen Fähigkeiten wurden uns Menschen in die Wiege gelegt, damit wir sie entfalten und nutzen.

Ehrlich gestanden, allein schon die Herausforderung, erwachsen zu werden, den Überlebenskampf zu meistern und dabei auf sich selbst und andere zu achten – das alles ist kein Zuckerschlecken. Wenn Sie Rücklagen in Höhe von 10 000 Euro bilden konnten – die vielleicht für einen Gebrauchtwagen, ein paar Einrichtungsgegenstände und einen neuen Fernseher reichen –, gehören Sie bereits zu den zwanzig Prozent der wohlhabendsten Menschen der Welt. Dass Sie dieses Buch lesen, bedeutet, dass Sie über weit mehr Möglichkeiten verfügen als die Mehrheit der Bewohner unseres Planeten. Sie haben aus eigener Kraft den wichtigsten Schritt Ihres Daseins eingeleitet: Sie haben Verantwortung für sich selbst übernommen und erkannt, dass es allein Ihre Entscheidung ist, wie weit Sie im Spiel des Lebens vorankommen.

In unserer technologisch orientierten, eng vernetzten Welt bieten sich unzählige Erfolgschancen. Maddie Bradshaw verdiente mit dreizehn ihre erste Million, als sie Kronkorken in Schmuck und Magnete für die Spinde in Fitnesszentren verwandelte. Adam Hildreth aus Leeds, Großbritannien, gründete als Vierzehnjähriger die Social Media Plattform Dubit. Als er 29 war, wurde sein Nettovermögen auf 24 Millionen Pfund geschätzt. Was haben Sie wohl als Nächstes vor?

Erfolg im materiellen Sinn schafft eine Menge Freiheit, aber ist auf Dauer nicht alles. Ich habe etliche wohlhabende Klienten, die mehr erreichen wollen – sie möchten herausfinden, ob sie auch in anderen Bereichen erfolgreich sein können. Sie halten nach sinnstiftenden Abenteuern Ausschau, die ihnen das Gefühl geben, sich als authentische menschliche Wesen zu erleben. Sie wollen sich mit dem Leben und mit anderen Menschen in Einklang fühlen, auf tiefgründige und geheimnisvolle Weise mit ihren Vorfahren und dem gesamten Universum verbunden. Sie kommen zu mir, weil sie ihre Definition von Erfolg erweitern und ihr Familienleben genießen möchten, einen tieferen Lebensbezug entdecken, gesund werden oder bleiben und vor allem ihr Dasein auf allen Ebenen als Bereicherung empfinden wollen.

Ralph, ein milliardenschwerer Klient, erklärte, er strebe nach Erfolg. Auf meine Frage, was er darunter verstand, erwiderte er, er sei immer so beschäftigt gewesen, Geld zu verdienen und seiner Familie ein gesichertes Auskommen zu bieten, dass ihm keine Zeit geblieben sei, seinen Reichtum zu genießen oder zu teilen. Erfolg bedeutete für ihn, den Computer ausschalten und Zeit mit seiner Familie verbringen zu können, ohne schlechtes Gewissen, dass er nicht achtzehn Stunden am Tag arbeitete. Doch wie so viele getriebene Menschen hatte er Angst, alles zu verlieren, wenn er in den Ruhestand ging.

Sein Vater hatte sich für seine Unfähigkeit geschämt, finanzielle Sicherheit für die Familie zu schaffen, und Ralph hatte ihm versprochen, nie in diese prekäre Situation zu geraten. Obwohl sein Vater einen Wandel im systemischen Familienmuster der Armut herbeigeführt hatte, hatte Ralphs Reichtum einen Keil zwischen die beiden getrieben, und die Bindung zu ihm, nach der sich Ralph sehnte, war nicht möglich. Ich wies ihn darauf hin, dass aus systemischer Sicht Eltern das Gefühl entwickeln können, von ihrem Platz in der Familienkonstellation verdrängt und minderwertig zu sein, wenn die Kinder sie auf der Erfolgsspur überholen. Ich schlug ihm vor, zu seinem Vater zu gehen und seine Verdienste mit einer Aussage zu würdigen, die wir aus seiner Geschichte herausgefiltert hatten: »Ich habe es dir zu verdanken, Dad, dass ich … bin.«

Die Veränderung in der Beziehung war bemerkenswert. Der Vater konnte den Sohn feiern, dem er das Leben geschenkt hatte, und erkennen, dass er einiges richtig gemacht hatte. Er war nun imstande, seinen Platz in der Rangordnung vollumfänglich einnehmen, während der Sohn seinen eigenen Platz fand und die Familienbürde der Scham ablegen konnte. Die ganze Familie ist heute ein leuchtendes Beispiel dafür, den eigenen Wohlstand in den Dienst an unserem Planeten Erde zu stellen. Sie gaben dem Wort Erfolg eine neue Bedeutung, als sie entdeckten, dass sie mit ihren schöpferischen Kräften eine magische Wirkung entfalten können.

Schritt für Schritt

Erfolg hat für jeden von uns eine andere Bedeutung. Sie wandelt sich außerdem im Lauf der Zeit und der jeweiligen Lebensphase. Der erste Schritt zum Erfolg besteht darin, zu definieren und zu überdenken, was er Ihnen *zum jetzigen Zeitpunkt* bedeutet. Für einige beinhaltet er Sicherheit, für andere Gesundheit und für wieder andere Karriere, Spiritualität oder zwischenmenschliche Beziehungen. Da wir in hohem Maß von sozialen Normen vorprogrammiert werden, ist es unvermeidlich, dass die meisten Menschen dabei zuerst an Geld, materielle Güter und Prestige denken. Doch letztendlich steht es jedem frei, den Begriff auf seine eigene Weise zu deuten. Eine meiner Klientinnen betrachtete es als Erfolg, das ganze Jahr über jedes Zimmer ihres Hauses mit frischen Blumen schmücken zu können.

Auch wenn sich der »Erfolg« über Nacht und ohne großes Zutun einstellt, sollte man sich bewusst machen, dass er mit der emotionalen DNA früherer Generationen befrachtet ist. Ungelöste Muster des Scheiterns, die sich im Familiensystem eingeprägt haben, können den Höhenflug rasch beenden. Die Medien sind voll von Schlagzeilen über aufstrebende Megastars, die für ihre Karriere brennen – und plötzlich ihrem Leben aus scheinbar unerfindlichen Gründen ein Ende setzen, drogensüchtig werden oder ihr Vermögen verlieren. Die Leser schütteln den Kopf und fragen sich: »Wie kann das sein? Sie hatten doch alles, was man sich nur wünschen kann. Wieso haben sie ihr Leben ruiniert?«

Ja, sie hatten alles, einschließlich der systemischen Glaubenssätze und Muster, die nicht aufgearbeitet wurden. Muster, die sie in eine uralte Familiengeschichte verstrickten, die ihr fantastisches Leben durcheinanderbrachten, ihre sagenhafte Zukunft sabotierten und ihnen unbewusst weismachten, dass sie ihren Erfolg nicht verdient haben. Solange wir das geerbte Gepäck, das wir mit uns herumschleppen, nicht wahrnehmen, die Verstrickungen lösen und es ablegen können, ist so manche vielversprechende Firmengründung oder phänomenale Karriere dazu verurteilt, genau dann in die Brüche zu gehen, wenn wir meinen, am Ziel zu sein.

Systemischer Meilenstein #20: **Erfolg – was heißt das für Sie?**

Nehmen Sie ein Blatt Papier, und beschreiben Sie darauf, circa eine Seite lang, was Erfolg für Sie bedeutet. (Verzichten Sie darauf, es anderen zu zeigen. Sie vermeiden so, dass die notorischen Neinsager es in der Luft zerreißen.) Setzen Sie sich dabei bewusst keine

Grenzen. Sie werden spüren, dass Sie Ihre Definition gefunden haben, wenn Sie nicken und grinsen wie ein Honigkuchenpferd. Die ganze Welt erscheint Ihnen dann plötzlich in strahlendem Licht. Sobald Sie dieses Gefühl entdecken, sollten Sie es hegen und pflegen! Lassen Sie es nie mehr los. Es ist ein Kompass, der Ihnen den Weg zum Erfolg weist. Zu *Ihrem ganz persönlichen* Erfolg.

Werfen Sie nun einen Blick auf das Papier mit Ihrer Definition, und achten Sie darauf, ob sich in irgendeiner Form Widerstand in Ihnen regt. Irgendein Wermutstropfen, der die Stimmung trübt? Womit ist diese innere Abwehrhaltung, dieser Zweifel am Erfolg verbunden? Wer hat Ihnen eingeredet, dass Sie scheitern werden? Wer hat Ihnen weisgemacht, dass das, was Sie sich wünschen, mit Erfolg nichts zu tun hat?

Das Dokument, das Sie erstellt haben, gehört Ihnen allein; es ist ein persönlicher Vertrag mit Ihrem künftigen Selbst und zugleich eine Schatzkarte, die Ihnen den Weg weist. Halten Sie es noch eine Weile unter Verschluss. Der Inhalt wird eines Tages ein Teil Ihrer Geschichte sein.

Erfolg bedeutet, Schritt für Schritt über die einengenden Grenzen Ihres Selbstbilds hinauszuwachsen. Es geht um Erweiterung. Als meine Mutter, meine Tochter und ich zum ersten Mal seit Jahren einen gemeinsamen Urlaub planten, setzten wir uns als Erstes zusammen und malten uns aus, wohin die Reise gehen sollte. Wir wussten, dass wir unbedingt ans Meer wollten, aber unser Budget war knapp bemessen, und alle möglichen systemischen Gedanken und Gefühle, warum ein solcher Urlaub außerhalb unserer Reichweite war, kamen auf. »In unserer Familie ist Genügsamkeit eine Tugend. Wir leben nicht über unsere Verhältnisse. Wir bauen umsichtig unsere Zukunft auf und legen etwas für schlechte Zeiten zurück.« Mit diesen Gedanken im Kopf begrenzten wir unsere Suche ausschließlich auf einen Strandurlaub in Florida. Doch die Strände, die in Betracht kamen, gefielen uns nicht, und deshalb zogen wir (wagemutig!) einen

Urlaub in der Karibik zum Vergleich heran. Verblüfft stellten wir fest, dass viele traumhafte Destinationen durchaus bezahlbar waren, trotz der Flugpreise. Mit einem einzigen neuen Gedanken waren wir über die Grenzen dessen hinausgelangt, was wir für möglich hielten, und hatten unseren Horizont erweitert!

Natürlich machten sich danach umgehend die nächsten negativen, DNA-gesteuerten Gedanken, Gefühle und Verhaltensmuster bemerkbar, die Zweifel am Erfolg unseres Vorhabens schürten. »Was ist, wenn die Fotos geschönt sind? Eine Masche, um Touristen mit Schnäppchenpreisen anzulocken?«, überlegten wir. Und dann der schlimmste aller Gedanken: »Was ist, wenn wir das Geld vor der Reise aus irgendeinem Grund dringend brauchen? Werden die Kosten rückerstattet, wenn wir die Buchung stornieren?« Erst als wir den Urlaub angetreten, bezahlt und alles für gut befunden hatten, konnten wir anfangen, uns zu entspannen. Und beginnen, über den nächsten Urlaub nachzudenken. Voller Vorfreude und in dem Wissen, dass wir das einengende Muster durchbrochen hatten, steckten wir unsere Urlaubsgrenzen noch weiter ab.

Das Gleiche passierte, als sich zum ersten Mal eine Systemaufstellung in einem großen Veranstaltungszentrum leitete. Ich war einer Panik nahe, weil man alle möglichen Vorauszahlungen von mir verlangte, wodurch ich mich einem ziemlichen finanziellen Risiko aussetzte. All die eingeschliffenen alten Gedanken »Was ist, wenn …« und »Das schaffst du nicht« tauchten wieder einmal auf, brachten Zweifel, Stress und Angst mit sich. Aber diese inneren Stimmen waren mir vertraut. Ich war mir der einengenden systemischen Glaubenssätze in meinem Hinterkopf bewusst. Ich hatte außerdem eine klare Vorstellung davon, was Erfolg für mich bedeutete – möglichst vielen Menschen zu helfen, ihre emotionalen DNA-gesteuerten Verstrickungen zu lösen und das für sie bestmögliche Leben zu unterstützen. Diese Vision trug dazu bei, mich auf meine Zielsetzung, meine Motivation und den Erfolg meines Vorhabens zu fokussieren und den negativen Einfluss der alten emotionalen DNA zu neutralisieren. Ich buchte das Zentrum, und die Veranstaltung wurde ein durchschlagender Erfolg. Damit war der Anfang gemacht, und es folgte eine ganze Reihe ähnlicher Veranstaltungen. Es dauerte lange, bevor es mir gelang, aus dem Muster der Angst und der eingeschliffenen »Was glaubst du eigentlich, wer du bist?«-Denkweise auszusteigen. Doch ich schaffte es, Schritt für Schritt, und mit jedem Schritt verschob ich die Grenzen ein wenig weiter.

Diese stetige, schrittweise Herangehensweise an den Erfolg funktioniert. Wenn es den Anschein hat, als wäre ein Traum außerhalb unserer Reichweite, kann uns das Gewicht unseres alten systemischen Gepäcks dazu bringen aufzugeben, bevor wir überhaupt an den Start gehen. Doch wenn wir uns auf ein Ziel ausrichten, das zu erreichen uns ein *tiefes* inneres Bedürfnis ist, wenn wir mehr über unsere DNA des Erfolges herausfinden und unseren Weg in zielführende, umsetzbare Schritte zerlegen – dann kann kein Berg für uns zu hoch sein!

Zielbewusstsein und die sieben Ebenen des Erfolgs

Ob Sie Erfolg haben, hängt unmittelbar von Ihren Zielen ab – und diese wiederum hängen an Ihrer Motivation. Die Ausrichtung auf Ihre Ziele ist der Treibstoff, der Sie wie eine Rakete über Ihre systemischen Programmierungen hinauskatapultiert. Je klarer und inspirierender die Ziele sind und je stärker in Ihrem Körpergefühl verankert, desto wird größer der Erfolg sein. Dabei gibt es ganz verschiedene Arten von Zielen, und ebenso unterschiedlich ist es, was uns zu ihnen motiviert.

Motivationsfaktoren der untersten Ebene beruhen auf Existenzängsten. »Ich muss eine Menge Geld verdienen, um nicht am Hungertuch zu nagen wie meine Großmutter.« »Ich muss erfolgreich sein, damit meine Kinder in einem Stadtviertel aufwachsen können, in dem es wenig Kriminalität gibt.« Es ist nichts einzuwenden gegen Angst als Motivationsfaktor und die Existenzsicherung als Ziel. Manchmal ist das eben einfach dran. Doch je mehr wir auf den Geschmack des Erfolgs kommen, desto tiefer wird der Wunsch, unseren Horizont auszudehnen und zu sehen, was wir als nächstes erreichen, erschaffen könnten. Wer oder was können wir werden? Materielle Antriebskräfte verwandeln sich nach und nach in spirituelle, wenn sich unser Bewusstsein erweitert. Liebe ersetzt die Angst als Motivationsfaktor. Wir überwinden die Opferrolle und fangen an, als schöpferische Wesen zu agieren.

Die DNA des Erfolgs umfasst sieben Ebenen. Keine Ebene ist »besser« als die andere. Diese DNA wirkt natürlich in jedem Bereich Ihres Lebens, wo Sie sich Erfolg wünschen. Wir brauchen alle Ebenen – einige, um uns zu stabilisieren, andere, um uns beim Aufbau eines neuen Lebensabschnitts zu helfen, und wieder andere, um positive Kräfte anzuziehen und die nächsthöhere Ebene zu erreichen. Wenn wir die einzelnen Ebenen durchleuchten, werden Sie vermutlich feststellen, dass Sie sich mit mehr als einer identifizieren können. Das kommt häufig vor. Sie sind vielleicht auf den unteren Ebenen verortet, wenn Sie sich im Überlebensmodus befinden oder das Fundament legen für Ihren nächsten Schritt nach oben. Die höheren Ebenen tauchen meistens auf, wenn wir uns in unsere Schöpferkraft begeben, wo die Grenzen nach und nach verschwinden. Je nachdem, woran Sie glauben und was Ihnen das bedeutet, führt auch Ihre spirituelle Orientierung in unterschiedliche Bereiche.

Während wir uns genauer mit den einzelnen Ebenen befassen, sollten Sie darauf achten, was bei Ihnen Widerstand hervorruft und welche einengenden Gedanken auftauchen. Wer oder was hindert Sie daran, sich vorzustellen, wie Sie Ihr höchstes Ziel erreichen und Glück und Zufriedenheit finden? Wer oder was hindert Sie daran, Ihren Traum zu träumen? Was reden Sie sich selbst über Erfolg und Zielsetzungen ein? Fühlen Sie sich bereits durch die Worte entmutigt?

Die sieben Ebenen des Erfolgs aus der systemischen Perspektive

Ebene	Negative Motivationsfaktoren	Schöpferische Einstellung	Positive Motivationsfaktoren
7	Keine	**Gemeinsinn**	Ich leiste einen Dienst für das Gemeinwohl. Ich verstehe die Bedeutung des Erfolgs, er ist für mich Freund, Verbündeter, Orientierung, Wachstum. Ich bin Lehrender und Lernender zugleich.
6	Keine	**Wirksamkeit**	Mein Familiensystem ist ein Teil von mir und mir willkommen. Schmerzliche Erkenntnisse sind erhellend und belebend. Ich verkörpere den Erfolg in meinen Handlungen.
5	Keine	**Zusammenhalt**	Herz, Kopf und Intuition sind offen für Neues. Ich bin Teil einer größeren Gemeinschaft und verwirkliche mein höchstes Selbst, um ihr zu dienen. Ich habe meine Bestimmung, mein Ziel und meinen Weg gefunden; das Abenteuer kann beginnen.
4	Keine	**Transformation**	Ich bin offen für mehr. Der Erfolg verankert sich in meiner DNA und lädt mich ein, mein Potenzial auszuschöpfen. Ich übernehme die Verantwortung für mein Leben und bin gespannt, wohin ich es zu führen vermag.
3	Ich bin ein Hochstapler. Die Leute werden es herausfinden.	**Selbstachtung**	Wer ich bin, ist wichtig; was ich sage, fällt ins Gewicht.
2	Ich muss wissen, dass ich okay bin und dazugehöre.	**Beziehungen**	Ich lerne, mich einzulassen. Ich bin bereit, zu geben und zu nehmen.
1	Du bist gescheitert, und ich werde ebenfalls scheitern, genau wie alle meine Vorfahren.	**Überlebensmodus**	Mutter/Vater/Familienmitglieder: Ich wähle erfolgreich zu sein – in einer Weise, die euch nicht zur Verfügung stand.
		Opferrolle	

Ebenen 1–3: Blind, reaktiv, eingeschränkt, überlebensbasiert, Hochstapler-Syndrom

Auf den ersten drei Ebenen des Erfolgs wurzelt die DNA in dem Bedürfnis, dem Schuften und Scheitern zu entkommen, dazuzugehören und bedeutsam zu sein. Auch das Hochstapler-Syndrom wird hier wirksam. Auf diesen Ebenen kann der starke Wunsch vorherrschen, etwas anders zu machen als bisher, vorwärts zu kommen, Verbündete zu finden und sich als etwas Besonderes zu fühlen. Ungeduld und Risikoneigung sind auf dieser Ebene ausgeprägt. Vielleicht gibt es eine robuste Zukunftsvision, aber auch Frustration angesichts der augenscheinlichen Einschränkungen und das nagende Gefühl der Angst, zu viel zu wollen.

Unbewusst bedeutet Erfolg auf diesen Ebenen, den eigenen Selbstwert zu stabilisieren. Überleben, kämpfen, etwas aufbauen, vorankommen, sich beweisen – ein guter Teil Ihrer Gedanken, Gefühle und Handlungen dreht sich genau darum. Hier *ist* die Existenzsicherung ein Erfolg.

Ein Wechselbad der Gefühle, zwischen Mangel und der Fülle, ist an der Tagesordnung. Die Fesseln, die Sie aufzuhalten scheinen, können sich überwältigend anfühlen. Was Sie antreibt, entspringt meist Ihrer Angst, und Beziehungen knüpfen Sie oft aufgrund ihres Nutzens. Das ist kennzeichnend für die Phase des Aufbruchs zu neuen Ufern, zu Ihrem Abenteuer. Sie halten nach den ersten Anzeichen des Erfolgs Ausschau, hegen und pflegen die Beziehungen zu Ihren Verbündeten und Freunden und lernen, sich in anderen Systemen zurechtzufinden, während Sie gleichzeitig Ihr eigenes aufbauen. Hier wird es wichtig, strategisch und diplomatisch zu handeln. Wen Sie kennen ist genauso wichtig wie was Sie können – die Kombination bringt Sie vorwärts.

Das Leben kann sich wie Schinderei, wie eine Herausforderung oder eine Einladung anfühlen: Ihre innere Einstellung prägt Ihre Erfahrungen. Es kommt Ihnen vielleicht so vor, als wären Sie ständig damit beschäftigt, stabil auf den Beinen zu stehen, Ihr Leben in den Griff zu kriegen und voranzukommen. Die Aussicht auf Erfolg kann durchaus beängstigend sein. Sie werden vielleicht von Selbstzweifeln geplagt. Sie befürchten, unfähig zu sein, Ihr Ziel zu erreichen – und wenn Sie es erreicht haben, haben Sie Angst zu verlieren, was Sie gewonnen haben.

Auf der Habenseite ist unter Umständen die Entdeckung, dass Sie ein Arbeitstier sind, wenn es darauf ankommt. Sie können sich als Experte in Ihrem Bereich profilieren, ein starkes Beziehungsnetz aufbauen und sich so positionieren, dass Sie Chancen auf Anhieb erkennen und wahrnehmen. Auf der anderen Seite kann passieren, dass Sie einen Burnout erleiden und sich überwältigt fühlen von all den negativen Geschichten, die Sie sich selbst erzählen.

Auf der dritten Ebene angekommen, wirft es Sie vielleicht hin und her zwischen dem Gefühl, ein Experte, und dem, ein Hochstapler zu sein. Wenn Sie solide auf der dritten Ebene stehen und das Gefühl haben, etwas mehr Wissen und Glaubwürdigkeit aufgebaut zu haben, schleicht sich Unruhe ein. Sie kennen die Schinderei, die Ihnen das Leben abverlangt hat, und ertappen sich bei dem Gedanken: »Es muss doch noch mehr geben. Das kann doch nicht alles gewesen sein.«

Ebene 4: transformativ und zielgetrieben

Hier entwickelt sich die Einsicht, dass Erfolg nicht nur erlaubt, sondern ein natürliches Element der Evolution ist. Sie haben das Gefühl, dass ein Abenteuer auf *genau Sie* wartet. Sie beginnen, die volle Verantwortung für Ihr Leben und Ihren Erfolg zu übernehmen. Opfer zu sein ist keine Option mehr.

Auf der vierten Ebene erkennen Sie, dass Erfolg nichts mit Kampf und Überleben zu tun hat, sondern mit Leistung, persönlicher Herausforderung und Freiheit. Sie beginnen, den Erfolg als Schlüssel zu einem erfüllten Leben zu betrachten. Es wird reizvoll und sogar spannend, einige der einengenden Überzeugungen, Denkweisen und Gefühle auf den Prüfstand zu stellen, die Sie im Hinblick auf den Erfolg mit sich herumtragen. Statt Werturteile über andere zu fällen und sich mit denen zu vergleichen, die mehr zu haben scheinen, sind Sie neugierig und fragen sich, wie es wohl wäre, mehr »davon« zu haben. Sie fragen sich, wie es wohl wäre, wenn Sie etwas ändern würden. Sie beginnen, Ihre bisherige Definition von Erfolg in Zweifel zu ziehen, sich zu fragen, ob mehr möglich wäre, und auf Ihre innere Stimme zu hören. Sie begeben sich auf die Suche nach Orientierung und Inspiration.

Auf dieser Ebene blicken Sie gespannt nach vorne, sind weniger auf Selbstschutz bedacht. Es macht Ihnen nichts aus, festzustellen, dass Sie sich irren oder etwas nicht wissen. Diese Möglichkeiten stellen keine Bedrohung mehr für Sie dar. Ihr Herz beginnt sich zu öffnen, womit sich der Weg für die Aktivierung Ihrer schöpferischen Hirnareale ebnet. Sie nehmen die Muster zur Kenntnis, die ein Teil von Ihnen sind, und erkunden sie. Sie können die nächsthöheren Ebenen des Erfolgs, die aufsteigen wollen, schon spüren und halten gespannt nach Hinweisen Ausschau. Sie sehen, dass die Welt, die Sie umgibt, unzählige Chancen und Möglichkeiten bietet, statt Hindernisse an jeder Ecke zu wittern.

Auf dieser Ebene wird Ihnen auch bewusst, dass niemand dafür verantwortlich ist, wer und was Sie im Leben geworden sind, dass Sie sich nur wieder in alte Muster verstricken, wenn Sie anderen die Schuld zuweisen, sie anprangern und bloßstellen. Sie werden Kapitän Ihres eigenen Schiffes und fangen an, bewusst nach alten Mustern Ausschau zu halten, sie zu durchbrechen und achtsam durch neue zu ersetzen. Alles ändert sich: Im Mittelpunkt steht Ihr Herz, nicht mehr Ihre Angst. Ihnen wird klar, dass wir Menschen schon immer in einer spirituellen Welt gelebt haben. Sie zollen Ihren Systemen mit ihren positiven Anteilen die gebührende Anerkennung. Sogar den einengenden Aspekten können Sie etwas Positives abgewinnen.

Ebenen 5–7: Offen erfolgreich, gemeinschaftlich, im Herzen verwurzelt und dienend

Hier ist es ganz klar: Ihre Stimme und Ihr Beitrag zählen. Herz, Kopf und Intuition richten sich gemeinsam aus, und die Realisierung der höchsten Vision für Ihr Leben ist nun definitiv eine Möglichkeit. Ihre eigene Stimme wird wichtig, denn Sie sind im Begriff, Ihr ganz eigenes Kapitel aufzuschlagen. Sie bauen eine Gemeinschaft auf. Sie sind bereit, dem Gemeinwohl zu dienen.

Auf der fünften Ebene gehen Sie die bewusste Selbstverpflichtung ein, Ihr Potenzial voll auszuschöpfen. Dieser Schritt führt Sie zu größerer Verbundenheit, zu einem Gefühl von Demut und zu der Verantwortung, ein erfülltes Leben zu erschaffen. Damit einher geht auch das Gefühl, dass Sie Ihre Stimme nicht nur zur Durchsetzung Ihrer eigenen Interessen nutzen, sondern sich auch für andere einsetzen sollten – Menschen, denen Sie dienen können. Dieses Bedürfnis wird größer, verlangt mehr von Ihnen. Sich stetig weiterzuentwickeln wird zur Priorität.

Sie begreifen, dass Erfolg in Wirklichkeit unergründlich, ein Geschenk des Himmels und ein Teil Ihrer wahren Persönlichkeit ist. Sie wissen, dass Erfolg mit Energie gleichzusetzen ist: eine lebendige, fließende Kraft, genau wie Liebe, Gesundheit und Geld. Ihre Sprachgewohnheiten verlagern sich, fokussieren sich auf das Vokabular der Möglichkeiten, das Sie nutzen, um Ihren Beitrag zu leisten und die Welt ein wenig besser und freundlicher zu machen. Sie sind jeden Tag dankbar für den Erfolg, sind auf den Geschmack gekommen und haben Appetit auf mehr, erkennen, dass die verkörperte Erfahrung das Eingangstor zu einer tieferen Weisheit darstellt. Das Leben ist schön und ehrfurchtgebietend, und Sie zeigen anderen mit Ihrem Beispiel, welche Chancen auch ihnen offenstehen.

Wenn Sie auf der sechsten Ebene angekommen sind, bringen Sie in Ihrer Art zu leben die ganze Fülle des Universums zum Ausdruck, und einen positiven Unterschied zu bewirken ist ein Teil Ihrer Identität geworden. Sie haben eine einzigartige, unverkennbare Stimme, die Sie einsetzen, um sich selbst und andere auf höhere Ebenen der Selbstverwirklichungs- und Wahlmöglichkeiten zu bringen. Sie integrieren und honorieren den Reichtum an Erfahrungen, den alle Systeme mitbringen. Sie wissen, wie man jedem einzelnen System seinen Platz gibt, während Sie in der Welt einen Unterschied bewirken.

Auf der siebten Ebene sind Sie die Verkörperung des Erfolgs und der Einsatzbereitschaft für das große Ganze. Das Streben nach Erfolg ist Ihnen in Fleisch und Blut übergegangen. Sie betrachten Zyklen und Muster als fortwährende Einladung, sich weiterzuentwickeln. Sie entdecken immer mehr Wachstumsmöglichkeiten für sich selbst und andere, denen Sie als Vordenker und Wegbereiter dienen.

Viele Supererfolgreiche hatten es nicht von Anfang an darauf angelegt, Ruhm und Reichtum zu erlangen. Ihre Erfolgsgeschichte begann mit dem Wunsch nach Sicherheit und Freiheit. Das waren die ersten Antriebskräfte, und als sie sich auf dem eingeschlagenen Weg weiterentwickelten, wandten sie sich zunehmend der ganzen Fülle des Lebens und der Entfaltung ihres eigenen Potenzials zu. Diese Perspektive erweiterte sich und schloss immer mehr auch das Bedürfnis ein, anderen zu helfen.

Zu Beginn meiner beruflichen Laufbahn stand das Überleben meiner Familie im Mittelpunkt. Als mein Vater kurz nach unserem Umzug in die USA ums Leben kam, war es an mir, die Bürde der Verantwortung zu übernehmen; das war kein Zuckerschlecken. Ich befand mich in einem mir fremden Land, hatte Angst vor der Zukunft und keine andere Unterstützung als die Liebe meiner Familie. Ich sehnte mich nach Sicherheit und Freiheit und wusste, das war meine Antriebskraft. Doch vom Wunschdenken alleine kann man nicht zehren. Mein Leben fühlte sich nicht wie ein Erfolg an. Ich sehnte mich danach, eine Tätigkeit auszuüben, die ich liebte und die mich rundum erfüllte. Und dann verliebte ich mich eines Tages in all meine wagemutigen Klienten und in die schier unglaublichen Möglichkeiten, die ihnen – und mir! – der systemische Transformationsprozess bot.

Dennoch hatte ich nicht wirklich das Gefühl, erfolgreich zu sein, bis ich an einem Ort unterrichten konnte, den ich liebte (Walt Disney World), und Methoden entwickelte, die anderen halfen, ihre Zauberformel zu finden.

Erst an diesem Punkt meiner Abenteuerreise verstand ich, was Erfolg wirklich und in vollem Umfang für mich bedeutete, nämlich Freude, Liebe, Lachen, Gemeinschaft, Transformation und das wichtigste Element von allen, ein sinnstiftendes höheres Ziel. Als ich Möglichkeiten fand, um auch großen Gruppen den Weg zur Verwirklichung ihres höchsten Selbst zu weisen und mit noch mehr Menschen freudvoll im Austausch zu sein, ging mir ein Licht auf. Das war die Zauberformel, nach der ich Ausschau gehalten hatte! Das war mein Lebenszweck, meine Bestimmung. Und mit dem Auftauchen meiner Bestimmung schwanden alle Sorgen, Ausreden und Ängste.

Erfolgreich scheitern

Erfolg ist eine Gewohnheit. Er ist keine einmalige Angelegenheit, sondern ein fortlaufendes Projekt. Menschen, die ein einziges Mal Erfolg in ihrem Leben haben, jagen ihm ruhe- und orientierungslos hinterher. Sie haben ihr Ziel erreicht, wissen aber nicht wie, und befürchten, alles zu verlieren oder nie wieder dorthin zu gelangen – ein Beweis dafür, dass der Weg zum Erfolg nicht ihren Fähigkeiten, sondern reinem Zufall geschuldet ist. Was bedeutet, dass nicht einmal der Erfolg ihnen das Gefühl verleiht, erfolgreich zu sein.

Systemischer Meilenstein #21:
Einengende Zyklen durchbrechen

Wenn Sie über den Erfolg nachdenken, den Sie in Ihrem Leben erreichen möchten, sollten Sie sich bewusst machen, dass Ihre *derzeitige* Situation *nicht* auf Ihren künftigen Erfolg schließen lässt. Es ist Ihnen vielleicht noch nicht gelungen, den Schalter umzulegen. Beim zwanzigsten systemischen Meilenstein haben Sie schriftlich festgehalten, was Erfolg für Sie bedeutet. Nun gilt es, die Ängste und einengenden Glaubenssätze in den Blick zu nehmen, die Sie mit sich herumtragen und die den Erfolg blockieren, den Sie sich wünschen. Notieren Sie die angsteinflößenden, deprimierenden oder überwältigenden Aussagen, die Ihnen rund um das Thema Erfolg und Misserfolg einfallen. Welche Horrorgeschichten erzählen Sie sich selbst so oft, dass Sie irgendwann daran glauben? »Das kann ich nicht. Ich bin nicht gut vernetzt, nicht gut genug, nicht clever genug, nicht mutig genug, nicht ... genug.« Füllen Sie die Leerstelle.

Schreiben Sie alles auf, was Ihnen dazu einfällt. Welche Schlussfolgerungen über sich selbst und Ihre Erfolgschancen haben Sie aus diesen Geschichten abgeleitet? Wann wurden Sie erstmals auf die Möglichkeit des Scheiterns aufmerksam? War ein bestimmtes Ereignis in Ihrem Leben der Anlass? Waren Sie Zeuge einer Niederlage, die ein anderes Familienmitglied hinnehmen musste? Was ist dabei passiert – und wem? Was haben Sie sich selbst darüber erzählt? Welche Ähnlichkeiten bestehen zwischen diesem Scheitern und Ihrem eigenen Misserfolg, und auch hier wieder die Frage: Welche Bedeutung haben Sie dieser Sache beigemessen? Wie werden Misserfolge in Ihrer Familie, in Ihrer Kultur, in Ihrer Religionsgemeinschaft oder in Ihrem Land betrachtet? An wessen Alpträumen, Kehrtwenden und Beschränkungen nehmen Sie sich ein Beispiel? Ist das in Ihren Augen zweckdienlich? Werden Sie dadurch ausgebremst? Ist die negative DNA in Bezug auf Erfolg und Versagen überhaupt die Ihre?

Wo spüren Sie die Auswirkungen? In Ihrer Kehle, im Brustkorb, im Bauch, in Ihren Armen, Beinen, Zähnen oder Augen? Vielleicht haben Sie gerade den größten »Misserfolgs« Ihres Lebens verzeichnen müssen. Wenn dem so ist, kann ich nur sagen: »Gut gemacht.« Der Misserfolg sagt eine Menge darüber aus, was *nicht* zum gewünschten Erfolg führt, und liefert hervorragende Hinweise darauf, wie Sie ans Ziel Ihrer Wünsche gelangen. Bedanken Sie sich für diese Erleuchtung!
Jetzt, wo Sie Ihre systemischen Aussagen aufgespürt und bereits viel verstanden haben, fragen Sie sich: Wie gelingt es mir, diese Gefühle abzulegen? Was wäre spannender als dieses abgedroschene alte Muster? Bin ich bereit, einen neuen Gedanken, ein Gefühl, eine neue Verhaltensweise zuzulassen, die verändern, wie ich mich selbst sehe? Bin ich bereit, in diese Veränderung zu investieren?

Die Erfolgslokomotive in Bewegung setzen

Die DNA des Erfolgs lässt sich auf einige einfache Leitlinien eindampfen:

- Glauben Sie niemals, dass Bedürfnisse ungut sind – das ist ein Ammenmärchen. Jede bahnbrechende Erfindung, die der Menschheit bekannt ist, war das Produkt eines tief empfundenen Wunsches und der absoluten Hingabe. Je stärker das Bedürfnis, desto größer die Motivation und die Bereitschaft, die Grenzen des Leistbaren auszuloten. Wenn man Ihnen von Kindesbeinen an das Wünschen ausgetrieben hat, halten Sie sich vor Augen: Das war einmal, das ist nicht mehr. Zielbewusstsein und Zielstrebigkeit führen an allen Ausflüchten vorbei auf den Weg in das Leben, das Sie sich erträumen.
- Bewerten Sie Ihre Wünsche und Bedürfnisse nicht; *entscheiden* Sie sich für das, was Ihnen vorschwebt. Anders ausgedrückt: Sagen Sie

ja mit Ihrem Kopf, Ihrem Herzen und Ihrer Intuition, und dann investieren Sie in Ihren sehnlichsten Wunsch. Gleich ob Sie ein Firmenimperium errichten, Strickkurse geben oder die große, weite Welt erkunden wollen, wenn es ein Ziel gibt, auf das sich Herz und Seele mit voller Kraft einlassen können, dann nehmen Sie es in Angriff! Geben Sie sich niemals mit weniger zufrieden!

- Entscheiden Sie sich für den Erfolg, ohne Entschuldigungen oder Schuldgefühle.
- Entwickeln Sie einen inneren Fokus. Halten Sie nach systemischen Mustern und Glaubenssätzen Ausschau, die Ihre Einstellung zum Erfolg und zu Ihren Bedürfnissen prägen. Entscheiden Sie sich für die positiven Antriebskräfte, befreien Sie sich aus den negativen Verstrickungen und setzen Sie Ihren Weg fort.
- Machen Sie es sich zur Gewohnheit, Ihre Gefühle auf einer höheren Ebene zu verorten. Gefühle haben Einfluss auf das Gehirn, sorgen für neue Verdrahtungen und programmieren den Erfolg vor.
- Nehmen Sie Ihre generationsübergreifenden Familiensysteme und deren Vermächtnis zur Kenntnis. Sie bieten Ihnen wertvolle Hinweise auf die Herausforderungen, mit denen Sie zu kämpfen haben, und auf Ihren Weg durchs Leben.
- Wenn Sie weniger erreichen, als Sie sich gewünscht haben, läuten Sie eine zweite Runde ein. Geben Sie niemals auf. Sie haben bereits einen Teil des Weges hinter sich gebracht. Knüpfen Sie an der Stelle wieder an, an der Sie aufgehört haben. Stehen Sie zu Ihrer Entscheidung!
- Die höchste Ebene des Erfolgs in den Blick zu nehmen und zu erreichen fühlt sich gut an, bringt Freude, ist ethisch gerechtfertigt, freundlich und voller Dankbarkeit. Andere Arten von Erfolg erzeugen Muster, die bewirken, dass Sie sich innerlich leer und belastet fühlen.
- Nehmen Sie selbst die geringfügigsten Verbesserungen zur Kenntnis. Damit schärfen Sie Ihren Blick für Wachstumschancen.

Und zum Schluss: Wenn Sie über das Thema Erfolg nachdenken, *denken Sie groß*! Lassen Sie das, was Sie als Erfolg betrachten, wachsen und reifen. Lassen Sie die Ideen zu, die Ihnen durch den Kopf gehen. Wenn Sie entspannt sein können, ohne verbissen um den Erfolg zu kämpfen, wenn Sie stattdessen den kreativen Prozess genießen und die Entfaltung Ihrer Schöpferkraft zulassen – je mehr Ihnen das gelingt, desto leichter und spielerischer kommen die Dinge in Fluss. Gehen Sie jedes Vorhaben mit Liebe und Leidenschaft an. Das kann man nicht genug betonen. Seien Sie gespannt auf das, was kommt, auch wenn es Ihnen manchmal ein wenig Angst oder Sorge bereitet. Ungeachtet dessen, wer Sie sind oder wie Ihre derzeitigen Lebensumstände beschaffen sein mögen, *Sie schaffen es*, Ihr Leben auf die Erfolgsspur zu bringen. Sie müssen sich nur von ganzem Herzen für dieses Ziel entscheiden und mit aller Kraft darauf zugehen.

15 Den Jackpot knacken: Die DNA des Geldes

Dieses Kapitel beginnt mit einer Aussage, die Sie vielleicht überrascht: Beim Thema Geld geht es nicht um Kaufkraft, es geht um eine *Beziehung*. Geld spiegelt Ihr Verhältnis zu Fülle und Energiefluss, Kreativität und Möglichkeiten, Macht und Potenzial wider. Darüber hinaus bringt es indirekt Ihre systemischen Sprach- und Denkmuster zum Thema Haben und Nichthaben zum Ausdruck.

Geld ist von allen menschlichen Schöpfungen das Objekt sowohl der größten Begierde als auch der größten Verachtung, weil die meisten von uns es nur aus der materialistischen Warte betrachten. Seit Menschengedenken wurde es angebetet und verteufelt, ersehnt und verschmäht, missverstanden und missbraucht. Als eine globale Metakraft, die über Krieg und Frieden, Gesundheit und Krankheit, Überfluss und Hunger, Beschränkung und Freiheit entscheidet, trennt Geld die »Habenden« von den »Habenichtsen« und stellt die Machtbasis von Einzelpersonen, Unternehmen und Nationen dar.

Als strengster Lehrmeister von allen bietet Geld uns Chancen aller Art, führt uns sowohl vielfältige Möglichkeiten des Wachstums als auch der Stagnation vor Augen. Geld befeuert und enthüllt unsere verborgensten Ängste und stellt als gesellschaftlich anerkanntes Tausch- und Zahlungsmittel eine Ressource dar, die wir brauchen, um uns einige unserer größten Wünsche zu erfüllen. Infolge unserer stillschweigenden Akzeptanz und Anpassungsfähigkeit sowohl auf individueller als auch gesamtgesellschaftlicher Ebene bestimmt es weitgehend, wo und wie wir leben und mit der Welt interagieren.

Wenn wir eine gesunde Beziehung zum Geld haben, unterstützt es uns. Wenn nicht, scheint es sich zu rächen und unser Leben mit Sabotageaktionen zu untergraben.

Es ist ein Symbol für Entwicklung und Fülle, Macht und Kontrolle, für ein sorgenfreies Leben und Großzügigkeit, und ebenso für Armut und Leid – niemand kann bestreiten, dass Geld lebenswichtig ist. Selbst wenn wir ihm den Rücken zukehren und es mit Verachtung strafen, hat es einen machtvollen Einfluss auf unser Leben. Wen wundert es da, dass die DNA des Geldes in uns allen lebendig und aktiv ist? Seit tausenden Jahren ein wichtiger Teil der menschlichen Existenz, mussten die Beziehungen, die unsere Vorfahren zum Geld hatten, *zwangsläufig* ihren Niederschlag in Mustern finden, die bis heute unseren Alltag und unsere Zukunft prägen.

Ein Schatz, mit dem uns eine Hassliebe verbindet

Würden Sie Freunde oder Geschäftspartner verunglimpfen oder verschmähen, die Sie uneingeschränkt in Ihren Bemühungen unterstützt haben, den Weg des persönlichen Wachstums und der Fülle, den Fluss des Lebens und der Energie, Möglichkeiten und Chancen zu nutzen? Wohl kaum. Doch bei vielen scheint es Ehrensache zu sein, die Bedeutung des Geldes zu leugnen, selbst wenn sie es dringend benötigen oder gerne über etwas mehr verfügen würden, um es zu genießen. Es wird nur selten wie ein Freund behandelt. Als mir auffiel, dass in meinem Umfeld kein Thema mit so viel negativer Energie befrachtet war, wurde mir klar, dass Geld mehr ist als Banknoten oder Zahlen auf einem Kontoauszug.

Als ich drei Jahre alt war, sammelte ich fleißig die Samen von einer Canna-Pflanze in unserem Garten ein. Ich hatte beobachtet, wenn ich sie aufhob, konnte meine Mutter sie in die Erde einsetzen, sodass Ableger entstanden, die noch mehr Samen lieferten, bis wir irgendwann Beete und Felder voller Blumenohrgewächse hätten. Schon damals hatte ich ein Gespür dafür entwickelt, was Überfluss zu bewirken vermochte und wie er zur Verbreitung schöner Dinge beitrug.

Als ich fünf Jahre alt war, begann ich, leere Pfandflaschen und Flaschenverschlüsse zu sammeln, die am Straßenrand lagen. Ich erinnere mich, dass ich mir all die wunderbaren Dinge ausmalte, die ich unternehmen konnte, wenn ich genug von den Münzen beisammenhatte, die der Ladenbesitzer mir im Austausch dafür gab. Ich wollte möglichst viele Wege herausfinden, wie mir mehr Geld zufließen könnte, sodass ich damit alle möglichen Abenteuer erleben und mit anderen teilen könnte!

Doch ich auch war daran gewöhnt, zu hören, dass Großzügigkeit, Aufrichtigkeit und Geld nicht zusammenpassen. Da Teilen und Aufrichtigkeit besonders wichtige Werte für mich waren, begann ich unbewusst, Geld aus meinem Leben auszuklammern. Es dauerte nicht lange, bis sich der systemische Glaubenssatz »Sei nicht so gierig!« rächte. Statt einer Fülle von Münzen hatte ich eine finanzielle Realität geschaffen, die gerade so zum Leben reichte.

Als junge Erwachsene besuchte ich eines Abends mit einer Freundin einen Spielsalon. Sie bat mich, einen Moment auf ihren Becher mit Münzen aufzupassen, so dass ich zwei Becher in der Hand hielt und versehentlich drei *ihrer* Münzen in den Spielautomaten einwarf; ich knackte den Jackpot – kein großer Gewinn, aber Geld, das meine Familie damals *dringend* gebraucht hätte. Die meisten hätten die drei Münzen vermutlich aus dem eigenen Becher ersetzt, aber nicht ich! Ich zahlte ihr den gesamten Betrag aus.

Als ich mich später an diese Begebenheit erinnerte, wurde mir schlagartig klar, dass ich das Geld von mir wegschob, ganz egal, wie sehr es auf mich zufloss. Ich sah mich außerstande, Geld anzunehmen oder zu mehren, eine Folge meiner Loyalität gegenüber dem Programm meines Familiensystems, das auf eine Wahl zwischen »Integrität *oder* Geld« bestand und kein »sowohl als auch« zuließ. Da ich damit aufgewachsen war, Geld als Wurzel allen Übels zu betrachten, solange man es nicht durch harte Arbeit verdiente, konnte es keinen positiven Platz in meinem Leben einnehmen – geschweige denn, mir ein Freund sein.

Diese Erkenntnis inspirierte mich zu meinem ersten »Dialog-Spaziergang« zum Thema Finanzen. Ich war entmutigt und hatte die negative Einstellung zum Geld (und den notorischen Mangel in meinem Leben) satt. Wenn ich mich umsah, schien es in der Welt ringsum viele anständige Menschen zu geben, die Geld besaßen und Gutes damit bewirkten. Mir wurde bewusst, dass ich mir ebenfalls beides wünschte. Deshalb beschloss ich, einen Spaziergang zu machen, um den Kopf frei zu bekommen, und unterwegs einen Dialog mit mir selbst zum Thema Geld in Gang zu setzen. Ja, eine echte Unterhaltung.

»Guten Morgen, Geld« eröffnete ich ziemlich formal. »Ich habe dich die meiste Zeit meines Lebens wahrgenommen, aber ich glaube, ich kenne dich nicht gut genug, um mich auf eine Beziehung mit dir einzulassen. Ich würde jedoch gerne mehr von dir in meiner Welt zu sehen bekommen. Deshalb erscheint es mir wichtig, mich mit dir vertraut zu machen.«

Die nächsten Worte, die aus meinem Mund kamen, und die auftauchenden Gefühle lösten schier Schnappatmung bei mir aus: »Eigentlich kenne und liebe ich dein wahres Wesen von klein auf!« In diesem Augenblick spürte ich eine Veränderung in meinem tiefsten Inneren. Sie lösten eine Tränenflut und tiefe Erkenntnisse aus. Erinnerungen stiegen auf, die mit meinem Sammeln der Canna-Samen begannen, um einen blühenden Garten anzulegen. Und kaum zu glauben, aber wahr: Ich fand an jenem Tag auf dem Heimweg drei Banknoten am Straßenrand – erst zehn, dann zwanzig, dann einhundert Dollar! Alle drei an verschiedenen Stellen, als hätten sie darauf gewartet, von mir entdeckt zu werden. Auf dem Weg nach Hause, um hundertdreißig Dollar reicher, kam mir immer wieder der Satz in den Sinn: »Denk an deine Arbeit, die Antwort liegt genau vor dir!«

Natürlich tat sie das! Meine systemisch verankerten Sprachmuster und die geerbte »DNA des Geldes« hielten mich in der Trennung von Geld, von der Fülle und vom Fluss des Lebens fest. Ich musste eine völlig andere Beziehung zum Geld entwickeln und den Wandel, den ich anderen predigte, selber in die Tat umsetzen.

Das war das erste von vielen Gesprächen, die ich im Laufe der Jahre mit dem Geld führte. Lange Zeit war ich nur mit knapper Not über die Runden gekommen, wobei sich einige ausgeprägte Ängste und Scheuklappen rund um das Thema Finanzen entwickelt hatten. Nun konnte ich es kaum erwarten, mich wieder auf ein Abenteuer einzulassen – wie in meiner Kindheit, bevor sich alle nur erdenklichen Gebote und Verbote eingeschlichen hatten. Ich schwor mir, Möglichkeiten zu erkunden, um den Fluss des Geldes großzügig und mit Freuden anzuregen, ihm einen Platz in meinem Herzen einzuräumen und anderen vor Augen zu führen, dass Geld ein guter Freund sein kann.

Die Reise, die meinen Blick auf die DNA des Geldes veränderte, begann damit, dass ich meinen Widerstand und die unbewussten Loyalitäten Stück für Stück aufgab und bereit war, zu neuen Ufern aufzubrechen, die ich anfangs als ein wenig beängstigend empfand. Ich musste mich aus der Verstrickung in die Gebote und Verbote meines Familiensystems befreien, um in die Welt der unbegrenzten Möglichkeiten zu gelangen. Dieser Prozess begann mit drei Dingen. 1. Mit einem neuen Gedanken, nämlich der Frage: »Hat Geld noch eine andere Seite, die ich nicht kenne?« 2. Mit einem neuen Gefühl: dem Kitzel angesichts unbegrenzter Möglichkeiten und einem wohligen Gefühl des Dürfens im Bauch. 3. Mit einem neuen Verhalten: einem stetigen Dialog mit Geld und mit dem Universum, der mir den Anstoß gab, meine Komfortzone zu verlassen.

Schließlich lernte ich, weder mein Tun noch meine Zeit zu verschenken. Ich lernte, »ja« zu sagen, wenn meine Arbeit angemessen entlohnt wurde. Ich achtete auf das Gleichgewicht des Gebens und Nehmens in meinem Leben. Ich achtete auch darauf, dass das, was ich anbieten konnte, einen fairen Preis hatte – und ich *nicht ständig* zu großzügig war.

Als Kind und junge Erwachsene hatte ich unbewusst einen systemischen Weg beschritten, der mich durch meine Beziehung zu Geld auf einen bestimmten Spielraum beschränkte; nun musste ich lernen, über meine Grenzen hinauszugehen. Wollte ich eine echte Veränderung, konnte ich das Thema Geld nicht ausblenden.

Systemischer Meilenstein #22: **Fragen rund ums Geld**

Hier einige Fragen, die ich mir stellte, als ich zum Thema Geld zu arbeiten begann. Gehen Sie ihnen auf den Grund. Einige der Antworten werden Sie vielleicht in Erstaunen versetzen! Mir brachten sie wichtige Wegweiser, Erkenntnisse, Impulse, Ideen.

- Wann wurde ich zum ersten Mal auf das Thema Geld aufmerksam?
- Welche Einstellung zum Geld herrschte in meiner Familie, in meiner Kultur oder in meinem Herkunftsland vor?
- Wessen Sicht auf das Thema Geld hat mich am meisten beeinflusst? Waren dessen Aussagen positiv oder negativ, hatten sie eine angstauslösende oder inspirierende Wirkung?
- Wie bewerte ich Menschen, die eine Menge Geld haben? Was denke ich über sie? Mit welchen Worten beschreibe ich sie?
- Wie bewerte ich Menschen, die kein Geld haben? Was denke ich über sie? Mit welchen Worten beschreibe ich sie?
- Wie bewerte ich mich selbst und meine Beziehung zum Geld?
- Was macht mir in puncto Geld am meisten Angst?
- Bin ich die Einzige, die diese Ängste hat? Oder habe ich sie von irgendjemandem in meinem Familiensystem übernommen?
- In welcher Hinsicht würde ich diese Bewertungen und Ängste gerne ändern?
- Wie könnte sich mein Leben dadurch verändern?
- Gibt es *einen* neuen Gedanken, ein neues Gefühl, eine Handlung zum Thema Geld, auf die ich mich wirklich einlassen könnte?

Geld und die systemischen Grundprinzipien

Wenn Sie die DNA des Geldes aus der Perspektive der drei systemischen Grundprinzipien Zugehörigkeit, Rangordnung und Ausgleich des Gebens und Nehmens betrachten, stellen Sie rasch fest, wo die Entwicklung ins Stocken geraten ist und *was* sie ausgebremst hat. Danach können Sie damit beginnen, gezielt Veränderungen einzuleiten, wenn Sie erkannt haben: Die Wahrheit ist ein Konstrukt unserer subjektiven Realität, oder einfacher ausgedrückt: Die Wahrheit beruht auf dem, was Sie für wahr halten.

Die DNA des Geldes und das Prinzip der Zugehörigkeit

Familiensysteme, Organisationssysteme, religiöse, kulturelle und landestypische Systeme haben geschriebene und ungeschriebene Gesetze in Zusammenhang mit dem Thema Geld und Zugehörigkeit. Man findet sie in Redewendungen, Warnungen, Geschichten oder Moralvorschriften wieder. Diese Regeln sind darauf ausgelegt, Ihnen zu zeigen, welche verbindlichen Richtlinien Sie einhalten müssen, um einen Anspruch auf Zugehörigkeit und Ihren Platz im System erheben zu können. Manche sind ermächtigend, andere einengend, und alle haben eine nachhaltige Wirkung. Wie Sie sich diese Regeln zu eigen machen, hat großen Einfluss darauf, ob und wie viel Geld Sie sich wünschen, haben oder verdienen – und ob Sie Ihren Besitzstand halten können oder verlieren.

Diese Regeln und Ihre unbewusste Regeltreue schaffen einen bestimmten finanziellen Spielraum, in dem Sie agieren können, und Sie werden es sehr deutlich merken, wenn Sie seine Grenzen überschreiten – auf der Soll- genauso wie auf der Habenseite. Einige meiner Klienten schaffen es nicht, ein bestimmtes Einkommen zu erzielen, weil sie sich mit der Einstellung, das sei eine *»unanständige* Menge

Geld« selber blockieren. Das ist eine systemische Aussage und natürlich ein Werturteil, das wenig Spielraum lässt.

Finanzielle systemische Glaubenssätze – und die passenden Verhaltensweisen – sind das Ergebnis bestimmter Vorfälle oder Begebenheiten. Sie bringen Regeln, Verbote und Verhaltensleitlinien hervor, die über Generationen weitergegeben werden. Wer ihnen folgt, hat das Gefühl der Zugehörigkeit, wer dagegen verstößt, fühlt sich vom eigenen System ausgeschlossen.

Zu den Glaubenssätzen rund um das Thema *Zugehörigkeit* und Geld gehören unter anderem:

- Über Geld spricht man nicht.
- Es geht nicht ums Geld.
- Nur die Habgierigen werden reich.
- Wir brauchen nicht viel.
- Liebe ist wichtiger als Geld.
- Dummheit und Geld lassen sich nicht vereinen.
- Wer den Pfennig nicht ehrt, ist des Talers nicht wert.
- Geld macht nicht glücklich.

Wie können Sie mit solchen Aussagen im Hinterkopf eine Einstellung zum Geld entwickeln, die ein gesundes Wachstum fördert? Außerdem haben Sie sich vielleicht Verhaltensweisen angewöhnt, die Sie finanziell einengen und für Sie und Ihr System charakteristisch sind, und wiederholen Muster, die seit Generationen in Ihrer Familie durchgereicht wurden, zum Beispiel:

- sich nicht selbstverantwortlich um Ihre Finanzen kümmern,
- Ihr Kreditkarten-Limit überziehen,
- das verdiente Geld sofort wieder ausgeben,
- Geld horten, oder
- Geld verdienen und verschenken, weil Sie nicht in der Lage sind, es zu genießen.

Finden Sie heraus, in welchem Ausmaß Sie sich mit der in Ihrer Familie verankerten DNA des Geldes identifizieren und einengen. Schauen Sie sich noch einmal Ihre Antworten auf die Fragen im systemischen Meilenstein #22 an; vielleicht entdecken Sie dabei bestimmte Muster. Fragen Sie sich, was zu ihrer Entstehung beigetragen haben könnte und welche Gedanken, Gefühle oder Verhaltensweisen Sie wiederholen.

Stellen Sie sich immer die Frage: »Was würde ich mit mehr Geld anfangen?« Sie bewirkt, dass Ihre wahren Wünsche auftauchen, das Geld einen Platz erhält, an dem es fließen kann, und eine evolutionäre, sprich schrittweise Entwicklung gefördert wird. Überlegen Sie nicht, wie Sie am besten zu Geld kommen. Überlegen Sie lieber, wie Sie den Fuß von der Bremse nehmen, das Fenster zur Welt öffnen und dafür sorgen, dass es *Ihnen* zufließt.

Die DNA des Geldes und das Prinzip der Rangordnung

Die Rangordnung erzeugt ihre eigenen DNA-Muster und kann sich auf den Fluss des Geldes in Ihrem Leben auswirken. Die zeitliche Dauer der Zugehörigkeit zum Familiensystem kann bedeuten, dass das älteste der Geschwister am meisten erbt. In einigen Familien und Kulturen spielt die Geschlechtszugehörigkeit eine Rolle, die bestimmt, wer das »Sagen« oder den größten Einfluss hat, auch auf die DNA des Geldes, die in diesem Kontext entsteht. Stellen Sie fest, ob Ihre DNA von einem der folgenden Glaubenssätze geprägt ist:

- Das Erbe geht an das erstgeborene Kind.
- Männer sichern sich ein gutes Einkommen und Frauen gehen eine Ehe ein, um sich ein gesichertes Auskommen zu verschaffen.
- Männer sind die Versorger und Träger des Familiennamens.

In Unternehmen ist die Vergütung oft an Fachkompetenzen, an die Länge der Betriebszugehörigkeit und an die Geschlechtszugehörigkeit gebunden. Auch in diesem Kontext entsteht durch die systemischen Glaubenssätze, Verhaltensweisen und Loyalitäten eine DNA des Geldes, die in diesen Mustern zum Ausdruck kommt. Stellen Sie fest, ob Ihre DNA von einem der folgenden Glaubenssätze geprägt ist:

Fachkompetenzen

- Es gibt eine Aufteilung in »gute« und »schlechte« Jobs, zum Beispiel gelernte und ungelernte Angestellte.
- Die Mitglieder der obersten Führungsetage erhalten die höchste Vergütung.
- Die Experten verdienen am meisten.
- Spitzenmanager und ihre Teams kassieren Boni.
- Es gibt hochrangige Führungspositionen, mittleres Management, Einstiegsjobs.

Betriebszugehörigkeit

- Sonderzahlungen bei Vertragsabschluss
- Treueprämien
- Bonuszahlungen bei Betriebsjubiläen

Geschlechtszugehörigkeit

- Frauen ziehen Kinder und Elternzeit vor.
- Starke männliche Führungskräfte, schwierige weibliche Führungskräfte

Ich weiß, dass es den Anschein erwecken mag, alle zuvor genannten Beispiel wären heute noch gang und gäbe, doch meistens ist eine der drei Kategorien vorherrschend und wird offensichtlich, sobald Sie die Redensarten, Überzeugungen und Verhaltensweisen in Ihren eigenen Systemen unter die Lupe nehmen. Wenn Sie verstehen, welches der drei Grundprinzipien für Sie finanziell unterstützend oder problematisch ist, ist es an der Zeit, tiefer zu graben, um die Feinheiten und Einzelheiten aufzudecken, die sich Ihnen in den Weg stellen.

Die DNA des Geldes und das Gleichgewicht des Gebens und Nehmens

Je nach Selbstwertgefühl und finanzieller Glaubwürdigkeit in unseren sozialen und Familiensystemen spüren wir meistens ziemlich schnell, ob unsere Arbeit über- oder unterbezahlt wird. Wenn wir jedoch mit dem Glaubenssatz aufgewachsen sind, dass wir stets auf gute Manieren bedacht oder »nicht habgierig« sein sollten, ignorieren wir unseren inneren Kompass und geben uns mit weniger zufrieden, als uns zusteht, weil uns das harmonische Miteinander im System wichtiger ist. *Damit erhalten die Regeln des Systems eine höhere Priorität als die persönliche Realität.*

Wenn das Gleichgewicht des Gebens und Nehmens gestört ist und sich in der DNA des Geldes niederschlägt, reden Sie sich vielleicht ein:

- Die Bezahlung ist mir nicht so wichtig. Ich mache das, weil es mir Spaß macht.
- Ich rechne nicht auf. Die Anerkennung, die ich erhalte, reicht mir.
- Ich brauche nicht viel zum Leben.
- Ich habe keinen Hochschulabschluss oder irgendeinen akademischen Grad, deshalb kann ich auch nicht mehr verdienen.
- Geben fällt mir erheblich leichter als Nehmen.
- Diese Aufgabe zu übernehmen ist meine moralische Pflicht, dafür kann ich kein Geld nehmen.

Menschen, bei denen sich Geben und Nehmen im Gleichgewicht befinden, wissen, wie viel sie geben, kennen ihren Wert und arbeiten daran, ihre Leistungen stetig zu verbessern. Sie behandeln ihre berufliche Laufbahn wie ihre eigenen Kinder, die sie hegen und pflegen, sodass sie auch ihren finanziellen Wert weiterentwickeln können.

Sie müssen kein namhafter Jurist oder Firmenchef sein, um Finanzkompetenz und einen soliden Finanzstatus aufzubauen. Bei meinen Reisen in alle Welt, wo ich Aufstellungsveranstaltungen und Trainings für Aufstellungsleitende anbiete, achte ich bewusst darauf, wie hoch die Menschen, denen ich begegne, den Wert ihrer Arbeit einschätzen. Manche haben ein gutes Auskommen, wenn sie etwa im Lokal bedienen oder Taxi fahren, doch längst nicht alle. Die Spitzenverdiener in gleich welchem Metier haben eine gesunde Einstellung zu sich selbst, zu anderen und zum Geld kultiviert; sie wissen, dass sie ihr Einkommen weniger ihrer Tätigkeit, als vielmehr ihrer persönlichen Ausstrahlung und der Tatsache verdanken, dass sich ihre Kunden gut bei ihnen aufgehoben fühlen. Sie verdienen mehr als genug, weil sie ihre Kunden wertschätzen und diesen ihre gute Leistung etwas wert ist.

In einem Unternehmen kann man schnell erkennen, ob die Mitarbeitenden angemessen vergütet werden oder ein Ungleichgewicht von Geben und Nehmen besteht. In einem solchen Umfeld bekommt man negative Aussagen zu hören, zum Beispiel:

- Wir müssen rund um die Uhr verfügbar sein, sieben Tage in der Woche.
- Sie erwarten von uns, dass wir mehr arbeiten und uns mit weniger Geld zufriedengeben.
- Ständig sollen wir dankbar sein, weil wir überhaupt noch einen Job haben.
- Die haben uns wieder einmal völlig unrealistische Ziele vorgegeben.
- Wir sollen ranklotzen wie die Firmengründer, aber wir kriegen nichts zurück.

Hier einige positive Aussagen, die Sie vielleicht zu hören bekommen:

- Ich arbeite hart, aber die Bezahlung ist hervorragend.

- Ich habe das Gefühl, dass man meinen Beitrag immer wertschätzt und anerkennt.
- Die Leistungsanreize sorgen für zusätzliches Engagement und Motivation.
- Die persönlichen und beruflichen Entwicklungschancen sind hier fantastisch.

Für gute Leistungen sind die Leute bereit, mehr zu zahlen. Auch Ihre fachliche Expertise ist ein Maßstab, der bestimmt, ob Sie »Ihr Geld wert sind.« Wenn Sie zu viel verlangen, merken es die Kunden. Das gilt auch, wenn der Preis auffallend niedrig ist, denn dann nimmt man an, dass die Qualität nicht ganz den Erwartungen entspricht. Wir gehören einer Spezies an, die Fachwissen und Preisniveau mit einem Gefühl der Sicherheit verbindet. Wir legen Wert darauf, »in guten Händen« zu sein!

Die sieben Ebenen der DNA des Geldes

Ihre aktuelle Finanzlage ist *kein* Spiegelbild Ihrer Zukunft, wenn Sie damit beginnen, Ihre DNA des Geldes in neue Bahnen zu lenken. Sie verändern Ihr Leben, wenn Sie Ihre Gedanken und Gefühle verändern und Finanzkompetenz entwickeln. Leiten Sie den Wandel bewusst ein, dann bringen Sie ihn schneller auf Touren. Geld ist keinen Deut anders als jede andere Antriebskraft. Was Ihre Beziehung zum Geld prägt, ist die Art, *wie* Sie sich darauf fokussieren.

Werfen Sie einen Blick auf die nachfolgende Grafik. Die systemische Erklärung der einzelnen Ebenen bietet Ihnen die Möglichkeit, schnell herauszufinden, an welcher Stelle Sie mit Ihrer DNA verortet sind.

Die sieben Ebenen des Geldes aus der systemischen Perspektive

Ebene	Negative Motivationsfaktoren	Im Fluss Verantwortung übernehmen, im Dienst größerer Systeme und Menschen	Positive Motivationsfaktoren
7	Keine	**Einsatzbereitschaft** für das Gemeinwohl	Ich bin ein Mensch, der Fülle und den grenzenlosen Fluss des Lebens verkörpert.
6	Keine	**Wirksamkeit**	Ich habe alles, was ich brauche. Ich genieße und respektiere Geld, und ich bin in der Lage, es umsichtig zu verwalten. Ich investiere es in eine bessere Welt.
5	Keine	**Zusammenhalt**	Ich habe es geschafft. Wie kann ich gemeinsam mit anderen den Wohlstand mehren? Meine Träume werden wahr.
4	Keine	**Transformation**	Einschränkungen nutzen weder mir noch dem System. Ich kann das haben, was ich mir wünsche.
3	Ich bin es nicht wert, im Wohlstand zu leben. Ich habe nicht genug getan, um so viel Geld zu verdienen. Ich verschenke es an andere, die bedürftiger sind.	**Selbstachtung**	Ich habe hart gearbeitet, um mein Ziel zu erreichen. Ich habe Geld. Ich habe ein gutes Selbstwertgefühl.
2	Meine Eltern/Vorfahren/alle Angehörigen meines Systems hatten kein Geld. Mehr zu wollen als sie, würde sie beschämen. Das verbietet sich von selbst.	**Beziehungen**	Ich bin finanziell unabhängig. Ich erlaube mir, mich zugehörig zu fühlen, es ist meine freie Entscheidung.
1	Ich werde nie genug Geld haben. Als guter Mensch wird man nicht reich.	**Überlebensmodus**	Ich werde alles tun, was ich kann, um meine finanziellen Bedürfnisse mit moralisch vertretbaren Mitteln zu befriedigen.
		Blockiert Blinde Loyalität gegenüber dem Familiensystem	

Ebenen 1–3 der DNA des Geldes: Blind, reaktiv, verschlossen, überlebensbasiert

Auf diesen Ebenen ist die DNA des Geldes im Überlebensmodus und Kampf verwurzelt. Doch wie aus der obigen Grafik ersichtlich, können unsere Sprach- und Verhaltensgewohnheiten positiv und ermutigend oder negativ und einengend sein. Hier einige Beispiele für die typische Dynamik, die auf diesen Ebenen vorherrscht.

- Wir bemühen uns fortwährend, »okay« zu sein, von allem »genug« zu haben und den Anschein zu erwecken, dass wir unser Leben auf die Reihe bekommen.
- Sorgen und Unbehagen werden zum Dauerzustand.
- Geld wird als Ausdruck einer materialistischen Gesinnung, der Mangel als bedrohlich oder prekär empfunden.
- Wir bewerten uns selbst und andere nach ihrem Finanzstatus.
- Die Gedanken kreisen um den täglichen Kampf ums Überleben, Überforderung und die krampfhafte Suche nach zeitweiliger Entlastung; die Angst wird zur treibenden Kraft.
- Wir erleben ein Wechselbad der Gefühle, die zwischen kurzlebiger Freude und Entspannung, Traurigkeit, Angst, mangelndem Selbstwertgefühl, Tatendrang und Entschlossenheit hin und herpendeln.
- Das typische Verhalten reicht vom Investieren in Selbstwertgefühl und fachliche Expertise bis hin zu blindem Geldausgeben, Horten und Selbstverzicht.

Ebene 4: Die DNA des Geldes nimmt transformative Züge an

Auf dieser Ebene wird uns klar, dass unsere eingeschränkte Programmierung rund um das Thema Geld weder uns selbst noch dem System dient, dem wir angehören. Uns dämmert, dass für einige der unbefriedigenden Ergebnisse unsere eigenen Gedanken, Gefühle und Verhaltensweisen verantwortlich sein könnten. Wir begreifen, dass es andere Optionen gibt, und übernehmen endlich Verantwortung für uns selbst.

- Wir beginnen, unsere Gedanken und Gefühle zum Thema Geld infrage zu stellen.
- Wir nehmen diejenigen, die im Wohlstand leben, genauer in den Blick und sehen, dass sie irgendetwas anders machen als wir. Statt Werturteile zu fällen, werden wir neugierig. Wie kommen sie zu ihrem Geld?
- Voller Aufregung stellen wir fest, dass ein besseres Verhältnis zum Geld nicht nur möglich und rechtens ist, sondern auch tiefgreifende Veränderungen in unserem Leben bewirken könnte.

Ebenen 5 und aufwärts: Erfolgreich, kreativ, offen für neue Erfahrungen

An diesem Punkt sorgt die DNA des Geldes für eine Neuausrichtung. Statt der Fokussierung auf den Kampf ums Überleben entsteht eine Hinwendung zum Fluss des Lebens: von der materialistischen zur spirituellen und herzzentrierten Sichtweise. Wir schreiben die einengende Programmierung in unserem System um, nehmen unser finanzielles Schicksal selbst in die Hand und beginnen, das Lösungskonzept durch Sätze des Neuanfangs zu bestätigen:

- Meine Beziehung zum Geld macht Spaß und erfüllt mich mit Freude und Dankbarkeit.
- Geld ist eine spirituelle Kraft, die mein Leben in Fluss bringt.
- Ich bin frei von einengenden Gedanken und Verhaltensweisen. Ich freue mich über das Geld, das ich habe, und kann es genießen.
- Mir ist bewusst, dass ich wohlhabend und erfolgreich bin. Ich zeige anderen, was möglich ist und wie man seine Ziele erreicht.
- Ich bin dankbar. Ich weiß es jeden Tag aufs Neue zu schätzen, dass

es mir gut geht und sich auf finanziellem Gebiet alles von alleine zu fügen scheint.

- Ich gehe umsichtig mit dem Geld um, das mir zufließt. Ich respektiere es und mache mich mit seiner Sprache vertraut, entwickle Finanzkompetenz.
- Ich weiß, dass Geld mit Energie gleichzusetzen ist, genau wie die Liebe.
- Ich trage mit meiner Investition zur Entwicklung einer besseren, freundlicheren Welt bei.
- Ich strahle die ganze Fülle des Lebens aus.
- Ich bin die Verkörperung dieser Fülle.

Der Aufbau einer gesunden DNA des Geldes

Sie sind bereits ein gutes Stück mit Ihrer systemischen Arbeit vorangekommen: Sie haben sich auf die Suche nach einschneidenden Ereignissen in Ihrem Familiensystem begeben, die den Finanzstatus seiner Mitglieder über Generationen hinweg beeinträchtigt haben könnten. Sie haben überprüft, welchen Einfluss Ihre nationale, ethnische oder kulturelle Identität oder Zugehörigkeit auf Ihre Einstellung zum Thema Geld haben könnte, und Sie haben die Fragen im systemischen Meilenstein #22 beantwortet. Darüber hinaus haben Sie herausgefunden, welches systemische Grundprinzip – Zugehörigkeit, Rangordnung oder Ausgleich des Gebens und Nehmens – der größte Treiber Ihrer derzeitigen Beziehung zum Thema Geld ist. Nun ist es an der Zeit, tiefer zu schürfen. Fragen Sie sich:

- Welche negativen Worte und Aussagen benutze ich in Zusammenhang mit dem Thema Geld?
- Welche negativen Verhaltensweisen habe ich mir angewöhnt?
- Welche Ängste und Ausreden sind mit meinem Wunsch und Bestreben verbunden, mir ein gesichertes Einkommen zu verschaffen?

- Habe ich Schuldgefühle, wenn es mir finanziell gut geht?
- Auf welche Weise untergrabe ich ein gesundes Verhältnis zum Geld? Neige ich dazu, es zu verschwenden? Habe ich ständig Angst vor einem Verlust meines Einkommens? Ignoriere ich das Thema Geld?

Nun haben Sie die heimlichen Saboteure ermittelt. Bedanken Sie sich bei ihnen und betrachten Sie sie als Quelle der Weisheit und als eine Warnung. Sie repräsentieren diejenigen Aspekte Ihres Selbst, die Sie loslassen oder *hinter sich* lassen sollten. Der Weg zum Aufbau einer gesunden DNA des Geldes, den Sie *vor sich* haben, umfasst folgende Schritte:

- Begegnen Sie Geld mit dem gebührenden Respekt, denn es ist in der Lage, Ihren Weg in ein neues Leben auf positive Weise zu unterstützen.
- Entwickeln Sie positive Sprachgewohnheiten, Gedanken und Gefühle rund um das Thema Geld. Stellen Sie alle damit verbundenen einengenden Gedanken, Gefühle und Verhaltensweisen achtsam in einen neuen, positiven Deutungsrahmen.
- Seien Sie offen für *alle* Wege, die den Geldfluss in Bewegung setzen könnten.
- Achten Sie auf die Möglichkeiten, Geld sinnvoll zu nutzen und einen Mehrwert daraus abzuleiten.

Fragen Sie sich, wie Sie sich mit dem Thema Geld anfreunden und eine gesunde Geschäftsbeziehung zu ihm entwickeln könnten.

Und dann … Trommelwirbel bitte … führen Sie mindestens zwei Sondierungsgespräche mit Ihrem künftigen Geschäftspartner.

Systemischer Meilenstein #23:
Sprich mit deinem Geld!

Die meisten meiner Klienten denken anfangs, ich sei nicht ganz dicht, wenn ich sie bitte, einen Dialog mit dem Geld zu beginnen, der mehrere Gesprächsrunden umfasst. Doch es sind vor allem die ungewöhnlichen Methoden, die Bewegung in eine festgefahrene Situation bringen, und meine Klienten stellen nach kürzester Zeit fest, dass sie funktionieren und obendrein auch noch Spaß machen. Diese Vorgehensweise ist vor allem deshalb so erfolgreich, weil sie unbewusste Probleme und Muster rund um das Thema Geld sichtbar macht und Ihnen die Möglichkeit bietet, sich auf Muster zu fokussieren, die ausgedient haben, die neuronalen »Trampelpfade« zu verlassen und den Weg einzuschlagen, der zur Realisierung Ihrer Wünsche und Ziele führt.

Erste Gesprächsrunde: Wo komme ich her?

In der ersten Gesprächsrunde sollte es um Ihre Ausgangslage gehen: um die Aufdeckung Ihrer Probleme und Kämpfe auf finanziellem Gebiet, um die generationsübergreifenden Dialoge, die in Ihrem System zum Thema Geld vorherrschen, und so weiter. Es hilft, wenn Sie für Ihren Gesprächspartner Geld einen Repräsentanten wählen (zum Beispiel eine Banknote oder Münze). Platzieren Sie den Stellvertreter vor sich auf dem Fußboden oder auf dem Tisch, sodass Sie ihn während des Gesprächs in den Blick nehmen können. Lassen Sie sich Zeit, und seien Sie so offen und ehrlich wie möglich.
Bitte teilen Sie mit Ihrem Gesprächspartner folgende Informationen:

- welche Gedanken, Gefühle und Verhaltensweisen für Sie mit dem Thema Geld verbunden sind,
- welche Ihrer Sprachgewohnheiten damit einhergehen,
- welche Lektionen Sie auf Ihre Eltern und andere Bezugspersonen zurückführen können,

- welche Ängste und Kümmernisse in diesem Zusammenhang vorherrschend sind,
- warum und wie Sie diese verdrängen,
- warum Sie glauben, Wohlstand oder ein gutes Verhältnis zum Geld nicht zu verdienen,
- was Sie Ihrem Gesprächspartner am liebsten anvertrauen möchten, aber nicht wagen, und
- ob es einen Gedanken, ein Gefühl oder eine Verhaltensweise in Bezug zum Thema Geld gibt, die Sie gerne ändern würden.

Dieser Dialog führt Ihnen vor Augen, welche Bedeutung Sie dem Geld in Ihrem Leben gegeben haben und wie Sie das zu Ihrer persönlichen Wahrheit gemacht haben.

Zweite Gesprächsrunde: Wo geht es hin?

In diesem Gespräch geht es darum, Ihre Beziehung zum Thema Geld positiv zu verändern und Ihre Zukunft damit zu gestalten. Treten Sie nur dann in den Dialog ein, wenn Sie wirklich bereit sind, Klartext zu reden, aufmerksam zuzuhören und einen Wandel einzuleiten. (Wandel bedeutet, Ausreden und inneren Widerstand aufzugeben und offen für die Möglichkeit zu sein, sich auf etwas völlig Neues einzulassen.) Denken Sie daran, dass Geld mit einem Energiefluss gleichzusetzen ist und eine Meta-Kraft darstellt – eine der globalen Antriebskräfte des Lebens, die sich in großem Maßstab auf die gesamte Menschheit auswirken. Sie kann und wird darauf reagieren, wie Sie mit ihr umgehen. Hier einige Beispiele für die Informationen, die Sie mit Ihrem Gesprächspartner teilen sollen:

- Welche positiven Aspekte können Sie dem Thema Geld abgewinnen?
- Wie fühlen Sie sich, wenn es in Ihrem Leben vorhanden ist?
- Wofür würden Sie es am liebsten verwenden?
- Wo kommt es Ihnen zugute?
- Wofür schulden Sie ihm Dank?

Sobald Sie Ihre Antworten aufgelistet haben, ist es an er Zeit, über folgende Fragen nachzusinnen:

- Wie würde Ihre ideale Beziehung zu Geld aussehen?
- Wie könnten Sie bei der Realisierung Ihres Ziels vorgehen?
- Welches neue Muster im Umgang mit Geld beginnt sich abzuzeichnen?
- Wie lautet Ihr neuer, zielführender systemischer Glaubenssatz im finanziellen Bereich?
- Wie können Sie Ihre zunehmende Finanzkompetenz mit Ihrem sozialen Umfeld teilen?
- Wer würde von Ihren Erfahrungen im finanziellen Bereich profitieren?

Achten Sie bei Ihren Gesprächen darauf, Augen, Herz, Verstand und Intuition zu öffnen, um gezielt eine neue DNA des Geldes aufzubauen, die auf Freundlichkeit, Verbundenheit, Freude und Dankbarkeit gründet. Damit sorgen Sie für eine solide, tragfähige Ausgangsbasis, auf der Sie eine gute Verbindung zu Ihrem höheren Selbst herstellen und Ihr kreatives Potenzial angstfrei ausschöpfen können.

Sorgen Sie für neue Sprachgewohnheiten zum Thema Geld. Für die einen geht es beim Geld immer um *Kummer und Leid*, andere benutzen Ausdrucksweisen wie *einen Beitrag leisten, gedeihliches Wachstum* oder *Freude und Spaß*.

Halten Sie nach verborgenen Loyalitäten Ausschau, und deuten Sie diese zu ausbaufähigen Stärken um. Verabschieden Sie sich von Phasen der Mutlosigkeit, oder nutzen Sie sie, um eine Lösung zu entwickeln. Richten Sie Ihr Augenmerk auf die Fülle in Ihrem Leben und nicht auf den vermeintlichen Mangel. Ein neues Kapitel im Leben aufzuschlagen weckt Hoffnung. Mit dem alten Kapitel abzuschließen lässt sich nicht ohne Kämpfe und Anstrengungen bewerkstelligen. Feiern Sie jeden einzelnen Fortschritt, jeden Sieg, den Sie auf Ihrem Weg errungen haben. Betrachten Sie die generationsübergreifenden Ereignisse und die Rückmeldungen Ihrer Familie, die Rückschläge oder neue Einschränkungen verursachen könnten, mit Nachsicht. Denken Sie daran, dass sie es waren, die Ihr Bedürfnis nach Veränderung befeuert haben. Erkunden Sie die sich abzeichnenden neuen Muster und entscheiden Sie, was Sie ablegen, fortführen oder durch etwas Neues ersetzen können. Trauen Sie sich zu, Schritte einzuleiten, die über die derzeitigen einengenden Regeln Ihres Systems hinausführen.

Der Aufbau einer erfolgreichen DNA des Geldes ist Teil eines gesunden, erfüllten Lebens und lässt sich mit dem Muskelaufbau durch Fitnesstraining vergleichen. Um Körper und Geist zu stärken, sind hundertprozentiges Engagement und die Entwicklung nachhaltiger, positiver Gewohnheiten erforderlich.

Jeder Mensch hat eine andere Beziehung zum Geld. Für viele fühlt sie sich an wie Schicksal. Wenn Sie sich ein hohes finanzielles Ziel setzen, sich Wohlstand wünschen und sich mutig auf den Weg machen, um ihn zu erreichen, tragen Sie zur Veränderung Ihrer Welt und der Gemeinschaft bei, deren Teil Sie sind. Die Veränderung der DNA des Geldes ist kein mühsamer oder langwieriger Prozess – es sei denn, Sie reden sich genau das ein. Zugegeben, es ist leicht, wieder in alte Gewohnheiten zurückzufallen. Das passiert uns allen von Zeit zu Zeit. Lassen Sie sich davon aber nicht entmutigen. Dann heißt es: Alles zurück auf Anfang und los! Sie haben die Wahl zwischen finanzieller Freiheit und finanzieller Verstrickung. Für welchen Weg Sie sich auch entscheiden, er prägt Ihre Sicht auf die DNA des Geldes und entscheidet darüber, ob und auf welche Weise Sie Geld nutzen, um die Welt für Sie und die Menschen in Ihrem Umfeld ein wenig besser zu machen. Wenn Sie Geld als einen Freund betrachten, den Sie auf eine Abenteuerreise mitnehmen, wird er sich als treuer Weggefährte erweisen.

16
Den Botschaften des Körpers zuhören: Die DNA der Gesundheit

Im Verlauf der systemischen Arbeit und in Systemaufstellungen wird immer wieder ersichtlich, dass der Körper sein Bestes tut, um uns auf unbewusste persönliche und systemische Muster aufmerksam zu machen, die unserer Gesundheit schaden. Er hat sämtliche Alarmsysteme hochgefahren, damit wir bemerken, dass das Gleichgewicht gestört ist und wiederhergestellt werden muss. Unsere Sprache, unsere Entscheidungen und unsere emotionalen und physischen Probleme sind darauf ausgerichtet, unseren Blick nach *innen* zu lenken. Diese Botschaften fordern uns auf, unsere Vorstellungskraft zu gebrauchen: eine einzigartige menschliche Fähigkeit, mit der wir bewusst eine andere Wahl treffen und neue Muster unserer emotionalen DNA entwickeln können, die unser Leben wirklich zum Besseren verändern.

Der Körper spricht Klartext mit uns. Das Auf und Ab seiner Befindlichkeiten erweist sich oft als kundiger Reiseführer. Er zeigt uns, ob wir uns auf dem richtigen Weg befinden, und ist ein hervorragender Kompass, der uns Klarheit darüber verschafft, wo wir derzeit stehen und welches Ziel wir ins Auge fassen sollten. Der Körper ist auch mit generationsübergreifenden Mustern vertraut. Ihr Nervensystem ist nicht allein *Ihr* Nervensystem; viele Muster, Blockaden und Trigger sind multigenerational verankert, sprich, sie wurden von einer Generation zur nächsten weitergegeben. Einige Reaktionen sind auf lange Jahre der Konditionierung, Missbrauch oder Raubbau an der Gesundheit, mangelndes Selbstwertgefühl, gesellschaftliche Indoktrinierung und dergleichen zurückzuführen. Manchmal tauchen aber auch Krankheiten auf, die erstmals einige Generationen zuvor aufgetreten sind und jedes Mal in Erscheinung treten, wenn der generationsübergreifende Trigger aktiviert wird. Doch Sie können die physischen Probleme in den Griff bekommen: mit der nötigen Aufmerksamkeit, einer festen Absicht und mit ernsthafter Arbeit an Ihrem Gesundheitszustand werden Sie den Trigger irgendwann als ein Sprungbrett empfinden.

Vielleicht wird das anhand meiner persönlichen Geschichte deutlich.

Vor einigen Jahren war ich pausenlos unterwegs, hielt Vorträge und führte Schulungen durch. Die Liste meiner Klienten wuchs rapide, und dafür zu sorgen, dass ihre Bedürfnisse bestens erfüllt wurden und ich Tag für Tag alles »richtig« machte, nahm den größten Teil meines Lebens in Anspruch. Systemische Arbeit war wichtig, zukunftsweisend und Neuland für viele; mir war bewusst, wenn sie nicht fachkundig durchgeführt wurde, würde ihr enormes Potenzial, Menschen zu helfen, ungenutzt bleiben.

Ich arbeitete ohne Unterlass und achtete nicht auf das Bedürfnis meines Körpers nach Ruhe und pfleglicher Behandlung. Ich begann, rezeptfreie Medikamente gegen meine Kopfschmerzen einzunehmen, eine Folge der stundenlangen Beschäftigung mit den Vortrags- und Präsentationsunterlagen – ohne zu beachten, dass man sie nicht auf leeren Magen nehmen sollte. Ich hatte keine Zeit zu essen. Außerdem war ich überwältigt von der zunehmenden Anzahl systemischer Glaubenssätze, die mir durch den Kopf gingen:

- Du hast keine Ahnung von dem, was du da tust.
- Wenn du es vermasselst, wirst du nie wieder gebucht.
- Das ist so neu – niemand wird dir zuhören, außer du machst es perfekt.
- Mach es richtig oder gar nicht.

- Du musst den Leuten immer den höchstmöglichen Nutzen bieten.
- Wenn du den Ball auch nur eine Sekunde aus den Augen lässt, hast du schon verloren.
- Das hat noch nie jemand gemacht. Wie kommst du auf die Idee, dass es ausgerechnet dir gelingen könnte?
- Pass auf, dass du nicht ins Stocken gerätst oder dich verzettelst.
- Dass du auch nie Ruhe geben kannst!

Ich hatte eine ganze *Monster AG* im Kopf, die ständig damit beschäftigt war, mich in Angst und Schrecken zu versetzen, und es dauerte nicht lange, bis ich die Quittung für den Raubbau bekam, den ich mit meinem Körper betrieben hatte. Auf dem Flug von meiner Heimatstadt in Texas nach Südafrika mit Aufenthalt in London, wo ich für einen Kurs gebucht war, wurde ich richtig krank. Ich hatte so schlimme Magenkrämpfe, dass ich keinen klaren Gedanken mehr fassen konnte. Ich konnte weder essen noch trinken, weil mein Magen rebellierte. Ich wusste, dass ich in ein Riesenproblem hatte, aber die Arbeit wartete nicht! Man hatte mich extra einfliegen lassen, und ich war fest entschlossen, meiner Verpflichtung nachzukommen, koste es, was es wolle. Nach Kursende ging ich jeden Abend vor Anspannung zitternd zu Bett, und der Schlaf glich eher einer Ohnmacht als einer erholsamen Nachtruhe. Die Situation spitzte sich so zu, dass ich am letzten Tag online, vom Bett aus, unterrichtete.

Ich war nie zuvor in meinem Leben so krank und besorgt gewesen. Nach meiner Rückkehr in die USA vermutete mein Hausarzt ein Magengeschwür in fortgeschrittenem Stadium und riet mir, weitere Untersuchungen vornehmen zu lassen, doch ich lehnte ab. Ich hatte wieder mal ein riesiges Arbeitspensum zu bewältigen und keine Zeit. Außerdem hatte ich keine Lust, bei den Fachärzten durchgereicht zu werden und mich allen nur erdenklichen Tests zu unterziehen. Ich bat um einen Monat Aufschub, um zu sehen, ob ich das Problem alleine in den Griff bekam, und machte mich ernsthaft daran, etwas dagegen zu unternehmen.

Ich hielt nach den systemischen Glaubenssätzen über meine Arbeit und den damit verbundenen Ängsten Ausschau. Ich hielt meine Erkenntnisse schriftlich fest und versuchte, den Ursachen auf den Grund zu gehen – die eigentlich auf der Hand lagen, wie sich herausstellte. In meiner Familie ist Aufgeben keine Option, man hält sich an Zusagen und liefert ab, in einer Qualität, die ihren Preis mehr als wert ist. Man kümmert sich um die Familie und sorgt für ihre finanzielle Sicherheit, koste es, was es wolle.

Mein Großvater mütterlicherseits litt unter stressbedingten Magengeschwüren, in einer Zeit, in der die Arbeitslosigkeit hoch war und die Familie in finanzielle Schwierigkeiten geriet. Mein Großvater väterlicherseits hatte die Familie verlassen, die schwer zu kämpfen hatte, um zu überleben. Der Existenzkampf hatte bei seinem Sohn, meinem Vater, der zu dem Zeitpunkt noch nicht volljährig war, eine Menge Stress ausgelöst. Das hatte chronische Magenprobleme zur Folge, die teilweise auf eine Typhuserkrankung während seiner Kindheit, vor allem aber darauf zurückzuführen waren, dass er sich als Heranwachsender um alle und alles kümmern musste. Als er selbst Vater wurde, übernahm er die Verantwortung für die Familie und erlitt schon in jungen Jahren einen Herzinfarkt. Er machte ständig Überstunden, und sein früher Tod war nicht zuletzt den Belastungen, die mit der Emigration in die USA einhergingen, und der Tatsache geschuldet, dass ihm jemand mit einer Geschäftsidee zuvorkam, in die er einiges investiert hatte. Er fürchtete, eine falsche Entscheidung getroffen und die Familie in eine prekäre Lage gebracht zu haben. Nach dem Tod meines Vaters übernahm ich die Aufgabe, für die finanzielle Sicherheit der Familie zu sorgen.

Das war es also. Das Gift in meinem Gehirn und in meinem Körper war der Stress: eine Folge der Angst, ich könnte nicht in der Lage sein, für meine Familie zu sorgen. Unter Stress schlug mir die unbewusste Loyalität gegenüber meinem Vater und Großvater auf den Magen, ein Muster, das sie an mich weitergegeben hatten. Dazu kam die Erinnerung an eine Lehrerin, die behauptet hatte, ich würde nie lernen, fehlerfrei zu schreiben – und Lehrer waren in meinen Augen Experten, die immer recht hatten! Kein Wunder, dass einer meiner größten Stressfaktoren das Verfassen von Kursmaterial war. Kein Wunder, dass ich es nicht glaubte, wenn mir jemand versicherte, der Inhalt meiner Kurse sei erstklassig. Kein Wunder, dass ich jedes Mal bei der Arbeit an den Kursunterlagen meine Katzen aus dem einen und meinen Computer aus dem anderen Fenster werfen wollte.

Als mir all das klar wurde, begann ich zu lachen. Ich hatte gedacht, anderen bei ihrem Hochstapler-Syndrom helfen zu können – dabei war ich selbst darin verwickelt. Ich brauchte dieses üble systemische Familienmuster, damit durch mich etwas Neues wachsen konnte. Und was war das Gegenmittel?

- Ich *zwang* mich, das positive Feedback anzunehmen, das ich von den Auftraggebern bekam. Sie engagierten mich immer wieder, weil sich ihr Leben durch den Transformationsprozess drastisch veränderte – entweder waren also alle anderen blind, oder ich hatte tatsächlich einen nützlichen Beitrag geleistet. Die Realität zu akzeptieren brachte mir Entspannung.
- Als ich zur Ruhe kam, wurde mir bewusst, dass ich meine Arbeit liebte, und das wiederum gab mir Raum zum Atmen und ein noch tieferes Gefühl der Entspannung.
- Ich nahm mir meine systemischen Glaubenssätze vor und ersetzte sie durch Sätze des Neuanfangs:
- *Wenn du es vermasselst, werden sie dich nicht mehr buchen …* wurde zu: *Du hast etwas Wertvolles zu bieten. Mach einfach weiter und genieße die Reise!*
- *Das ist so neu, wer wird da schon zuhören? …* wurde zu: *Neurowissenschaft und Epigenetik sind die besten Verbündeten – die Leute hören aufmerksam zu und merken, dass sich tatsächlich etwas ändert.*
- *Pass bloß auf, dass du nicht ins Stocken gerätst oder du dich verzettelst …* wurde zu: *Ich halte gerne Vorträge und bin begeistert vom dem, was ich erzähle. Wenn ich ganz präsent bin, kann ich stundenlang darüber reden.*
- *Das hat noch niemand gemacht. Warum sollte es ausgerechnet dir gelin-*

gen? … wurde zu: *Es gibt immer jemanden, der das Unmögliche möglich macht – und ich schätze, das werde ich sein!* (Diese Aussage traf mich mitten ins Herz. Sie hatte eine direkte Verbindung zu meinem Wunsch, eines Tages Magierin zu werden. Erinnern Sie sich? Das hatte ich mir als Neunjährige gelobt).

- *Dass du auch nie Ruhe geben kannst!* Daraus wurde: *Leg öfter mal eine Pause ein und genieß den Duft der Rosen.* (Das ermöglichte mir, tief durchzuatmen und zu tun, was ich liebte: spielen.)
- *Du hast keine Ahnung von dem, was du da tust …* Diese Aussage war so absurd, dass ich keine Sekunde länger daran festhalten konnte.

Wenn ich auf meinen Körper hörte, musste ich mir die Frage stellen: »Was ist dir auf den Magen geschlagen?« Die Antwort lautete: »Der Gedanke, dass ich nicht imstande sein könnte, mich um meine Familie zu kümmern.« Also, zu wem gehörte *das* denn eigentlich? Zu meinem Vater. Zu meinem Großvater mütterlicherseits. Und zu meinem Großvater väterlicherseits, der seine Familie verließ. Drei Vorfahren, denen ich das Vermächtnis des gnadenlosen Strebens nach finanzieller Sicherheit verdankte. Doch die Zeiten hatten sich geändert: Im Gegensatz zu ihnen hatte ich die Möglichkeit, mich zu entspannen, zu genießen und meine Arbeit in Liebe und Ausgewogenheit zu tun, statt mich von Angst treiben zu lassen. Ich bekomme oft zu hören, dass meine Veranstaltungen und Kurse den Teilnehmern das Gefühl vermitteln, sicher und gut aufgehoben zu sein, und dieses Sicherheitsempfinden erlaubt ihnen, ihr Leben offen zu erforschen und grundlegend zu verändern. Es war für mich eine große Erleichterung, als mein Sicherheitsbedürfnis nicht mehr auf Angst beruhte, sondern dem Wunsch wich, Stabilität und Freude für meine Familie zu schaffen. In mir tauchte aufgeregte Vorfreude auf, was ich sonst noch alles erreichen konnte. Die Magenkrämpfe ließen nach, und mein Verdauungssystem verwandelte sich: von einem Archiv alter Ängste zu einem verlässlichen inneren Kompass.

Sobald ich die einengenden Gedanken- und Gefühlsmuster identifiziert hatte, machte ich mich an die Aufgabe, jedes einzelne positiv umzudeuten. Dieses sogenannte *Reframing* war der Schlüssel zu einem nachhaltigen Wandel. Ich konzentrierte mich nicht nur auf das Hier und Jetzt, sondern auch auf die Zukunft. Ich stellte mir bildlich vor, wie ich auf großen Tagungen sprach – spielerisch, entspannt und voller Hingabe –, während ich beobachten konnte, wie sich die ersten Veränderungen bei den Teilnehmern abzuzeichnen begannen. Ich hatte dieses Zukunftsszenario so deutlich vor Augen, dass ich mich hineinversetzt fühlte. Ich erlebte es so, als wäre es bereits Realität.

Als ich nach langem Hin und Her doch noch einen Termin für die medizinischen Untersuchungen ausmachte, stellte sich heraus, dass mit meinem Magen alles in bester Ordnung war. »Glück gehabt, da sind Sie ja noch einmal davongekommen«, meinte mein Hausarzt. Davongekommen? Ganz im Gegenteil. Ich hatte die Zeit genutzt, um mich auf eine Herausforderung und eine dringend notwendige, achtsame Rückbesinnung einzulassen. Und ich hatte am eigenen Leib erfahren, welche Kraft in systemischer Arbeit steckt.

Der Körper weiß, was er braucht

Meditation und Achtsamkeitsübungen sind grundsätzlich hervorragend geeignet, um sich zu entspannen. Doch wenn sich der Körper mit Funktionsstörungen und Krankheiten konfrontiert sieht, tut er nicht immer, was wir wollen. Haben Sie schon einmal versucht, Ihrem Körper zu sagen, er möge doch bitte endlich die Kopfschmerzen oder Muskelkrämpfe in den Griff bekommen?

Wenn Sie Ihren Körper auffordern, Symptome loszulassen, ohne sich um die Ursachen zu kümmern, wird er sich weigern. Er weiß genauso gut wie Sie, dass etwas aus dem Gleichgewicht geraten ist, und er wird dafür sorgen, dass Sie es ja nicht vergessen. Magenschmerzen sind eine offensichtliche Ermahnung, sich endlich zu fragen, was Sie in Ihrem Leben nicht »verdaut« haben. Eine Nieren- oder Blasenentzündung enthält die unmissverständliche Frage (verzeihen Sie mir bitte den Ausdruck), warum Sie so »angepisst« sind. Steifheit und Gelenkprobleme deuten auf mangelnde Flexibilität oder Sturheit hin. Das Buch *Heile deinen Körper: Seelisch-geistige Gründe für körperliche Krankheit und ein ganzheitlicher Weg, sie zu überwinden* von Louise Hay bietet ausgezeichnete Einsichten in die vielfältigen Botschaften des Körpers. Je früher Sie aufmerksam zuhören und die wahren Ursachen Ihrer Probleme oder Beschwerden aufdecken, desto schneller kann der Körper reagieren und heilen. Bereitschaft, Achtsamkeit und proaktives Handeln sind die Schlüssel zu Heilung und Wandel.

In Nicks Familie hatten alle panische Angst vor einem Herzversagen. Sein Ur-Ur-Großvater war herzkrank gewesen und hatte sich geweigert, zum Arzt zu gehen. Mit dem Verlust seines Geschäfts verlor er auch seinen Lebenszweck, aß kaum noch und starb mit 45 Jahren an einem schweren Herzanfall. Der Urgroßvater, sein Sohn, war nie darüber hinweggekommen. Auch er litt an einer Herzinsuffizienz, der er im Alter von 46 Jahren erlag. Nicks Großvater hatte ebenfalls ein schwaches Herz, er starb mit 47 Jahren. Nicks Vater achtete ein bisschen besser auf sich, ernährte sich gesünder und versuchte, den Stress in den Griff zu bekommen. Er wurde 53 Jahre alt.

Hier zeichneten unbewusste Loyalitäten eine unausweichliche Grenzlinie für alle Männer der Familie vor. Vielleicht ist Ihnen aufgefallen, dass die Lebensspanne der Männer in jeder nachfolgenden Generation ein wenig länger war als die ihrer Vorgänger. Es gelang ihnen, die Grenzen des alten Musters schrittweise zu erweitern. Doch weil sie gelernt hatten, Herzerkrankungen als unvermeidliches Erbe zu betrachten (»Tödliche Herzleiden liegen bei uns in der Familie!«), statt als etwas, dass man verändern kann, gab es auch keine Chance, das Muster zu durchbrechen. Und dann kam Nick. Als er auf das Muster und die Chance aufmerksam wurde, sein Leben anders zu gestalten, traf er eine Entscheidung: »Ich bin *nicht* bereit, mich mit dem gleichen Schicksal wie meine Vorfahren abzufinden. Ich möchte erleben, wie meine Kinder aufwachsen und selbst Kinder bekommen. Es muss sich etwas verändern – und die Veränderung beginnt mit mir!«

Er achtete auf eine herzgesunde Ernährung und sorgte jeden Tag für ausreichende körperliche Bewegung. Er ging regelmäßig zum Arzt und nahm Nahrungsergänzungsmittel. Er informierte sich über kardiopulmonale Erkrankungen. Er tat alles, was er selbst tun konnte, um vorzubeugen, wozu unter anderem regelmäßige Meditation und Herzvisualisierungen gehörten. Heute ist Nick über sechzig, er hat das epigenetische Muster durchbrochen. Seine Kinder wissen um die genetisch bedingte Anfälligkeit für Herzprobleme, lassen sich davon aber nicht in Angst und Schrecken versetzen. Im Gegenteil, sie nutzen es als die beste Motivation, um auf einen gesunden Lebensstil zu achten. Die generationsübergreifende Prägung des Nervensystems ist heute nicht mehr überlebens- und angstgetrieben, sondern sorgt für mehr Wachstum und Gesundheit.

Systemischer Meilenstein #24:
Ein systemischer Blick auf Ihre Gesundheit

Auch wenn körperliche und mentale Erkrankungen oftmals professionelle Hilfe erfordern, die über die systemische Arbeit hinausgeht, lohnt es sich doch, einen Blick auf Ihren aktuellen Gesundheitszustand und seine Wurzeln zu werfen. Das systemische Untersuchen Ihrer Gesundheit trägt dazu bei, Zusammenhänge zu verstehen und somit Krankheiten vorzubeugen.

Spiegelt Ihr Familiensystem Gesundheit oder Krankheit wider? In welche Richtung schlägt das Pendel stärker aus, und wie zeigt sich das in Ihrem Familiensystem? Was herrscht vor: ein Muster des Leidens oder das Bedürfnis nach Weiterentwicklung?

Gibt es chronische Krankheiten oder Gesundheitsprobleme in der Familie? Wann und bei wem haben sie begonnen? Ist damals etwas

Besonderes passiert? Und wie haben sich diese Ereignisse auf Sie und andere Angehörige des Systems ausgewirkt? Fragen Sie sich: »Wann hat das bei mir begonnen? Was war damals in meinem Leben los? Welche Folgen hatten diese Gesundheitsprobleme damals für mich, wie wirken sie bis heute nach? Was erzähle ich mir darüber? Welche Worte verwende ich, um diese Krankheit oder meinen Gesundheitszustand zu beschreiben? Welche Entscheidungen treffe ich deswegen? Was wird dadurch ermöglicht, und was vermeide ich?«

Wenn Sie mit einem Gesundheitsproblem zu kämpfen haben, nehmen Sie sich ein bisschen Zeit, um Ihr Anliegen aufzustellen und mehr darüber zu erfahren. Notieren Sie es auf einem Blatt Papier, das Sie vor sich auf dem Fußboden platzieren.

- Gehen Sie darauf zu; achten Sie dabei auf Ihre Gedanken, Gefühle und Verhaltensweisen.
- Woran hindert es Sie?
- Was ermöglicht es Ihnen?
- Hat dieses Muster mit Ihnen oder einem anderen Familienmitglied begonnen?
- Stärkt Ihr Gesundheitsproblem das Gefühl, zum Familiensystem zu gehören? Oder grenzt es Sie aus?
- Was würden Sie ihm gerne sagen?

Damit der Körper den Heilungsprozess einleiten kann, müssen wir verstehen, was er mit den Krankheitssymptomen zum Ausdruck zu bringen versucht. Sie enthalten wichtige Hinweise auf das ursächliche Problem und seine Struktur. Die nachfolgenden Beispiele zeigen Ihnen, wie man systemisch an die Erkundung und Lösung von Gesundheitsproblemen herangehen kann. Bitte denken Sie daran, dass es sich *nicht* um medizinische Ratschläge handelt, sondern um Informationen, die Sie auf Ihrer bewussten Reise zu mehr Wohlbefinden unterstützen können.

Drogensucht

Aus der systemischen Perspektive steckt hinter jeder Form der Sucht eine Frage der Zugehörigkeit – oder genauer gesagt der Ausgrenzung. Es kann auch sein, dass in solchen Familiensystemen Täter-Opfer-Muster weitergegeben werden, wenn keine der beiden Seiten klar so benannt wurde und ihren Platz im System erhalten hat. In diesem Fall zeigen sich beide Seiten in einem Körper: »Ich, der Täter, verletze mich selbst, das Opfer.«

Vielleicht möchten Sie sich auf die Suche nach einem solchen Muster in Ihrem eigenen Leben oder bei Angehörigen begeben. Die Lösung besteht darin, ihnen einen Platz in Ihrem Herzen einzuräumen, statt das Muster zu verkörpern und weiterzugeben. Geben Sie ihnen den Platz, auf den sie Anspruch haben, und sichern Sie damit ihre Zugehörigkeit zum System. Es ist nicht Ihre Aufgabe, ihre Bürde zu schultern. Sie haben etwas entdeckt, was niemandem sonst aufgefallen ist. Jetzt ist es an der Zeit, nach vorne zu blicken und Ihren eigenen Weg zu finden.

Alkoholismus

Aus systemischer Sicht handelt es sich dabei um eine Möglichkeit, überwältigende Ereignisse auszublenden und sich dadurch einer Konfrontation und Aufarbeitung zu entziehen. Diese Realitätsflucht ist ein Suizid auf Raten, und die Frage, die dringend einer Antwort bedarf, lautet: »Was ist so schlimm, dass ich es nicht aushalten kann?« Oder: »Wem möchte ich in den sozialen Rückzug und Tod folgen?«

Es ist bekannt, dass Alkoholabhängigkeit über mehrere Generationen hinweg weitergegeben werden kann; oft geht der Ursprung auf ein einschneidendes Ereignis zurück, mit dem sich niemand auseinandersetzen konnte oder wollte. Dadurch entsteht eine unbewusste

Loyalität, die ihren Widerhall in nachfolgenden Generationen findet. Die Lösung ist die Erkenntnis, dass Sie anderen Personen in Ihrem Familiensystem die Bürde nicht abnehmen können, und falls es sich um Ihre eigene handelt, sie niemandem oder zu nichts dient.

Zeigen Sie anderen und sich selbst, dass Sie Ihre Bürde als Möglichkeit der Selbstermächtigung betrachten, die Sie befähigt, innere Stärke und ein besseres Leben aufzubauen; auf diese Weise nehmen Sie auch die Urheber des Musters in den Blick. Wenn zum Beispiel Ihre Kultur zerstört wurde, könnten Sie statt den Weg des Kummers und der unterdrückten Gefühle einzuschlagen auch wählen, mit Freude und Wirksamkeit Ihre Kultur ganz neu auszudrücken. Wenn Ihnen selbst Schlimmes geschehen ist, danken Sie für jeden neuen Tag, und entwickeln Sie neue Gedanken und Gefühle, die stärker sind als diejenigen, die Sie bisher im Griff hatten. Sie waren stark genug, die alten, bedrückenden Gedanken und Gefühle zu erschaffen – warum sollten Sie nicht auch neue kreieren können, die Ihrer Gesundheit zuträglich sind?

Wenn Sie Alkohol als Mittel benutzen, um sich bei Bedarf aus der Realität auszuklinken oder ein leicht reizbares Nervensystem zu dämpfen, kann er sich wie ein Freund anfühlen und eine Zeitlang als Seelentröster dienen. Doch irgendwann holt die Wirklichkeit Sie ein, und dann hilft nur noch eines: das Problem zu verarbeiten, das Sie hierher gebracht hat. Die Reise, die vor Ihnen liegt, treten Sie am besten mit einem kundigen systemischen Begleiter an, der die Führung übernimmt, Ihnen hilft, das einengende Muster zu erkennen, sich langsam aus der Verstrickung zu lösen und die körperliche, geistige und seelische Gesundheit wieder aufzubauen: Schritt für Schritt, mit einem Wort, einem Satz und einem Gefühl nach dem anderen.

Arthritis

Gelenkentzündungen stellen ein Ventil für unterdrückte Wut- oder Schamgefühle dar. Die Klienten sind nicht immer die Urheber des Gesundheitsproblems, sondern haben das Muster oft übernommen. Sobald ich höre: »Das liegt bei uns in der Familie«, halte ich danach Ausschau, wer oder was dieses Muster hervorgebracht und wie es im System seinen Widerhall gefunden hat. Gleich ob Schuld- oder Schamgefühle: Die Betroffenen neigen zu einer Versteifung der Gelenke, Unnachgiebigkeit und aufgestauten, unverarbeiteten Emotionen, an denen sie festhalten. Manchmal spricht man nicht über das auslösende Ereignis – aus Angst, die unangenehme Situation habe zu viel »Zündstoff« in sich. Dann zeigt sich die Entzündung innerlich. Manchmal verbirgt sich hinter der Erkrankung auch ein Zugehörigkeitsproblem. Dann muss sowohl das ausgeblendete Ereignis als auch das Thema dahinter verarbeitet werden und einen Platz im System bekommen, damit die Entzündung abklingen kann.

Rückenschmerzen

Rücken- und Nackenschmerzen sind Ausdruck unserer inneren Haltung; sie können zum Beispiel auftreten, wenn wir uns unbewusst weigern, unsere Vorfahren zu akzeptieren oder sie offen ablehnen. Oder wir beharren auf unserer Meinung, versteifen uns darauf, wollen nicht klein beigeben und uns vor dem Fluss des Lebens, der Liebe und der Erfüllung verbeugen. Rücken- und Nackenprobleme können auch Folge einer Erfahrung sein, die an den Grundfesten des Systems gerüttelt und Misstrauen ausgelöst hat. Vielleicht haben Ihre Vorfahren Konsequenzen aus den Ereignissen gezogen und ihren Sprösslingen mitgeteilt, dass nur die Söhne den Grundbesitz erben und die Töchter leer ausgehen, haben das Geld ausgegeben, mit dem sie eigentlich das Studium ihrer Kinder finanzieren wollten, oder wurden auf frischer Tat bei einem Seitensprung ertappt, der ihre Ehe gefährdete.

Auch eine Störung der systemischen Rangordnung, wenn Kinder in einer Paarbeziehung beispielsweise den ersten Platz einnehmen, die Rolle der Eltern übernehmen müssen oder verächtlich auf sie herabschauen, kann den Bewegungsspielraum einschränken und sich in Rücken- und Nackenschmerzen übersetzen. Das ist auch oft der Fall, wenn Kinder eine Bürde übernehmen mussten, die zu groß für sie war und Rücken und Nacken belastet. Die Lösung ist hier, sich die Bürde achtsam anzuschauen, zu erkennen, welche positiven Aspekte sie für die weitere Entwicklung hatte, und herauszufinden, welchen Teil man ablegen kann.

Jill litt jahrelang unter Rückenschmerzen. Da sich keine der zahlreichen konventionellen Therapieformen als wirksam erwiesen hatte, war sie bereit, etwas anderes auszuprobieren und kam zu einer Aufstellung. Wir stellten Repräsentanten für ihre Mutter, ihren Vater und ihr Anliegen, die Rückenschmerzen, auf. Ich bat sie, ihren Platz in der Systemaufstellung selbst einzunehmen, statt eine Stellvertreterin zu wählen. Sie kam der Aufforderung nach, die Hände fest ineinander verschränkt, und rückte von den Eltern ab. Als ich mich erkundigte, was passiert sei, erwiderte sie: »Sie unterlaufen meine Erziehungsmethoden. Deshalb halte ich meine Kinder von ihnen fern.«

Bei der systemischen Arbeit bitten wir die Teilnehmer bisweilen, sich vor den Angehörigen früherer Generationen zu verbeugen, als Zeichen des Respekts vor ihrem Platz in der systemischen Rangordnung. Ich fragte Jill, ob es möglich sei, sich vor ihren Eltern zu verbeugen, und prompt versteifte sich ihr Rücken. Sie biss die Zähne zusammen und schüttelte den Kopf. Ich wollte wissen, ob es etwas gab, was sie an ihren Eltern und der Art, wie sie aufgewachsen war, gut gefunden hatte. Bei der Schilderung der Familiendynamik entspannte und verspannte sie sich als Reaktion auf das, was ihr gefallen oder missfallen hatte. Schließlich gab sie widerstrebend zu, dass bei ihr alles okay gewesen sei und sie nie unter Rückenschmerzen gelitten hatte, bis ihre Eltern anfingen, die Enkelkinder mit Süßigkeiten zu verwöhnen – was Jill verboten hatte.

»Haben sie als Großeltern auch etwas getan, was in Ihren Augen in Ordnung und erfreulich war?«, wollte ich wissen.

»Weihnachten war immer sehr stimmungsvoll bei ihnen.« Sie lächelte angesichts der Erinnerung.

»Können Sie sich davor verbeugen?« Sie kam der Einladung nach, mit der Andeutung eines Lächelns. »Und wovor können Sie sich sonst noch verbeugen und dankbar sein?«

»Oh mein Gott! Meine Rückenschmerzen sind weg!«, rief sie überrascht aus, noch bevor sie antworten konnte.

Eine kleine Verbeugung – eine Geste der aufrichtigen Anerkennung und Wertschätzung – veränderte Jills Leben. Als wir weiterforschten, wurde ihr klar, was den Bruch mit den Eltern ausgelöst hatte. Sie erklärte, dass sie früher immer ihre Großmutter zu streng gefunden hatte. Schlagartig wurde ihr klar, dass ihre Reaktion auf den »Süßigkeitenvorfall« mit ihren Eltern genau diese starre Haltung und Unnachgiebigkeit ihrer Großmutter spiegelte. Sobald sie das Muster aufgedeckt hatte, konnte sie es ablegen und für sich annehmen, dass das Leben auch ein bisschen süß sein darf. Ihre Rückenschmerzen kehrten nie mehr zurück, und die Eltern bekommen ihre Tochter und ihre Enkelkinder seither oft zu Gesicht.

Depressionen

Depressionen zeigen sich in Gestalt von fehlender Energie, Energieblockaden oder der Unfähigkeit, den Energiefluss von einer Generation zur nächsten anzunehmen. Sie äußern sich als Mangel an Erfüllung im Leben, als mangelnde Fähigkeit, Dinge zu akzeptieren, die geschehen sind – Beziehungen, die nicht entstanden sind, Liebe, die nicht wachsen durfte, Ziele, die nicht erreicht wurden. Sie werden von einem freudlosen, selbstzerstörerischen, kräfteraubenden Gefühl der Unvermeidbarkeit und Sinnlosigkeit begleitet. Irgendetwas ist schiefgelaufen, und das war's. Die Betroffenen oder andere Angehörige des Systems haben eine persönliche Entscheidung getroffen, die sich nicht rückgängig machen lässt und der man nicht entrinnen kann.

Hier ist die systemische Arbeit hilfreich, vor allem, wenn man Aufstellungen als Möglichkeit nutzt, tiefer zu blicken. Sie helfen Ihnen zu entdecken, welche Muster, welche verstrickenden Worte am Werk sind, und Ihren Weg aus dem Chaos hinein in den Fluss des Lebens zu suchen.

Depressionen kann man auch als Abschluss eines alten Musters betrachten, als ein Signal, dass ein tiefgreifendes Bedürfnis nach einem neuen Muster besteht. Die Krankheit kann zum Abschluss oder auch zum Neubeginn werden – das sollten Sie mithilfe einer fachkundigen Begleitung erforschen. Die Ursache könnte jedes der drei systemischen Grundprinzipien sein, je nach auslösendem Ereignis. Die Aufarbeitung des Problems und das Ergebnis zielen darauf ab, dem alten Muster seinen Platz zu geben, sobald klar ist, was enden will, und dem neuen Muster einen Platz in Ihrem Herzen zu geben.

Diabetes

Einige Formen dieser Stoffwechselstörung wurzeln in der Unfähigkeit, die »Süße des Lebens« zu erzeugen, zu verarbeiten oder anzunehmen. Diabetes zieht sich oft wie ein roter Faden durch die Familie, und aus systemischer Warte stellt sich die Frage: »Wo hat sie begonnen? Wie hat sie sich auf die ursprünglichen Mitglieder des Systems ausgewirkt? Wie wirkt sie sich auf die nachfolgenden Mitglieder aus? Was muss aufhören und durch etwas Neues ersetzt werden, um die Situation zu verändern?« Diabetes ist, wie die meisten Krankheiten, in hohem Maß individuell, und ebenso das auslösende Ereignis und seine Folgen. Die Lösung ist entsprechend maßgeschneidert.

Hypochondrie

Menschen, bei denen die Diagnose Hypochondrie gestellt wurde, haben die Antworten nicht erhalten, die sie brauchen, um zu wissen, dass mit ihnen und ihrem Körper alles in Ordnung ist. Irgendein Problem im Bereich der physischen Gesundheit wurde angesprochen, aber nicht ausreichend ergründet oder das Ergebnis verschwiegen, sodass es sich unbewusst im Kopf der Betroffenen einnistet und einen scheinbar unausweichlichen Schwebezustand erzeugt, mit einer endlosen Suche nach Informationen oder Aussagen, die dem Körper den Nachweis liefern, dass es ihm gut geht.

Hypochondrie kann auch dann zum Ausdruck kommen, wenn Krankheiten oder Gesundheitsprobleme früherer Generationen ausgeblendet oder nicht angesprochen wurden. Sobald sie aufgespürt und zur Kenntnis genommen wurden, können die Betroffenen den systemischen Poltergeist, der sich physisch und psychisch eingenistet hat, zur Ruhe betten und ihr Leben unbelastet fortsetzen. Der Körper ist klug. Er hält so lange an den Dingen fest, die Sie nicht verarbeiten können oder wollen, bis Sie sich an die Arbeit begeben.

Unfruchtbarkeit

Unfruchtbarkeit ist einer der interessantesten Bereiche, die wir systemisch betrachten können. In vielen Familien haben Frauen und Männer das Gefühl, es sei nicht erstrebenswert, Kinder in die Welt zu setzen. Diese Einstellung kann Folge einer Vergewaltigung sein, bei der der Zeugungsakt mit einem massiven Eingriff in das Selbstbestimmungsrecht, Schock, traumatischen Verletzungen oder einer tödlichen Bedrohung assoziiert wird. Wenn es in der männlichen Abstammungslinie Vergewaltiger gibt, können Angehörige nachfolgender Generationen unfruchtbar sein. Unfruchtbarkeit kann auch dann eintreten, wenn die Schwangerschaft unerwünscht war oder

Kinder in einem zerrütteten Elternhaus aufwachen und den Wunsch nach Gründung einer eigenen Familie im Keim ersticken, um das Muster nicht zu wiederholen. Schuldgefühle, Wut und die Neigung, sich eigene Wünsche zu versagen, sind ebenfalls Muster, die sich rund um das Thema Unfruchtbarkeit herauskristallisiert haben.

In jedem einzelnen Fall ließ sich die Spur in unseren Systemaufstellungen bis zu den Anfängen zurückverfolgen und danach neue Sprachgewohnheiten, Gefühle und Verhaltensweisen entwickeln, die eine Zeugung ohne Belastungen, Scham- oder Wutgefühle ermöglichten. Selbst in Fällen, in denen die Aufdeckung des ursprünglichen Ereignisses nicht möglich ist, lässt sich die Situation durch die Entwicklung neuer Sprach-, Gefühls- und Verhaltensmuster rund um das Thema Empfängnis oder Familiengründung grundlegend verändern.

Übergewicht

Wenn Klienten extremes Übergewicht haben und trotz aller Versuche nicht abnehmen, ist aus systemischer Sicht die Frage hilfreich, wann sie auf die Gewichtzunahme aufmerksam wurden und was sich zu diesem Zeitpunkt in ihrem Leben ereignet hat. Manchmal hat eine traumatische Erfahrung das Bedürfnis in ihnen geweckt, den Körper mit einem zusätzlichen Schutzpanzer gegen Missbrauch oder Übergriffe zu versehen. Wichtig ist, sich klar zu machen, dass das Gefühl einer Bedrohung ein vorübergehender Zustand sein kann, die Klienten aber nach wie vor an ihrem Selbstschutzmechanismus festhalten, als würde er fortwährend gebraucht. Was in gewisser Hinsicht auch zutrifft, weil es ihnen nicht gelingt, das auslösende Ereignis aufzuarbeiten und sich aus dem Muster der selbstzerstörerischen Aussagen, Gedanken und Gefühle zu befreien. Es muss voll in den Blick genommen werden und seinen Platz im System erhalten, damit neue Sprachgewohnheiten, Gedanken und Sätze des Neuanfangs entstehen und gelebt werden können.

Fettsucht kann sich auch unbewusst entwickeln, wie wir bei einigen Klienten gesehen haben, um Familienangehörige einzuschließen, die fehlen oder ausgegrenzt wurden. Sie spüren, dass es ein Ungleichgewicht oder eine Leerstelle im System gibt und versuchen, für einen Ausgleich zu sorgen, indem sie an Gewicht zulegen, um die abwesende Person zu »ersetzen«.

Auch mangelnde Liebe und Fürsorge sind häufig im Spiel. Menschen haben ein angeborenes Bedürfnis nach emotionaler Zuwendung, und es ist so groß, dass der Bedarf an physischer Zuwendung im Verhältnis dazu vergleichsweise bescheiden wirkt. Erhalten wir nicht die emotionale Nahrung, die wir brauchen, gerät das Gehirn aus dem Konzept. Es kommt zu einer Ersatzhandlung: Was wir nicht mit dem Herzen aufnehmen können, nehmen wir mit dem Mund zu uns. Emotionale und physische Nahrung sind aus dem Gleichgewicht, und wir beginnen, mehr zu essen, als uns guttut. Sobald wir erkennen, was uns wirklich fehlt, und die benötigte emotionale Zuwendung finden, kann die körperliche Nahrung wieder ihren rechtmäßigen Platz einnehmen.

Der Körper nimmt manches ziemlich wörtlich. Einige meiner Klienten erzählen, wenn sie sich bedürftig fühlen, greifen sie zu Essen als Ersatzbefriedigung, vorzugsweise klebrig und süß – klingt irgendwie nach Muttermilch, oder?

Systemischer Meilenstein #25: **Der unvermeidliche Weg zu Gesundheit und Wohlbefinden**

Um ein Leben zu führen, in dem Gesundheit und Wohlbefinden einen hohen Stellenwert haben, müssen wir lernen, dass es nicht ohne Selbstliebe und Selbstfürsorge geht. Der erste Schritt zur Selbstliebe ist, bewusst die Verantwortung dafür zu übernehmen, was wir im Leben wirklich wollen, statt uns nur mit der Zuschauerrolle zu begnügen. Sobald wir Selbstverantwortung übernehmen und beginnen, die alten Gedanken- und Verhaltensmuster auszuhebeln, kann das Gehirn in allen Lebensbereichen aufhören, nur zu reagieren und beginnt zu *kreieren* – auch im Gesundheitsbereich.

- Denken Sie an die drei systemischen Grundprinzipien – Zugehörigkeit, Rangordnung und Ausgleich des Gebens und Nehmens. Stellen Sie fest, in welche der drei Kategorien sich die Herausforderung, der Sie sich gegenübersehen, einordnen lässt. Finden Sie mit Fokus auf Ihr Gesundheitsthema und die drei Prinzipien heraus, ob es irgendetwas gibt, das vervollständigt, ausgehebelt oder umgedeutet werden will.
- Hören Sie auf Ihren Körper, und lernen Sie, Symptome in Botschaften zu übersetzen. Fragen Sie sich, wenn Sie häufiger unter Magenschmerzen leiden: Was schlägt mir auf den Magen? Was habe ich nicht verdaut? Wenn Sie die ganze Zeit nervös oder ängstlich sind: Was treibt mich um, was ist noch ungelöst? Wenn Sie übergewichtig sind: An wen oder was klammern Sie sich? Wogegen versuchen Sie sich zu schützen? Wenn Sie Hörprobleme haben: Was möchte ich nicht hören? Was versuche ich von mir fernzuhalten?
- Gewöhnen Sie sich an, aufmerksam zuzuhören und auf »Empfang« zu schalten. Wo hadern Sie mit sich selbst? Was brauchen Sie, um »ja« sagen können? Zu wem oder wozu müssen Sie »nein« sagen? Fängt ein Gefühl des Friedens an, sich in Ihnen auszubreiten? Wo in Ihrem Körper können Sie das spüren? Lassen Sie zu, dass es sich ausdehnt.

Manchmal kann die Krankheit auch das Heilmittel sein. Einer meiner Klienten war stolz darauf, dass er seine Eltern nicht gebraucht hatte, um seinen Lebensunterhalt zu finanzieren. Er konnte auch sonst gut auf sie verzichten – bis er krank wurde und ihre Liebe und Unterstützung brauchte. Er überwand die Kluft, die sie seit Jahren trennte, und konnte endlich ihre emotionale Zuwendung annehmen. Damit veränderte sich sein Leben von Grund auf. Sobald die systemische Ordnung wiederhergestellt war, konnte die Liebe frei fließen, und er blühte auf.

Der Körper lügt nicht, er kennt die Wahrheit. Symptome sind wichtige Wegweiser – so schmerzhaft sie auch sein mögen.

17
Systemische Arbeit im Dienst der globalen Transformation

Ich werde oft gefragt, wo systemische Arbeit und Aufstellungen meiner Meinung nach die größte Wirkung entfalten können und welche langfristige Vision ich für diesen Ansatz habe. Die schnelle Antwort lautet, dass er für jeden Menschen wirken kann – an jedem Ort der Welt und in jeder Situation – als effektiver Weg zur Potenzialentfaltung über ererbte oder erworbene Grenzen hinaus.

Was die Zukunftsvision betrifft, so würde ich mir wünschen, dass möglichst viele Menschen ihre generationsübergreifenden Muster genauer in den Blick nehmen, um ihren bisherigen Lebensweg zu betrachten und die beste Version ihres Selbst zu entwickeln. Die Welt wird zwangsläufig ein besserer Ort werden, wenn wir alle auf diese Weise unseren Beitrag leisten.

Wenn wir diesen Wandel weise zu nutzen wissen, haben wir gute Chancen, dass sich die Menschheit Möglichkeiten erschafft, die sie noch niemals hatte. Das Spiel des Lebens könnte vielfältiger und lohnenswerter werden als je zuvor.

Ich werde auch oft gefragt, ob die systemische Arbeit auf spiritueller Ebene stattfindet. Ich kann nur sagen: Wie könnte es anders sein, wenn wir über unsere festgefügte Vorstellung von uns selbst hinauswachsen und eintauchen in eine Welt neuer Möglichkeiten? Wenn wir die höchstmögliche Version unseres Selbst entwickeln? Wenn wir entdecken, dass alles Leben heilig ist und wir alle miteinander verbunden sind?

Als ich zum ersten Mal an einer Aufstellung teilnahm, hatte ich keine

Ahnung, was mir bevorstand. Ich war eingeladen worden und wurde als Stellvertreterin für ein Familienmitglied eines Klienten gewählt. Während der ersten Minuten überlegte ich krampfhaft, ob man von mir erwartete, irgendetwas zu tun oder zu sagen; dann fiel mir ein, dass wir die Anweisung erhalten hatten, dem Spiel der Kräfte freien Lauf zu lassen und nur dann einzugreifen, wenn wir uns »durch das Feld« dazu aufgefordert fühlten. Das klang zunächst ein wenig bizarr, aber ich war ja gekommen, um offen für neue Erfahrungen zu sein.

Während ich auf meinem Platz stand, schnellte mein Körper plötzlich herum, und ich stellte fest, dass ich vor einem anderen »Familienmitglied« zurückwich, wutentbrannt. Ich wusste, das war nicht meine Wut. Dennoch flackerte sie in mir wie ein Leuchtfeuer.

Was danach folgte, kann ich nur als einen geheimnisvollen Tanz zwischen dem System des Klienten und uns Stellvertretern beschreiben. Ich verlor jedes Gefühl für Zeit und Raum und begann, auf die anderen Mitglieder des Systems zu reagieren. Wenn ich gefragt wurde, was ich empfinde und ob ich etwas zu einer Konstellation zu sagen hätte, war es nicht mein »Alltags-Ich«, das sich äußerte. Ich war Teil des Systems, reagierte auf seine Sprache, antwortete in seinen Worten. Der Klient war danach nicht mehr derselbe – man konnte deutlich sehen, dass er Überraschendes erfahren und sich tiefgreifend verändert hatte.

Ich war überwältigt. Nie zuvor war ich körperlich, geistig und seelisch dermaßen aufgewühlt gewesen, und ich hatte keine Ahnung, wie ich darauf reagieren sollte. Ich hatte eine Daseinsebene erlebt, für die ich keine Worte fand. Eine innere und bisher unsichtbare Welt war durch die Stellvertreter und mich erfahrbar geworden – und was sich da zeigte, war unfassbar reich und wollte noch mehr enthüllen. Ich fühlte mich wie in einem fremden Land und suchte verzweifelt nach Worten, um meine Erfahrungen und Gefühle zu beschreiben.

Das war meine erste Interaktion mit dem »wissenden Feld«. Es war eine persönliche und dennoch verbindende Erfahrung, sie gab mir einen kurzen Einblick in universelle und mystische Wahrheiten. Vor dem Hintergrund von Neurowissenschaften und Epigenetik war das, was diese Aufstellung bewirkt hatte, logisch und wissenschaftlich fundiert. Doch was wir *erfahren* hatten, war sowohl auf der individuellen als auch auf der kollektiven Ebene magisch und transformativ – ein Beispiel dafür, dass Wissenschaft und Magie friedlich zusammenwirkten, zum Wohle des Systems, seines Wachstums und seiner Angehörigen.

Spirituell? Ja, in der Tat.

Die systemische Arbeit fordert Sie auf, den Blick nach innen zu lenken, auf Ihre wahren Wünsche und Bedürfnisse. Sie fordert Sie auf, Ihren Anteil zu leisten. Anders ausgedrückt, die Aufgaben in Angriff zu nehmen, die Sie noch nicht verrichtet haben.

Gleich ob als Führungskraft, Coach, Elternteil oder Geschäftspartner: die Menschen um Sie herum können sich nur dann weiterentwickeln, wenn *Sie* es tun. Wir beflügeln uns gegenseitig. Und doch ist diese Aufgabe nie beendet. Wenn Sie Ihre spirituelle Praxis erweitern wollen, wenn Sie verstehen möchten, wer Sie in der Tiefe wirklich sind, und zu einem viel weiteren Horizont aufbrechen – dann hat Ihnen der systemische Ansatz unendlich viel zu bieten.

Die großen Gamechanger

Können Sie sich vorstellen, wie sich unsere Welt verändern würde, wenn alle Menschen bewusst in das Wissensfeld eintreten und dort ihren Platz einnehmen könnten? Wenn alle die unsichtbare Welt erfahren könnten, die sich um sie herum und in ihnen zeigt? Wenn alle Menschen ihre individuellen und generationsübergreifenden Muster und Loyalitäten erkennen würden? Wenn jeder Zugang zu den Freiräumen, Geschenken und neuen Möglichkeiten hätte, die lebensverändernd sind und Zugang zum Heiligen eröffnen? Können Sie sich vorstellen, dass die Menschheit ein kollektives Gespür für ihr höchstes Selbst entwickelt? Wir müssen nur lernen, hinzuschauen.

Wenn Sie an einer Systemaufstellung teilnehmen, seien Sie sich bewusst, dass Sie vermutlich eine unmittelbare Erfahrung mit dem Wissensfeld machen werden – und danach wird Ihr Blick auf die Welt nicht mehr derselbe sein. Wenn Sie einmal im wissenden Feld gestanden haben, steht es Ihnen jederzeit offen. Das Aufstellen und Sichtbarmachen von Beziehungen ist nicht nur eine »spannende Idee«, es ist ein Tor, das uns jederzeit offensteht: zur körperlich spürbaren Erkenntnis, zur Inspiration, zur Veränderung.

Die Anwendungsmöglichkeiten für die systemische Arbeit sind endlos: Sie kann uns im Privat- und Berufsleben weiterhelfen, in der Familie, für das, was wir lernen und erforschen wollen. Hier einige der Bereiche, wo ich gute Ergebnisse systemischer Arbeit beobachten konnte.

Schulen sind ein hervorragender Einsatzort. Wo, wenn nicht hier könnten Kinder etwas über ihre Zugehörigkeit und ihren Platz in einem System lernen, über die Umwandlung von Selbstzweifeln in Selbstvertrauen und von Selbstabwertung in Selbstachtung, über ihre Stärken und darüber, wie sie ihre Träume wahr machen können. In Zukunft könnte systemische Arbeit Teil des regulären Sozialkundeunterrichts, der Psychologie-AGs und der naturwissenschaftlichen Fächer werden, die Schüler anleiten, sich Informationsfelder zu erschließen. Die Schüler würden lernen, sich in andere hineinzuversetzen, Empathie zu entwickeln, für ihre Hoffnungen und Wünsche einzustehen und sich den Weg in die Zukunft zu bahnen, zur Realisierung ihrer Ziele. Kinder haben ein viel besseres Gespür und Vorstellungsvermögen als Erwachsene. Gibt man ihnen das Werkzeug an die Hand, um nicht nur ihre Außenwelt, sondern auch ihre Innenwelt voller Neugierde zu erforschen, sich in die Welt anderer einzufühlen und herauszufinden, dass jeder Mensch ein Anrecht auf Zugehörigkeit und seinen Platz im System hat, kann niemand ermessen, wie groß das Potenzial ist, das sich dann zu entfalten vermag.

Ich hatte das Glück, mit vielen guten Coaches zusammenzuarbeiten, die ihre Klienten bestmöglich unterstützen wollen, und mit systemischer Arbeit und Systemaufstellungen tun sie genau das. Wenn Sie als Coach oder Trainer tätig sind – sei es im Beruf oder Sport, im Bereich der Führungs- oder Fachkompetenz oder in der Lebenshilfe –, kann diese Arbeit für Ihre Klienten ein echter »Gamechanger« sein. Denn mit dem systemischen Ansatz betrachten Sie viel mehr als nur einen kleinen, ausgewählten Teil des Lebens, und so eröffnen sich Ihrem Gegenüber ganz neue Dimensionen.

In systemischen Kursen trifft man viele Juristen, und oft finden sie gute Wege, die Kenntnisse in ihrer Praxis umzusetzen. In Scheidungsfällen können zum Beispiel beide Parteien lernen, von allen Seiten zu betrachten, was gut lief und was nicht. So finden sie heraus, was man in Zukunft anders machen könnte, was sie dazulernen müssen und wie sie heil aus der Erfahrung hervorgehen. Eine Scheidung kann unter diesen Umständen für die persönliche Entwicklung eines Menschen genauso förderlich sein wie eine Heirat. Systemische Arbeit und Systemaufstellungen bei einer Scheidung als Werkzeug zu nutzen, lädt ein zum Nachdenken und zur Selbstreflexion. Es ermöglicht Erkenntnisgewinn, persönliches Wachstum und den Beginn eines Heilungsprozesses, der positive Auswirkungen auf viele nachfolgende Generationen haben kann.

Und stellen wir uns abschließend vor, systemische Arbeit würde Eingang in Regierungskreise finden, auf regionaler und nationaler Ebene. Zum Beispiel bei den Vereinten Nationen! Wenn die Verpflichtung zum gegenseitigen Verständnis und Zusammenwachsen aller Angehörigen in die Grundsatzerklärung der UN (oder gleich welcher anderen Organisation) aufgenommen würde, könnte man die Spaltung in verschiedene, auf ihren eigenen Vorteil bedachte Lager vielleicht verhindern. Nach einer Systemaufstellung wären die Delegierten nicht mehr in der Lage, sich mit Tarnen und Täuschen ihren Weg durch das Labyrinth globaler Konflikte zu bahnen. Eine Strukturaufstellung würde sichtbar machen, welcher Weg vom Ist-Zustand zum *gewünschten* Verhältnis zu anderen Ländern führt, und dabei würde man Informationen, Ressourcen und Empfehlungen aus dem System schöpfen, bis es sich entspannt und ein gemeinsamer Nenner gefunden ist. Zumindest könnten Ängste, Sorgen und Lösungsmöglichkeiten multidimensional erforscht werden, um zu sehen und zu spüren, wie sich Interessenkonflikte entschärfen lassen – zum Vorteil aller Beteiligten.

Wir sind die Agenten des Wandels. Wir können unserer Aufgabe nicht gerecht werden, wenn wir Opfer sind. Nur wenn wir uns auf das Fundament unserer eigenen Seelenstärke stellen und anderen den Weg zur Selbstermächtigung weisen, können wir selbst und die Welt, deren Teil wir sind, eine höhere Daseinsebene erreichen. Was wir erschaffen, schreibt Geschichte.

Seit der ersten Systemaufstellung habe ich Klienten in das Wissensfeld begleitet und gesehen, wie sie ihre Kämpfe beendeten, Minderwertigkeitsgefühle losließen, ihre »Krücken« ablegten und Sorgen, Angst, Krankheit, Armut, Sucht und Wut ihren Platz zuwiesen. Ich konnte beobachten, wie sie ihren Lebenssinn entdeckten, ihre innere Stärke freisetzten und begannen, ein bemerkenswertes, nicht länger beschwertes Leben zu führen, voll Fülle und Freude. Ich durfte dabei sein, wie Wut einem tiefen Mitgefühl wich, wie aus Hass neues Verständnis wuchs und Widerstand sich in gute Zusammenarbeit verwandelte. Wenn alle Elemente wahrgenommen und in das System integriert werden, findet ein bemerkenswerter Entwicklungsprozess statt. Tiefe Wahrheiten steigen auf. Zum ersten Mal ahnen wir, was wirklich in uns steckt – und staunen, wie gut es uns gelingt, die Energie in diesem Feld namens Leben frei strömen zu lassen. Wir erkennen, dass wir schon immer Teil dieses Felds waren. Nur wussten wir nicht, wie wir Zugang zu ihm finden.

Wir hatten bisher keine Ahnung, dass Transformation etwas Erreichbares ist. Sie ist *keine* Lichtjahre entfernt, sondern kann hier und jetzt stattfinden, wenn wir es wirklich wollen. Es geht nicht darum, sich noch mehr Mühe zu geben. Sondern darum, unsere Emotionen auf eine höhere Ebene zu bringen, achtsam und präsent zu sein, und Herz, Verstand und Intuition für etwas Neues zu öffnen. Es geht darum loszulassen: alte Annahmen, alte Muster und alte Verletzungen. Wenn wir unser Leben auf dem Fundament von Freude, Zugewandtheit, Dankbarkeit, Entspannung, Begeisterung und einer positiven Erwartungshaltung aufbauen, erreichen wir ein völlig anderes Ergebnis, als wenn wir an etwas festhalten, das unsere Entwicklung überhaupt erst zum Stillstand gebracht hat. Um uns aus den systemischen Verstrickungen zu befreien, müssen wir unsere vorgefassten Meinungen ablegen und bereit sein, ein Wissensfeld zu betreten, das ungeheuer dynamisch ist und nur darauf wartet, dass wir aufwachen.

Möchten Sie Ihr Leben grundlegend ändern? Sind Sie bereit, etwas dafür zu tun? Mit diesem Ansatz werden Ihre Hoffnungen nicht enttäuscht. Machen Sie sich nur klar: Ihr Ergebnis hängt davon ab, wie sehr Sie bereit sind, sich selbst zu verändern. Je besser Sie Ihre emotionale DNA verstehen, desto tiefer können Sie in das geheimnisvolle, aber praktisch nutzbare Wissensfeld eindringen und desto mehr können Sie erreichen.

Unsere Vorfahren sind Hüter und Wächter der Vergangenheit, die tiefe Einsichten und Weisheiten für uns bewahren. Doch es ist unsere Aufgabe, unser individuelles Schicksal und damit auch das Schicksal unseres Systems zu gestalten. Vielleicht gelingt es Ihnen derzeit nicht, weil Sie sich orientierungslos fühlen, kämpfen müssen, sich verloren vorkommen. Doch Systeme sind Lehrmeister, die sprechen können. Wenn Sie Ihr System aufstellen und mit ihm interagieren, werden Sie die Antworten finden, nach denen Sie suchen. Sie werden erkennen, dass es magische Kräfte gibt, eine positive Energie, die Sie umgibt und durchströmt und die nur darauf wartet, von Ihnen wahrgenommen zu werden. Und wenn das geschieht, werden Sie merken, dass Sie damit Dinge verwirklichen können, die Sie niemals für möglich gehalten hätten.

Hinter den verborgenen Mustern, unbewussten Loyalitäten und vermeintlichen Grenzen befindet sich ein weites Feld, reich an Möglichkeiten, die nur darauf warten, von Ihnen genutzt und realisiert zu werden. Die Schatzkarte haben Sie bereits. Die emotionale DNA zu entwickeln ist Ihre Aufgabe. Ihre Fähigkeiten sind nicht begrenzt; das dachten Sie nur. Sie sind aus dem Zustand der systemischen Trance erwacht und werden feststellen, dass sich Ihre Sicht auf die Welt und sich selbst grundlegend verwandelt hat.

Vielleicht begegnen wir uns ja irgendwann einmal bei einer meiner Veranstaltungen. Ich würde mich freuen, zusehen zu dürfen, wenn Sie sich in den wunderbaren Menschen verwandeln, der schon immer in Ihnen angelegt war. Bis dahin sollten Sie stets daran denken, dass Sie großartig und mit unglaublichen Kräften ausgestattet sind. Ihr System liebt Sie, genau wie das Universum.

Das war immer so, und so wird es auch immer bleiben.

Danksagung

Trotz der hartnäckigen Bitten, mehr von meinen Erkenntnissen und Erfahrungen zu teilen, war es mir nie in den Sinn gekommen, ein Buch zu schreiben. Meine Familie, einschließlich der vierbeinigen Mitglieder, wusste schon lang, wie meine Gegenwehr aussah, wenn irgendjemand vorschlug, es sei Zeit für einen Ratgeber. Es stand absolut nicht auf meiner To-do-Liste … doch das sollte sich ändern.

Ich habe einen wunderbaren Beruf, der mich erfüllt, arbeite mit den führenden Köpfen großer Unternehmen zusammen und habe mehr als genug Arbeit als Trainerin, Coach und systemische Therapeutin. Mit der steigenden Anzahl der Gruppenveranstaltungen, Seminare und Workshops wuchs jedoch die Erkenntnis, dass ein Buch wesentlich mehr Menschen erreichen und ihnen ermöglichen würde, Einblick in unbekannte Welten zu gewinnen und dadurch ihr Leben grundlegend zu verändern. Mir war nicht wohl bei dem Gedanken, ein Buch zu schreiben. Ich war auch so schon voll ausgelastet, und das Vorhaben schien mir ähnlich mühevoll wie einen Berg zu besteigen.

Der Vorschlag, mir dafür eine Auszeit zu nehmen, schien mir nicht einleuchtend, deshalb lernte ich stattdessen, mich zu fokussieren und meine Zeit so effektiv wie möglich einzuteilen. Beides erwies sich als sehr anspruchsvoll – und sehr lehrreich.

Die Engel hatten die Hände im Spiel, und so erschien Betsy Chasse in meinem Leben, für die und der ich ungeheuer dankbar bin. Sie ist eine Magierin, die unglaubliche Zauberkunststücke beherrscht. Sie machte mich mit Cate Montana bekannt, die während meiner Wachstums- und Entwicklungsreise für meine geistige Gesundheit zuständig war: Sie war mir klarer Kopf, Orientierungshilfe, schärfte meine Stimme und sorgte dafür, dass ich fokussiert blieb, wenn Katastrophen eintraten, die das Projekt aus der Bahn zu werfen drohten. Cate, ich bin dir zutiefst dankbar, nicht nur für deine redaktionelle Betreuung und dein Organisationstalent, sondern auch für deine kreativen Gedanken und Erkenntnisse, vor allem aber dafür, dass du mich auf meiner fantastischen Reise in die Welt der Buchautoren begleitet hast. Ich lernte sie zu lieben, anstatt mich vor ihr zu fürchten.

Danken möchte ich auch Lisa Hagan, die das Potenzial erkannte, und Tami Simon und allen bei Sounds True, die mich in ihr wundervolles Zuhause einluden. Ich hoffe, ein würdiger Gast gewesen zu sein. Und nicht zu vergessen Anastasia Pellouchoud für ihre unglaubliche Geduld und Gretel Hakanson für ihren Scharfblick und Kenntnisreichtum. Es war mir eine Ehre.

Bert Hellinger, Jan Jacob Stam, Bibi Schreuder und Mark Wolynn, die am Anfang meiner Reise standen, verdanke ich nicht nur wichtige Erkenntnisse und Lehren, sondern auch das tief verankerte Gefühl, meine Berufung und meinen Lebenssinn gefunden zu haben.

Des Weiteren danke ich:

Claire Dagenais, Rosalba Stocco, Diana Claire Douglas, Lisa Goig und Judy Malan für die Einladung, mein Wissen zu teilen. Cecilia Rose für die gemeinsame Arbeit; wo immer du dich im Universum auch gerade befindest, ich weiß, dass du etwas bewirkst!

Tina Baker, meiner genialen Freundin, für Heilung, Zuwendung und Engagement für ein Leben auf einer höheren Bewusstseinsebene. Gloria Howard, die für mich der Inbegriff der Selbsterkenntnis und der Entwicklung des eigenen Potenzials ist. Brian Stovall, der mir verschiedene Möglichkeiten zeigte, diese Arbeit zu verkörpern.

Sabine für ihren Fokus und Humor, der mich erdete und mir gleichzeitig Flügel verlieh. Betsey, dein technisches Genie gab ebenfalls den Anstoß für die Erweiterung des Horizonts.

HJ Nelson, der mir eine Chance gab, und Cheryl DeSantis, eine außergewöhnliche, herzzentrierte Führungspersönlichkeit.

Besonderer Dank gilt Barry Goldstein und Woody, die mich auf eine ganz neue Ebene der Professionalität brachten und dafür sorgten, dass ich fokussiert und zielgerichtet blieb. Ich kann es kaum erwarten, der Welt das Produkt zu zeigen, das wir gemeinsam realisiert haben, und freue mich auf unsere weitere, magische Zusammenarbeit.

Und meiner Mutter, meinem Bruder und meiner Tochter, die immer an den Erfolg des Projekts glaubten. Ich danke euch und weiß eure Unterstützung zu schätzen, die sich am Ende eines langen Tages so oft als Balsam für die Seele erwies.

Transformatives Denken ist auch in großen Unternehmen lebendig und verwurzelt, und das bewirkt etwas. Ich danke allen, die mich eingeladen haben, einen Beitrag zum Wandel ihrer Organisation – und der Welt – zu leisten.

Ich danke allen Lehrern, die dem systemischen Transformationsprozess den Weg ebnen; sie zeigen, was möglich ist, wenn wir über unsere vermeintlichen Grenzen hinaus blicken und den Mut haben, Herz, Kopf und Intuition aufeinander einzustimmen und ihre Kraft zu nutzen. Sie sind die Ermöglicher des Wandels, der unsere Welt ein wenig besser machen kann. Ohne sie hätte ich es nicht gewagt, ein Buch darüber zu schreiben.

Dank schulde ich auch den zahlreichen Klienten und Besuchern meiner Veranstaltungen, ohne die dieses Projekt nicht möglich gewesen wäre. Ihr Mut, ihr Wissen und ihre Erkenntnisse haben zur Entstehung des Buches beigetragen. Sie wissen, dass der Transformationsprozess in ihren eigenen Händen liegt, und sie wissen ihn gut zu nutzen.

Und zu guter Letzt danke ich dem Wissensfeld für seinen grenzenlosen Inhalt und dem Quantenfeld für Energie und Informationen; ohne sie wären weder die Reise in die Innen- und Außenwelt noch dieses Buch möglich gewesen.

Herzlichen Dank.

Übungsverzeichnis – die 25 Systemischen Meilensteine

Anmerkungen

1 Hellinger, Bert: *Keine Wellen ohne Ozean*, Carl Auer International, Heidelberg 2006.

2 Clarke, Arthur C.: *Profiles of the Future: An Inquiry Into the Limits of the Possible*, Harper & Row, New York 1973.

3 Erickson, Milton: *In the Room with Milton H. Erickson, MD, Bd. 1 (3.–5. Oktober 1979)*, produziert von Jane Parsons-Fein, Parsons-Fein Press, New York 2014, 12CDs.

4 Stahnisch, Frank W. und Nitsch, Robert: »Santiago Ramón y Cajal's Concept of Neuronal Plasticity: The Ambiguity Lives On«, in *Trends in Neurosciences* 25, Nr. 11 (2002), S. 589–591.

5 Hebb, Donald: *The Organization of Behavior: A Neuropsychological Theory*, John Wiley and Sons, New York 1949.

6 Doidge, Norman: *Neustart im Kopf*, Campus Verlag, Frankfurt 2007.

7 Maltz, Maxwell: *Psychokybernetik*, FinanzBuchverlag, München 2022.

8 Sethi, Yildez: *Rapid Core Healing: Pathways to Growth and Emotional Healing*, CreateSpace, Seattle 2016.

9 Gudsnuk, Kathryn, und Champagne, Frances A.: »Epigenetic Influence of Stress and the Social Environment«, in *ILAR Journal* 53, Nr. 3–4 (Dezember 2012), S. 279–288.

10 Gangi, Sarah et al.: »The Long-Term Effects of Extreme War-Related Trauma on the Second Generation of Holocaust Survivors«, in *Violence and Victims* 24, Nr. 5 (2009), S. 687–700.

11 Schulz, Laura C.: »The Dutch Hunger Winter and the Developmental Origins of Health and Disease«, in *Proceedings of the National Academy of Sciences of the United States of America (PNAS)* 107, Nr. 39 (28. September 2010), S. 16757–16758.

12 Wang, Connie X et. al., »Transduction of the Geomagnetic Field as Evidenced from alpha-Band Activity in the Human Brain«, in *eNeuro* 6, Nr. 2 (18. März 2019), doi.org/10.1523/ENEURO.0483-18.2019.

13 Sheldrake, Rupert: *A New Science of Life: The Hypothesis of Morphic Resonance*, Park Streer Press, Rochester, VT 1995.

14 Die Kopenhagener Deutung (auch Kopenhagener Interpretation) ist der in wissenschaftlichen Kreisen verbreitete Name für den ersten in sich konsistenten Versuch des dänischen Physikers Nils Bohr und des deutschen theoretischen Physikers Werner Heisenberg, die Welt der Atome anhand der Quantenmechanik zu erklären. Zwischen 1926 und 1927 war Heisenberg als Bohrs Assistent in Kopenhagen tätig, wo sie die grundlegende Unbestimmtheitsrelation (auch Heisenberg'sche Unschärferelation oder Unschärfeprinzip) formulierten. Dieses Prinzip gilt als Grundlage der Kopenhagener Deutung.

15 Grad, B.R.: »A Telekinetic Effect of Plant Growth II. Experiments Involving Treatment of Saline in Stopped Bottles«, in: *International Journal of Parapsychology* 6, 1964, S.472–498.

16 Mc Taggert, Lynne: *The Intention Experiment: Using Your Thoughts to Change Your Life and the World*, Atria, New York 2007.

17 University of South Hampton: »Study Reveals Substantial Evidence of Holografic Universe«, 31. Januar 2017, southhmpton.ac.uk/news/2017/01/holographic-universe.page.